普通高校非奥运特色项目系列教材

Bodybuilding

健美

主　编　程路明　沈亚培
副主编　顾　民　江晓宇　陈忠焕
参编人员　（以姓氏笔画为序）
　　　　　江晓宇　沈亚培　陈忠焕　陈　烽
　　　　　金慧娟　顾　民　程路明

ZHEJIANG UNIVERSITY PRESS
浙江大学出版社

普通高校非奥运特色项目系列教材

学术顾问委员会

普通高校非奥运特色项目系列教材

编 委 会
（以姓氏笔画为序）

序
PREFACE

高等学校体育是整个国民体育的基础,是我国体育工作的重点。21世纪高等教育更注重促进人的全面发展、强调"健康第一",全面推进素质教育,把教育改革提高到一个新的高度。2010年《国家中长期教育改革和发展规划纲要》指出今后十年我国教育改革发展要贯彻优先发展、育人为本、改革创新、促进公平、提高质量的方针。随着社会发展和人的需求的变化,高校的社会功能被不断拓展,体育的育人功能日益突显,目前"办特色学校 创教育品牌"已成为我国众多教育工作者的共识。时代在变,学生的兴趣爱好也在变,丰富高校体育课程资源,开创学生喜闻乐见的体育项目势在必行。

非奥项目是相对于奥运项目而言。中国地大物博,非奥体育项目丰富多彩,通常都是人们喜闻乐见的传统体育项目,具有广泛的传播性、娱乐性,或较强的民族色彩,显示出独特的魅力。这些源自生活的体育项目,更显亲和力,满足了人们对多样化体育的观赏和参与的需求,为促进体育文化交流提供了广阔舞台,促进全民健身活动的广泛开展。

浙江大学公体部依托浙江省政府、浙江省体育局授予"浙江省非奥项目发展培训基地"为契机,依据学校培育的目标,在公共体育教育中确立突出以非奥项目为特色,强调学生的参与性、普及性、趣味性和文化特色,积极发掘非奥项目其特有的健身和文化价值,推动普及和提高。将具有民间、民俗风情和富有地方特色的非奥体育项目运用到大学体育教育之中,为大学生从事终身体育打下基础。使非奥运项目与奥运项目相互促进,真正形成内容丰富多彩、形式活泼多样、学生积极参与的校园体育文化氛围。

这套非奥项目系列丛书包括健美、体育舞蹈与排舞、武术、健美操、定向越野、无线电测向、桥牌、五人制足球、三人制篮球、英式橄榄球、软式网球等十余种,结合健康教育理念,融知识性、趣味性与实用性一体,选题新颖,是目前国内普通高校公共体育教育中不可多得的选项课教材。

北京体育大学副校长

前 言
◆PREFACE

　　人体美是健、力、美的结合，应该是健康的。只有健康匀称的人体形象，才能表现出富有生命力的美，显示出勃勃生机和充沛的精力。要练就健美的体型，必须积极参加体育锻炼，因为健美可以通过后天锻炼获得，人体具有极大的可塑性，必要的营养和经常参加体育锻炼，能使人体各个部位得到匀称的发展。均衡的比例，流畅的线条，坚强的骨骼，匀称的四肢，丰满的躯体，弹性的肌肉，健康的肤色，是形体美不可缺少的条件。健美健身还使人具有充沛的精神、愉快的情绪，青春的活力，这些都是年轻人应该具备和拥有的。

　　随着我国经济的发展，生活水平的日益提高，健身意识的不断增强，健康成为人们最为关注的问题，追求健康的生活方式和掌握科学的健身方法，已是日常生活中不可或缺的时尚，良好的健身习惯应是生活的组成部分。健美健身锻炼是修塑体格最有效的手段之一，通过科学的健美健身锻炼，在获得理想体格的同时，心理得以健全，情操得以陶冶，疲劳得以消除，体质得以增强，学习和工作效率得以提高。互助式的健美健身锻炼，增进了人际间的交往，对人生充满自信，健美健身运动促进健康和追求美的特质，也正符合现代人追求的高质量生活的需求。它增进了人们的生理心理健康，铸就健康的人格，平衡着人们的心态。

　　本书依据大学生及年轻人群的特点，用简洁明了，通俗易懂的语言来阐述我们对健美健身运动知识方法的理解，使得人们易于了解掌握健美健身运动发展过程、项目特点、运动技术、训练理论、裁判方法等，内容丰富，资料翔实，以期本书能对我们大学生及青年群体的健美健身锻炼有所裨益。由于时间和编者的水平有限，不妥之处，敬请读者批评指正。

程路明

2011 年 6 月 8 日

目 录
◆ CONTENTS

1

健 美

第一章　健美运动概述

应知导航

　　本章介绍了健美运动起源与发展：国际健美运动发展概况,中国健美运动发展概况,女子健美运动发展概况;健美运动分类、特点与内容;健美运动对当代大学生的健身价值(包括身体健康、心理健康与社会适应等)。通过概述,使学生对健美健身运动有个基本了解。

第一节　健美运动起源与发展

一、国际健美运动发展概况

　　不同时代对美的追求是不一样的,古代的健美观念以古希腊比较具有代表性,公元前8～前6世纪,氏族社会解体以后的古希腊,形成了数以百计的城邦国家,他们把战争作为攫取财富的重要途径,为了战胜敌人,就需要强壮、矫健和耐久的斗士。于是身体结实、身手矫健的人物,就成了人们崇拜的对象,因此也就形成了他们特殊的健美观念。

　　古希腊人认为:健美的人体是呼吸宽畅的胸部,灵活而强壮的脖子,虎背熊腰的躯干和块块隆起的肌肉。著名的古希腊哲学家苏格拉底(公元前469～前399年)认为,人的一切活动不能脱离身体,身体必须保持高效率的工作,力量与肌肉的美只有通过身体才能得到,衰弱是耻辱,他这样说也这样做,一生都坚持运动。另一位古希腊哲学家苏格拉底的学生柏拉图(公元前427～前347年)也提出,要为保卫城乡而练就体魄刚健的战士,为造就完美和发展的人而献身。柏拉图的学生著名哲学家亚里士多德(公元前384～前322年)更提出,要养成健美的体格而不是野蛮的兽性的性格。

　　古希腊人主要是通过体育运动来塑造和培养健美人物的,四年一届的古代奥林匹克

1

运动会等场所,就是炫耀力量和人体健美的场合。运动会桂冠获得者将受到热烈的欢迎。国家出资修建健身场,青年人在那里练习跳跃、拳击、奔跑、投枪、掷铁饼,系统地锻炼机体和各部肌肉,把身体练得强壮、轻灵和健美。古希腊人还风行裸体艺术,在运动场上从事裸体运动,喜欢欣赏裸体人力量、健康、活泼的形态和姿势;在艺术上如绘画和雕塑,则塑造健、力、美三结合的人体。

在公元前 6 世纪,古希腊就已盛行"赤身运动",当时的健身场是贵族青年必进的学校。每个青年要在这所学校里参加系统的机体和肌肉的训练,如跳跃、拳击、掷铁饼都是训练中的必修课,通过训练使身体强壮、轻巧、健美,没有在练功场接受过训练的人,被看成是没有教养的人。而且在当时的奥林匹克运动场上,他们不仅要在强手如林的竞赛场上以高超的运动技巧压过对手,并且还要在众多的观众面前以令人钦慕的健美体格和姿态赢得更多的赞誉。竞争者们为了表现身体线条的优美,浮凸而富有弹性的肌肉,把全身都涂上了当地盛产的橄榄油,裸体进行角逐。涂油运动的人体,在充足光线的照耀下,又使肌肉线条的表露更加明显美观。这种普遍进行的赤身运动,实质上也就反映了古代人们集体推崇健美运动的思想和自然形式,至今,健美比赛仍然保持着涂油和在强光下进行竞赛。

在古希腊奥林匹克运动会上,曾经有过这样一条规定,艺术家要为连续获胜的体育健儿塑像,作为宙斯的骄子,永远屹立在宙斯神像的身旁。因此,可以认为忠于生活的古希腊艺术大师们留下的某些艺术珍品,是那个时代人的健美体格的真实写照。如珍藏在古罗马博物馆里的大量人像雕塑,形象地告诉人们,对健美体格的向往和追求是有着悠久历史的。古希腊的雕塑家米隆的杰作"掷铁饼者",刻画了运动员全神贯注、铁饼脱手欲出的刹那姿势和匀称而丰满的肌肉质感,生动准确地表达了人体运动的美,也体现了古希腊人对人体健美的特殊观念:即宽厚开阔的胸部、灵活而强壮的脖子、虎背熊腰的躯干及结实隆起的肌肉在臂腿部的突出表现。在古希腊人眼里"掷铁饼者"就是典型的健美人物。又如后来,人们在米洛斯岛上发掘出的维纳斯大理石塑像,其体态丰满和神情端详的女性美,超越了时间和空间成为世界艺术宝库中具有永恒魅力的艺术珍品。这些光彩夺目的艺术形象告诉人们:"生命在于运动"和"世界上没有任何一件衣裳能比健康的皮肤和发达的肌肉更美丽"的哲理。

19 世纪以前,欧洲一些国家如英、德等国家,早就有人用杠铃、壶铃等器械及其他重物来锻炼身体,这种形式锻炼,既是现代竞技举重的起源,也是现代健美运动和力量举重的起源。当时人们锻炼主要追求的是力量的增长,而在体型方面并无特殊的要求,他们常在舞台上或其他场馆用各种各样的方式表演和比赛体力。当时这些大力士们的体型大多数是宽厚的肩膀,粗大的腰围,给人以健壮有力的印象,吸引人们进行锻炼。

大约到了 19 世纪初期,大力士们的体型逐步有了改变,他们在各种场合除了表演各种力量外,还经常运用肌肉控制、造型等形式来表演自己发达丰满、线条明显的肌肉和匀称健美的体形。为了收到良好的表演效果,必然要求在训练方法上有所改变,因而在增长力量、发达肌肉、改善体型体态等方面都达到了一定的水平。到了 19 世纪后期,随着举重比赛的出现,于是有的人就主张增长力量,到竞技场上去参加角逐。1896 年的第一届现代奥运会上将举重列为正式比赛项目;另有一些人则喜欢在发达肌肉,锻炼健美的体型和塑造健美的表演形象方面下苦功夫。在这种情况下,单一的举重运动开始一分为二,逐步形成为竞技举重和健美运动。

19 世纪末叶,健美运动萌发于德国山道(Sandow,1867—1925,死于车祸)的自我锻炼。山道的原名叫法德勒·穆勒,山道是他的艺名。生于德国的普鲁士的康斯尼堡,少年时体弱多年病,10 岁时还不知"体育"是什么意思,有一次他与父亲去罗马旅游,在参观佛罗林美术展览时,山道被古代角斗士的健美雕像所感染,便好奇地问其父亲:当今是否也有这样体格健壮的人呢?其父说:"恐怕很难看到这样的人,可是在古代,人们要生活在地球上,如果没有自己的武器,双腕就必须有过人的臂力,以保卫自己的生命和安全。如果要想有强壮的体魄,唯一的办法就是在锻炼上下功夫。"其父的这段话,使他深受启发,联想到他常被当时某些蛮横的人欺辱,从此以后,为获得健美的身躯他不懈地坚持每天自行锻炼,决心改造自己的身体。到了 15 岁那年,山道便与哑铃、杠铃和角力等运动结下了不解之缘,为了把自己的身体锻炼得像雕塑中的力士一样,他经常背着父母到马戏班里跟演员一起练功学艺。后来,他拜闻名全欧洲的大力士兼教练路易士·布马捷为师,在老师的悉心指导下,山道表现得异常刻苦。直到 18 岁上大学,他学习了人体解剖学等医学书籍,懂得了科学锻炼的重要意义,他不断地从实践中摸索出一套发达肌肉、提高力量的锻炼方法。功夫不负有心人,经过短短的几年,他无论在体力和肌肉发达方面,以及力的技巧表演上都取得了突出的成就。几付扑克牌叠在一起,他可以凭借手力,一掰为二。有几个欧洲素负盛名的角斗家同时登场与他一人相搏,他竟无惧色,勇猛矫捷,经过一番激战,终于力挫群雄。随后,他到英国、澳大利亚、新西兰和南美洲各国等地表演各种健美技艺,演毕常显露肌肉造型,展示健美训练的方法和效果。山道在当时的表演,到处受到人们狂热的崇拜,其原因是他除了有过人的力量和精湛的力的技艺表演之外,还有那刚柔相济的肌肉和完美无瑕的体格同样令人钦羡。站在舞台上的山道,上披单襟豹皮力士服,下着三角裤,足蹬半高统皮靴,活脱脱一座希腊大力士雕像,在英国,每次有山道出场表演,总是座无虚席。从此,山道声威大振,名扬全欧,成为人们心目中传奇式的伟大英雄人物。

1898 年 7 月,山道创办《山道杂志》,并发表文章筹备举办健美比赛。经过三年的积极筹备,1901 年 9 月 14 日,在英国伦敦能容纳一万五千名观众的皇家阿尔勃特剧院举行了"世界健美比赛",参加比赛的有来自世界各国 60 名大力士,经过预先淘汰,最后有 12 名运动员进入了决赛。这次比赛,山道制订了根据"体型比例、肌肉发达程度、身体发展匀称性、健康状况和皮肤色泽"等五个方面来进行评判的标准。担任裁判的由山道、亚瑟、纳杜列博士和雕塑家却尔斯、洛斯5人组成。比赛结果,英国诺丁汉郡的威利姆·摩莱获得了金质奖章,美国伯明翰市的迪·库帕获银牌,艾尔·史密斯获铜牌,并分别得到由山道赞助的5000和2500美元的奖金。这次世界健美比赛的举行,在健美思想、方法、评判标准和比赛组织等方面为现代健美运动的发展奠定了基础,促进了现代健美运动在各国的发展。

山道在年高退出健美表演舞台时,还创办了一个健身函授班和世界上第一所健美锻炼体育学校。大量吸收青年们参加这些组织,并进行热心的指导和训练。1898年他还创立了《体育文化》期刊,同时又在伦敦的圣詹姆士街设立了体育学校总部,在新西兰、澳大利亚、印度、南非及美洲等地建立了分校,教授健美、举重、角力等体育项目。不仅如此,山道还到世界各地现身说法,表演技艺,向世界宣传体育锻炼对增进健康的好处,对数千万的男女青年进行了健美训练的指导。

山道之所以能受到当时人们的崇敬和后世瞻仰,不仅因为他有雕塑般的健美身躯,突凸而发达的肌肉,刚中带柔的线条和高超的控制肌肉的力的表演技巧,以及在举重和角力方面的高深造诣;还因为他具有一般大力士所不能比拟的文化素质和道德修养,他上过大学,专门研究过人体解剖学,并著有《力量以及如何去得到》、《哑铃锻炼法》、《体力养成法》、《实验祛病法》等书籍,对健美运动的发展起了很大的推动作用,受到各国健美爱好者的欢迎。山道为人谦和、温文尔雅,在他身上丝毫寻觅不到当时大力士所惯有的那种暴躁和粗野的鄙习。由于山道为开创健美运动作出了卓越的贡献,因此,山道被后人尊称为"体育家、表演家、艺术家和国际健美运动的鼻祖"。

20世纪初,虽然健美运动首先在德、英、法等欧洲国家兴起,但后来美国成了这项运动开展得最为广泛的国家。美国的医学专家列戴民早在1920年前就开办了健身函授班,是美国各种健身组织中历史最为悠久,影响最大的一个组织。他不仅精心传授各种健身方法,还积极从事健美运动系统的研究和写作,著有《肌肉发达法》、《力的秘诀》等著作,无论在理论水平,还是在指导实践上,都达到了相当高的水平。

1903年,美国的麦克法登在纽约麦迪森广场花园举行了"世界体格最完美人"的比赛,阿特拉斯获得了冠军。这是继山道创办比赛后,第一个在美国举办的比赛。阿特拉斯在健美函授体格教学方面所取得的成就,进一步使现代健美运动在世界更大范围内得到传播。1928年12月,麦克法登还倡导和主办了"全美男子健美比赛",竞赛分为轻量、中量和重量三个体重级别。他首创了健美比赛,并亲自向优胜者发奖品,并将优胜者的照片刊登在《体育》杂志上,推动健美运动的开展,人们誉他为"健美竞赛之父"。这样一来"健美运动热"和"健美比赛热"席卷欧美国家。麦克法登曾任《体育》杂志主编,提倡健美运动最有力、影响最大,在开展健美教学方面也取得了突出成绩。他虽然未受过正规教育,但平时好学,潜心研究健美运动的理论,并付诸实践。他的健身著作已达50多种,还有8大本《体育百科全书》巨著也是他毕生最有影响的作品。另外他还创办了一所医院、一所体育学校,专门为青少年提供免费学习的机会。由于他对健美运动做出的突出贡献,在美国被尊称为"健美运动之父"。

本·韦德(1923—2008),是国际健美运动的奠基人和伟大的组织者,国际健美联合会(IFBB)创始人兼终身名誉主席,现代健美运动之父。热爱健美运动的朋友无法想像,我们这项运动如果没有本·韦德先生现在会是什么样,他的名字同健美运动同等重要,他传奇的一生令每一位走入这一领域的人所敬仰。

本·韦德的父亲是波兰移民到加拿大的,本·韦德出生在蒙特利尔,他的哥哥是被誉为"世界冠军之父"的乔·韦德,比他大两岁。由于家境贫寒,10岁时就和哥哥一起辍学打工,他在饭馆里做服务生,由于哥俩身体瘦弱,常受人欺负,13岁开始用杠铃锻炼身体,14岁成为一名拳击手,并对健美产生浓厚的兴趣。22岁时,在哥哥的带动下,哥俩在自己的卧室里办起一份教授健美知识的油印杂志《您的体格》,在那时,健美锻炼的资料十分匮乏,所以他们的杂志大受欢迎,并远销欧洲,影响了一大批后来的优秀的健美运动员。

20世纪30年代后期,哥俩在蒙特利尔办起了一所健美中心,吸引了很多青年人参加。

20世纪40年代后,哥俩为进一步推动健美运动的发展,分别在加拿大和美国创办了"韦德运动器材公司",同时还积极研究和开发健康食品及运动补剂。

1946年,本·韦德为了推动健美运动向世界发展,他联合了美国健美界发起组织了"国际健美联合会"(英文缩写IFBB),他担任该协会的终身主席,哥哥乔·韦德任资深执委。在国际健联初创时期,体育界的很多人对健美运动不理解,甚至误解,为此,本·韦德进行了大量的科研工作,最终以大量的科研数据和无可争议的事实,驳斥了那些不实之词,并取得了国际体育联合会的支持。为了让更多的国家接受健美运动,他四方奔走,足迹遍布五大洲近百个国家,最终得到了全世界的支持。从1946年的2个委员国到2000年已发展到了172个委员国,成为世界第五大单项运动组织。1998年国际奥林匹克委员会正式批准接纳国际健美联合会,这是本·韦德先生及他领导的健联官员们50年的努力成就,也是他毕生的心愿。

本·韦德先生为了让健美在世界各地生根开花,他帮助中、美、法、德、叙利亚、黎巴嫩、以色列等国的大学,进行体育科研和训练工作,并捐赠了大批成套器材。本·韦德为了获得推动国际健美事业的活动经费,他还在商业上成就显著,经营健身器材、体育用品运动服饰、健美杂志送销100多个国家,成为名牌产品。

本·韦德不但是国际健美联合会的终身主席,又是健康专家、法律博士、体育科学博士和研究拿破仑问题的历史专家,他还担任国际拿破仑研究会主席,曾编著过4本关于拿破仑的书籍。

由于他的卓越成就,他受到了许多荣誉:

加拿大政府授予他"加拿大杰出公民"的最高荣誉。

由于他对全人类的健康作出的伟大贡献,英女皇授予他"银质奖章"。

1984 年他被提名为"诺贝尔和平奖"的候选人。

1984 年美国运动大学授予他"杰出贡献奖"。

1987 年美国运动医学大学授予他"体育科学事业荣誉博士"。

1988 年法国巴黎市市长授予他"巴黎市银质奖章"。

美国洛杉矶市市长在 1992 年 6 月 18 日宣布,由于韦德哥俩对全国人民健康作出的巨大贡献,宣布该日为"乔和本·韦德之日"。

1995 年美国体育运动委员会,由于乔和本·韦德对世界健美运动发展所作的杰出贡献,授予他俩"终身成就奖"等。

在本·韦德先生的辛勤的耕耘下,健美运动在全世界开展得如火如荼。

本·韦德的哥哥乔·韦德,是一位有创见精神,并善于总结经验,是科学健美法则的创立者和积极推行者。当代许多健美冠军和世界著名的健美运动员,在训练中都严格遵循着乔·韦德健美训练法则。因此,他享有"健美冠军训练者"之美誉。

1947 年美国的鲍勃·霍夫曼的约克杠铃俱乐部,借在美国举行世界举重锦标赛之际,同时举行了第一次以"环球先生"为称号的国际健美比赛。1948 年英国的"全国业余健身者协会"得到一家出版公司的资助,趁在英国举行第十四届奥运会之机,举行了规模盛大、拥有世界上最健美的明星参加的"环球先生"比赛。20 世纪 60 年代,职业健美运动开始崛起,并与业余健美运动一起发展。1965 年开始创办了每年度世界水平最高的职业运动员参加的"奥林匹亚先生"大赛。1971 年,国际健美联合会开始举行环球先生世界业余健美锦标赛。1980 年开始正式举行每年一度的"奥林匹亚小姐"大赛。1981 年第一届世界运动会上设置了男子健美轻量级、中量级、轻重量级和重量级四个级别的比赛项目。1995 年开始举行每年一度的"奥林匹亚健身小姐"大赛。

从 20 世纪 60 年代开始,在东欧国家例如捷克、匈牙利、波兰、保加利亚和罗马尼亚等也相继举办全国性的健美比赛。1986 年 4 月,在波兰华沙举办了第一次由东欧国家参加的欧洲健美锦标赛。比赛分为男子个人、女子个人和男女混双等项目。

20 世纪 50 年代末,在各国开展健美运动的基础上,亚洲健美运动开始确立。1959年,锡兰(即今斯里兰卡)业余健美联合会发起并举办了亚洲先生健美锦标赛,揭开了亚洲健美比赛的序幕。1961 年后,以锡兰、巴基斯坦、印度、缅甸、泰国和马来西亚等六国为基本成员的亚洲健美联合会成立,并组织了第一届亚洲健美锦标赛。至此,亚洲健美运动上升至组织化和制度化的发展层次。1970 年,亚洲健美联合会被国际健美联合会接纳为会员,确立了亚洲健美运动在世界健美运动领域的地位。

1901 年 9 月 14 日,世界第一次健美比赛的评判是根据体型比例、肌肉发达程度、身体匀称性、健康状况和皮肤色泽等五个方面进行评分。至 20 世纪 40 年代前后,美国出现并盛行按身高分甲(高)、乙(中)、丙(矮)三组,从正面、侧面、背面,对选手不同姿势,就全身肌肉的发达程度、身体各部位比例的匀称性、肌肉线条的明显性、和体姿造型的健壮优美性等四个方面进行评分。四个方面各以 5 分为最高分,共 20 分,先后名次是以五位裁判给分的总和多少来评定,满分是 100 分。全场冠亚军和第三名也用同样方法评定。到 20 世纪 70 年代,这种评判办法被淘汰。1976 年,斯塔特制定了比较全面的国际健美协会竞赛规则。开始使用按体重分级别,男子根据全身肌肉发达程度、体格比例的平衡性、全身肌肉发展的匀称性、肌肉线条的明显性和造型能力等五个方面。女子根据整个身段是否具有女性美,全身肌肉发展的匀称性以及肌肉和脂肪的含量比例是否适当、肌肉的发达程度、肌肉和体型线条美以及造型技能等五个方面的优劣,按相对比较排序的评分方式进行评判,得分少者名次列前,这种评分方法的出现是现代健美比赛规则诞生的标志。

国际健美联合会(The International Federation Bodybuilding ,缩写 I.F.B.B),是一个单项协会性质的国际体育团体。国际健美联合会的宗旨是发展体育与健美运动,并规定每年要在不同国家举行一次世界健美锦标赛。该协会还经常组织有关项目的科研,并将其成果报奥林匹克运动委员会、国际体育运动协会、国际体育医学会,以及世界各地的一些健身俱乐部和教练员。协会设主席一名、副主席六名和秘书长一名。国际健美联合会的总部设在加拿大的蒙特利尔,该组织的职能是领导国际健美运动的开展。国际健美联合会的口号是"健美运动有益于国家建设"和"身体建设比国家建设更为重要"。该会创立以来,创办了各种业余和职业性质的国际健美比赛,为国际健美运动的开展做出了卓有成效的贡献。到 2005 年为止,国际健美联合会有 179 个会员,已经成为世界上最大的单项体育组织之一。本·韦德是该联合会的奠基人,由于本·韦德先生的卓越贡献,他被推选为国际健美联合会的终身主席。自国际健美联合会成立后,世界健美运动逐步向健全和完美化方向发展,健美运动的组织机构和竞赛规则趋于健全和完善。

1998 年 1 月 30 日在日本长野召开的国际奥委会执委会会议正式承认国际健美联合会,接纳健美运动为奥林匹克大家庭的一员。

阿诺德·施瓦辛格,健美运动史上最富传奇色彩的人物,他既是 20 世纪光芒四射的一颗健美巨星,又是国际影视界走红的大腕。阿诺德最大的特色是,对办任何一件事,都具有很强烈的自信心。阿诺德 1947 年 7 月 30 日出生于奥地利,小时候体质不好,经常生病。偶然的机会练上了健美,因为具有极好的健美天赋条件,加上自己的刻苦努力,日后取得了非凡的成就。施瓦辛格年轻时有三个梦想:世界上最强壮的人,电影明星,成功的商人。1966 年,19 岁的施瓦辛格获得"欧洲先生"的称号。此后,他几乎包揽了所有的世界级健美冠军,包括五次"宇宙先生",一次"世界先生",七次"奥林匹亚先生",当之无愧地成为王中之王。1997 年,国际健美联合会授予他"20 世纪最优秀的健美运动员"金质勋章。从 1970 年拍摄《大力神在纽约》开始,至今他已主演近 20 部动作片,几乎部部叫座,在全球影响极广。其中最成功的是《终结者Ⅱ》,使他成为全球收入最高的演员。施瓦辛格的名字已成为动作片的代名词,也是票房的保证。拥有经济学和国际经营学学位的施瓦辛格,在成名之前便开始把挣到的钱投资不动产,获利颇丰,以他为股东开设的餐馆也因风格独特而备受欢迎。他的生意和电影事业同他的肌肉一样蓬勃发展。此外,他还出演节目,向全国各地的人讲解健康的秘诀并开设健身班,关心儿童的成长等社会问题。他每次成功的关键,在于他对事业充满信心,并付出持久的巨大的努力,由于取得世人瞩目的成就和努力的工作,受到美国前总统布什的重视,在 1990 年 1 月 22 日被任命为美国总统健康和运动委员会主席。2003 年就任加利福尼亚州长。同所有成功者一样,他也走过一条非常艰难曲折的道路,收获来自辛勤的耕耘,辉煌来自执著的追求。

蔡保罗,亚洲健美联合会秘书长,父亲是位中国人,与印度裔的母亲结婚后一直住在新加坡。青睐中国,对中国情有独钟。这个腰身鼓圆的老人却运筹帷幄着亚洲最健康美丽的机构——亚洲健美联合会。曾经是职业拳手的蔡保罗说健美应该可以成为所有人参与的项目,"广义的健美,就是健康的生活态度,美丽的身体曲线。健美不仅是专业项目,所有希望自己在现代高强度生活中成为健康家族一员的,都可以尝试。健美在欧美国家有着很强的影响力,健美比赛本身趋向于专业健美,但是与大众健身互通的是,两者的本质都是健康创造美。"曾作为亚运会项目,健美不仅受到各国体育界的重视,同时它也凭借独特的欣赏魅力吸引了无数观众。而健美比赛,涉及的不仅是营养学,日常训练水平,更是一种意志品质的考验,美丽背后的艰辛是很难想象的。只有自己真正钟情这种生活方式,才会有热情持续锻炼。

二、中国健美运动发展概况

我国是世界文明古国之一,有着悠久的历史。我们的祖先也是崇尚健美、崇尚力量、崇尚英武的。孔子主张"尽善尽美",墨子也讲"善美","善"是好的意思,又好又美,亦可称为健美。而荀子在一段议论中更进一步论述了外形的身体健康美和内在的精神美之间的辩证关系。我国古代以身体魁梧、武艺高强、健壮英俊、品德高尚为健美。古代劳动生活的特点需要有强健的体魄,频繁的部落战事,更需要有强壮有力的身体。所以,我国古代也是将健力美紧密结合在一起,予以提倡的。至于举鼎、翘关、举石等健身活动,则早已有了几千年的历史。

20 世纪 30 年代至 21 世纪初,中国健美运动经历诞生、初创、遭禁、复苏、起步和平稳发展的历程。20 世纪初期,国外健美运动信息已传入中国。1917 年 4 月毛泽东(1893—1976)在《体育之研究》一文中,曾介绍过德国山道,把他誉为是由柔弱变为强健的世界体育家(文中将山道译为孙棠)。20 世纪 20 年代前后,国外健美函授学校甚为活跃。约在 20 世纪 20 年代末,现代健美运动由欧美传入我国,最初仅在上海、广州等沿海城市兴起,开始用杠铃和哑铃作为发达肌肉和改善体型的现代健美器械。1924 年在上海沪江大学上学的赵竹光(1907—1991),为了使身体能支撑紧张的大学生活,便积极寻求健身之道,以便能胜任繁重的学业。于是他积极参加美国查理斯·爱技斯举办的健身函授课,开始进行练习自抗力的锻炼,并成立起锻炼小组,将国外健美函授学校教材集中,择优采用训练方法,拟订科学锻炼计划进行研习和训练,因效果卓著,因而吸引了大量爱好者参加练习。1930 年,经学校批准,成立了"沪江大学健美会",后因该组织的锻炼效果显著,校方还做出了凡是参加健身会的同学都可把他的锻炼成绩作为体育课成绩而免修体育课的规定,它是中国乃至亚洲第一个健美运动组织,使中国健美运动进入组织化层次发展。中国健美组织的出现,为近代中国健美运动理论与实践的发展奠定了基础。

在 20 世纪 30 年代,健美运动的理论与实践得到迅速发展。1932 年,上海健美社开始发行半月刊《健美画册》。1934 年和 1937 年,美国人著述的《肌肉发达法》和《力之秘诀》两本健身著作,由赵竹光先后翻译出版在中国问世。1938 年,《健与力》杂志由上海健与力社开始发行,为中国健美运动的开展奠定理论基础,创设了舆论环境。到 20 世纪 40 年代,健美运动组织化发展得到加强,并显露出制度化发展的端倪。

1940 年 5 月,赵竹光与其学生曾维祺创办了上海健美学院,成立了中国第一所健美学校,开始培养中国健美运动师资,当时的校训为:"健全的身体,健全的人格,健全的头脑,健全的灵魂"。翌年 7 月,由赵竹光出任主编,该校开始出版《健力美》杂志。至此,在健美运动组织化发展得到加强的同时,由《健与力》和《健力美》共同构成的 20 世纪 40 年代在中国宣传和传播健美运动知识和训练方法的文化氛围业已形成,为中国健美运动制度化发展作出了准备。

1942 年,曾维祺先生又在上海开办了现代体育馆,致力于健美运动的训练事业,培养了中国历史上第一位健美冠军柳颙庵。此后,各种健身院和健身活动竞相在各大城市出现。在上海,娄琢玉和胡维予分别在业余时间担任上海基督教青年会和精武体育会的健美教练。在广州,谭文彪创办了谭氏健身院,并有刘英和卢伟等为健美运动的开展做了大量工作。在南京,戴毅创办首都健身院。20 世纪 40 年代后期,在北京和苏州分别有林仲英和李钧祥开展健美活动。至 1950 年,仅在广州和上海用于健美训练的健身馆和体育馆就增加了 10 多家。这些共同构建了中国健美运动初步繁荣的图景。

1944 年 6 月 7 日,在上海八仙桥青年会礼堂,由现代体育馆、上海健身学院和上海基督教青年会体育部联合发起举办了上海健美男子比赛。由 20 余人参加了按身高分为甲(高)、乙(中)、丙(矮)三个组的角逐。赛会聘请健美专家赵竹光、梁兆安、曾维祺、雕塑家张充仁和印度的摄影家泰泰等五名裁判,按当时在美国盛行的美国先生比赛办法,从四个方面进行评分。结果上海银行职员柳颙庵获全场冠军,大光明电影院职工黄辉获全场亚军,比赛由著名医学博士余新思主持。这是中国第一次健美比赛,它是健美运动进入制度化层次发展之始,标志着中国健美运动的诞生。

解放后,健美运动深受广大青年群众欢迎,各地健美运动蓬勃发展,仅广州、上海等地就有 30 多家健身院和健身馆。20 世纪 50 年代中期以后,封建主义和"极左"思想的影响,加上缺乏宣传,错误地把健美运动作为西方资产阶级体育进行批判,健美运动遭到扼杀,停止发展,使其出现文化断层。1958 年,加拿大本·韦德访问中国,期望启动健美运动在中国的发展,但未获得成功。

20 世纪 80 年代初,由于中国改革开放政策的实施,重新启动了中国健美运动的发展。使停滞近三十年的健美运动重新引起人们的重视。健美运动被认为是一门可以陶冶情操、改造社会风气、增强体质和塑造人体健美的体育学科。全国各地群众性健美运动又蓬勃兴起,1981 年,健美运动首先在上海、广州和北京等地恢复,同年《健与美》杂志问世,它们共同敲响了中国健美运动复苏的音符。

1981 年,由体育报编辑部编辑,人民体育出版社出版体育报增刊《健与美》,以后成立《健与美》编辑部,先由双月刊杂志后定为月刊,专门刊登健美史话、健美人物、健美运动、健美方法、健美体型和健身知识等方面的文章。对中国健美运动的发展,起到了积极的推动作用。

20 世纪 80 年代初,中国健美运动走向复苏,为了检验复苏后健美运动所取得的成绩和推动中国健美运动的开展,《健与美》杂志社创设力士杯健美邀请赛,比赛得到国际健美联合会主席本·韦德提供比赛规则资料的帮助,并于 1983 年 6 月 2～4 日在上海举行了首届全国健美邀请赛。虽然只有 9 个单位的 39 名运动员参加,但对刚刚复苏的中国健美运动的发展起到了加速促进的作用。以后在陈镜开、薛德明和娄琢玉等人的倡导下,决定每年举行一届健美比赛,成为中国健美运动由复苏走向初步发展的标志。力士杯健美邀请赛的创设是新中国健美运动向制度化层次发展的一个标志。

1984 年 10 月 24～28 日,应国际健美联合会邀请,国家体委派出许放和娄琢玉二人,以观察员身份出席在美国举行的第 38 届国际健美联合会,并观摩国际业余健美锦标赛。会上国际健美联合会主席本·韦德重点介绍了中国健美运动迅速恢复和发展的情况。娄琢玉应邀作了题为"健美运动在中国"的发言,介绍了中国健美运动的发展历史和目前开展的情况。在年会上国际健美联合会主席本·韦德授予娄琢玉"功劳奖状"。这是中国首次参加国际健美联合会的活动,为中国取得国际健美联合会会员国资格奠定了基础。

1985 年 6 月,国际健美联合会主席本·韦德和他的两个儿子爱力克和麦克,应邀来我国北京进行访问,并观摩了在北京举行的第三届全国"力士杯"健美邀请赛。在比赛期间,本·韦德主席对来自全国的 360 多名裁判员、教练员和运动员作了有关健美运动的学术报告,表彰了我国在健美运动中作出贡献的陈镜开、娄琢玉、赵竹光、曾维祺等 9 人,并颁发了奖章或奖状。

1985 年 11 月,第 39 届国际健美联合会在瑞典哥德堡举行年会,在会上赵启鑫和许放二人代表中国,提出了中国台北健美协会使用组织名称、会旗、会歌及会徽的有关条件后,正式申请参加国际健美联合会。国际健美联合会执委会和出席本届大会的全体会员一致通过接纳中国为第128位会员国,确立了中国健美运动的国际地位,为中国参与国际健美活动创造了条件。

1986年10月,中国举重协会健美委员会成立,成为领导健美运动的专门机构。是年的11月28~30日,第四届力士杯全国健美邀请赛在深圳举行,这是我国健美史上影响最大的一次比赛。来自24个省、市、自治区及香港地区的48个参赛队和228名运动员,是历届"力士杯"参赛总数最多的一次。历届为表演项目的女子健美运动,首次列入了正式的比赛,并按国际健美比赛规则统一着三点式比基尼泳装出赛,引起了国内外的关注。本届比赛基本按国际比赛规则组织竞赛,比赛的项目也从原来的男子个人,增加了女子个人和男女混合的比赛项目,设立了男子、女子、男子集体和元老杯的比赛。而其中女子健美比赛的服装,经国家体委批准,按照国际健美比赛规则,穿比基尼(俗称三点式)。至此,中国健美运动全面进入组织化、制度化和国际化发展层次。

1986年10月,国家体委邀请了国内有关学者,根据中国近年来举办健美比赛的经验,并参考国际健美规则,制定出版了中国第一部竞技健美比赛的正式规则和裁判法。

1987年4月29日~5月3日,全国首届长城杯健美邀请赛在北京举行。来自21个省市的286名选手,参加了男子四个级别,女子二个级别,男子混双等健美运动项目和男女单人操;男女三人操、混合双人操等健美操项目的比赛,这是中国首次将两种健美运动内容安排在一起的比赛。

1987年10月14日在安徽屯溪市举行了全国第五届力士杯健美锦标赛。前四届力士杯比赛均属于邀请赛,从本届开始国家体委将一年一度的"力士杯全国健美邀请赛"正式改为"全国健美锦标赛"。并规定每年举办一次"全国健美锦标赛";一次"全国健美冠军赛"。

1988年10月,由中国健美协会秘书长古桥先生任领队,健美运动员何玉珊和孙伟毅为代表的中国健美队,参加了在澳大利亚昆士兰州的黄金海岸城举行的第42届世界业余男子健美锦标赛,参加级别分别是中量级和轻量级,这是中国首次派选手参加世界性健美比赛,这是中国健美运动走向世界的一个标志。

1988年9月,中国高等教育委员会决定将"健美运动"列入全国高等院校学生必修的体育科目。

1988年12月,应《中国体育》杂志社的特邀,由美国、英国、荷兰和加拿大等国的10名职业健美明星来华,为中国观众进行了精彩的表演。这是中国自恢复健美运动以后,首次来访的国际健美队,也是水平最高的健美队。这次来访促进了中国健美运动的发展。

1989年9月20日中国健美协会正式加入亚洲健美联合会,并参加当年的亚洲健美锦标赛,确立了中国健美协会在亚洲的合法地位。

1989年11月27日~12月7日,在前苏联莫斯科举行了苏联国际健美邀请赛。美国、西德、西班牙、希腊、保加利亚、荷兰、芬兰、苏联和中国等9个国家的10支代表队参加角逐。中国煤矿体协健美队的王力劲、张树文、王宪军和魏媛等4名选手参加了比赛。依次分别获得70kg级第5、6名,90kg级第6名,王宪军和魏媛夺得混合双人第5名。这是中国健美运动员参加国际健美比赛,首次取得进入前6名的好成绩。

1990年国家体委举重处处长薛德明被选任为亚洲健美联合会副主席。

1990年10月,第26届亚洲健美锦标赛和第5届亚洲青年健美锦标赛,在马来西亚巴州举行。中国首次派队参赛。中国运动员王力劲、甘清春和杨新民分别夺得70、75和80kg等级别的第3、第5和第6名。王力劲还荣获了"最佳表演奖"和"进步最快奖",成为获奖最多的选手之一。这是中国恢复开展健美运动以来,首次在正式的亚洲健美比赛中获奖,是中国健美运动被亚洲健美文化圈认同的一个标志。中国健美选手,在体型和肌肉发达度上具有优势,体现了中国健美运动员的潜力,但也因绝大多数选手缺乏比赛经验而未能发挥水平。

1990年11月2~4日,全国健美冠军赛在南京举行。19个省市及行业体协的60名运动员参赛。全国健美冠军赛是国家体委指定的全国性的健美比赛,每年一届。本届设男子8个级别,女子6个级别、混合双人和女子双人表演项目。参赛者限第8届全国健美锦标赛各级别前10名的运动员。大会组委会针对中国运动员的特点,特设"最佳表演"、"最佳动作配乐"、男子"最佳小腿肌"和女子"最佳腹肌"等奖项,这一举措是中国健美运动竞赛项目向科学化、定量化和完善化层次发展的标志。

1992年初,国家体委首次公布了《健美运动员技术等级标准(试行)》。等级最高的为健美大师,凡在世界健美锦标赛中获得前8名的,均可荣膺此称号。其次为健美先生(小姐)。凡符合下列条件之一者,可申请授予健美先生(小姐)称号:(1)获亚洲健美锦标赛前3名者;(2)获国际健联批准的6国以上参加的国际健美邀赛前4名者;(3)在全国健美比赛中获第1名者或一年内2次获得全国比赛第2名者。最后一种称号为健美士,共分3级,凡符合下列条件之一者,可申请授予一级健美士称号:(1)获全国健美比赛2~6名者;(2)获省、自治区、直辖市健美比赛第1名者。凡符合下列条件之一者,可申请授予二级健美士称号:(1)获省、自治区、直辖市健美比赛第2~6名者;(2)获地、州、市健美比赛前2名者。凡符合下列条件之一者,可申请授予三级健美士称号:(1)获地、州、市比赛第3名者;(2)获县级健美比赛第1名者。在上述所有比赛中获得名次的运动员,在同级比赛中至少须有8人参加,方可授予等级称号。

1993年5月20~23日中国健美协会第一届代表大会在安徽铜陵举行,来自全国各地的近30名代表参加了会议。中国健美协会的前身是中国举重协会健美运动委员会,已不能适应形势发展的需要,国家体委决定成立中国健美协会,以更好地推动该项运动的发展。中国健美协会的成立,是我国体育战线上深化体制改革采取的重要措施之一。大会期间,代表们就协会的章程等三个文件进行了积极热烈的讨论,最后达成共识。并经过协商推选产生了由 11 人组成的协会第一个专门委员会——裁判委员会。大会最后选举产生了第一届协会领导机构,国家体委四司司长李斗魁当选为主席,健美界老前辈曾维祺被聘为顾问。

1994 年 11 月 24～30 日,在上海举行了第 48 届世界业余健美锦标赛。这是我国第一次举办规格最高的国际性健美赛事,有力地推动了我国健美运动的发展。

1997 年在湖北武汉举行的全国健美锦标赛期间,召开中国健美协会第二届全国会员代表大会,共商我国健身健美事业的发展大计,这次会议对我国健身健美运动发展起到积极的促进作用。此后,国家相关部门和中国健美协会先后出台并颁布了健身健美运动行业管理政策法规文件,为我国健美运动和健身健美产业市场持续、健康和有序的发展保驾护航。

1998 年 4 月 1 日中国健美协会颁布了《关于健身指导员技术等级(暂行)制度的通知》和《健身指导员技术等级(暂行)制度》(以下简称制度)。《制度》强调健身指导员是中国健美协会为发展我国健身健美事业、增进全民身心健康,提高生活质量,建设社会主义精神文明的一支专业技术力量。是在各类健美组织和群众性健身活动、健美锻炼和健身操示范(以下统称健美)教学、经营活动中从事技能传授、锻炼指导和组织管理工作的人员,其等级分为三级、二级、一级、国家级和荣誉级。

为保证各阶段培训工作的实施,国家体育总局社会体育指导中心和中国健美协会成立了健身指导员考级教材编审委员会,该委员会收集了当今世界最具权威的健身健美专业理论,编写了《健美理论与实践》、《健身指导员基础理论教程》、《现代健身房服务指南》、《健身法教程》、《全国健身指导员考级大纲》和《韦德健美训练法则》等专项培训教材。这套丛书由古桥任主编,相建华、田里、张盛海、郑庆继等专家学者撰写,为我国健身指导员队伍的知识化、专业化、法制化建设打下了坚实的基础。

1998 年 7 月 1 日中国健美协会颁布《健美运动员参加全国比赛代表资格注册管理办法(试行)》。

1998 年 10 月 27 日中国健美协会颁布《关于加强健美运动竞赛、表演及技术培训工作管理的规定》。

1999 年 1 月 27 日中国健美协会颁布《关于委托举办健身指导员培训工作的通知》。

1999 年 12 月 29 日经国家体育总局和民政部核准并颁布《中国健美协会章程》。中国健美协会,简称"中国健协"。英文名称为"CHINESE BODYBUILDING ASSOCIATION"缩写为"CBBA"。中国健美协会接受国家体育总局和民政部的业务指导和监督管理,中国健美协会会址设于北京。

20 世纪 80 年代至 90 年代后期,我国健美运动迅速发展,不仅每年举办了"力士杯"全国健美邀请赛、全国健美锦标赛、冠军赛和全国健身小姐大赛,而且成立了国家健美集训队,并多次参加亚洲和世界健美比赛,取得了较好成绩。

2000 年 5 月 9 日中国健美协会修订发布《健美运动员技术等级标准》。

2000 年 5 月 23 日中国健美协会颁布《关于坚决禁止在健美比赛中使用兴奋剂的通知》,为了禁止和防范健美运动员使用违禁药物,在浙江省宁波市举办的首届全国体育大会期间采取了一系列的强制措施:先是下发了《严禁健美运动员在全国体育大会中使用违禁药物的通知》,后在运动员报到后要求所有参赛人员填写《禁止使用违禁药物保证书》;三是在赛前召开的组委会上由国家体育总局社体中心主任王筱麟同志作禁止使用违禁药物的报告,从国家利益和项目生存发展的高度,反复强调使用违禁药物的危害和对国家体育事业带来的负面影响,重申国家体育总局对待违禁药物行为"严令禁止、严格检查、严肃处理"的一贯政策;四是邀请大会药物检查人员对运动员讲解接受检查的操作程序。从不同层面加大宣传攻势,对服用成分不明营养产品的运动员,作了相应安排,确保了健美比赛的公正性。经对 6 名健美运动员抽查,其结果均为阴性。

但在 2001 年的全国健美锦标赛上,经对 5 名男子健美运动员的抽查,其中一名男子运动员的测试结果为阳性,中国健美协会按规定对其进行了严肃处理。该事件成为本年度中国健身健美界的一大丑闻,在健身健美行业内产生了极为恶劣的影响。

2000 年和 2002 年两届全国体育大会的成功举办为健美运动进入综合性的体育运动会打下了良好的基础,比赛第一次把健美和健身小姐竞赛融为一体,提高了健美竞赛的可观性,让人们了解到健美运动的魅力。

2000 年 7 月中国健美协会在北京成功举办"首期国家级健身指导员、全国健美裁判员培训班",来自全国二十个省市自治区的 91 名学员参加了培训,并审批了第一批 76 名国家级健身指导员。

2000 年 10 月中国健美协会组织了评选先进健身健美组织和个人活动。

2000 年 10 在安徽亳州市举办了首届全国健身健美科研论文报告会,其目的是提高健身健美项目开展的科技含量,提高健身健美运动的科研水平。这次报告会,共收到论文 60 余篇,汇编了首届全国健身健美科研论文报告会论文集,这项工作的开展带动了中国健美运动和健身健美产业市场的科技化进程。

2000 年 10 月 24～28 日在安徽亳州举行"健康茶杯"全国健美锦标赛,共有 32 个队 205 名男女运动员参赛。

2000 年 11 月在深圳市召开全国首届健身健美俱乐部会议,这是我国健美运动恢复开展以来,中国健美协会为推动我国健身健美市场发展举行的第一次会议。会议的主题是《把握机遇,开创健身健美运动的新纪元》,会议介绍了我国开展健身健美运动的基本依据和我国健身健美项目管理的主要途径,介绍了健身指导员的培训工作意义,对我国健身市场开发前景进行了分析。因会议主题顺应了健身健美市场和项目发展的规律,取得了圆满成功。

2001 年 1 月 28 日中国健美协会颁布《关于加强健身指导员培训工作的通知》。

2001年5月15～19日在山东省临沂市举行"鲁南制药杯"全国健美锦标赛暨2002年釜山亚运会选拔赛,共有来自全国各地的32支代表队的260余名运动员参赛。

2001年9月中国健美协会选派许勤华(上海)、曹新丽(新疆)、梁月云(广东)、程丹彤(北京)、杨新民(山东)、钱吉成(海南)、吴哲(北京)等十余名运动员参加在韩国釜山市举行的第37届亚洲男子健美锦标赛、第5届亚洲健美大师、第18届亚洲女子健美锦标赛、第三届亚洲健身小姐锦标赛,取得五金一银的佳绩。

2001年9月在江苏省无锡市成功组织举办了全国首届健身先生大赛,填补了世界健身健美竞赛的一项空白,参加比赛的运动员共计27名。

2001年11月28日国家标准计量局和中国健美协会联合制订《中华人民共和国国家标准(健身房等级的划分及评定)》。

2001年12月29日中国健美协会制订《中国健美项目管理(试行)办法》。

2002年7月13～17日在贵阳举行"万年青杯"全国健美锦标赛,来自全国各地的40支代表队,300余名运动员参加了比赛。

2002年7月25日～8月3日,中国健美协会在北京成功举办了全国等级健身指导员、健美裁判员培训班,参加培训的学员人数达450人,创下中国健美协会专业培训班历史上一期参加培训人数的最高纪录。

2002年8月4～10日,受国际健美联合会主席本·韦德先生的委托,中国健美协会在北京首次举办了"以提高我国的健美训练水平和专业健美教练员的指导技能为宗旨"的全国专业健美教练员(韦德训练法)培训班,有297名学员参加了培训。

2000年7月至2002年8月,中国健美协会分别在北京、西安、成都、郑州、沈阳、福州、杭州、广州、上海、武汉、山东、吉林等省地市举办了近20期全国等级健身指导员培训班,审批了近4000名不同等级的健身指导员,为我国健身健美运动的开展奠定了坚实的人力资源基础。

2003年10月14～19日在内蒙古包头市举行"豪晟杯"全国健美锦标赛,31支代表队的230名运动员参加,同时的中国健身先生、健身小姐大赛,有33支代表队119名运动员参赛。

2004年5月26～29日在新疆乌鲁木齐举行全国健美锦标赛、中国健身先生、小姐大赛,63支代表队540名运动员参赛。

2005年6月1～5日在河南洛阳举行全国健美锦标赛暨中国健身先生、健身小姐大赛,共有全国各地96个代表队的526名健美健身选手参加本次比赛。

2005年11月23～27日第59届世界男子健美锦标赛在上海市举行,是我国举办的规格最高、规模最大、参与国家和地区最广的国际性健美大赛。中国选手钱吉成、邹俊东、杨新民、林沛渠4人历史性的闯入决赛,其中钱吉成在60kg级决赛中勇夺冠军,成为我国健美史上的第一个世界冠军,同级别的邹俊东获得第五名,杨新民和林沛渠在70kg

级决赛中分别获得第四名和第五名的优异成绩,中国健美获得了历史性重大突破。参加健美国际级裁判考试的我国八名优秀裁判员:田振华(北京)、张盛海(上海)、相建华(山西)、张巍(吉林)、程路明(浙江)、曹维臻(上海)、牛爱君(北京)、保文莉(云南)全部顺利通过,成功地由亚洲 A 级晋升为国际 C 级裁判。

2006 年 5 月 21～23 日第三届全国体育大会健美比赛在江苏省苏州市相城区举行,赛事圆满成功,在本届体育大会盛大隆重的开幕式上,健美国际级裁判程路明代表全体裁判员作大会裁判宣誓。

2006 年 12 月 8 日多哈亚运会,钱吉成荣获 60kg 级健美冠军。

2006 年 4 月 13～16 日在黑龙江省哈尔滨市举行全国健美锦标赛暨第二届全国健身俱乐部健身健美公开赛,共有来自全国各地的 320 多名运动员参加了 22 个项目的比赛。

2007 年 6 月 2～3 日在江苏省常熟市举行"东方红木杯"全国健身先生、健身小姐锦标赛暨全国女子形体比赛,共有来自全国各地的 40 支队伍近 140 名运动员参加了比赛。

2007 年 6 月 9～10 日在江苏省连云港市举行"东方银行杯"全国健美锦标赛,共有来自全国各地的 54 支代表队,300 多名运动员参加了比赛。

2007 年 8 月 31 日～9 月 2 日亚洲健美健身系列锦标赛在上海国际体操中心举行,经过三天的激烈比赛,最终东道主中国队以 129 分夺得团体总冠军。

2008 年 7 月 16～21 日亚洲健美健身锦标赛在香港将军澳体育馆举行,三位中国裁判的亮相可谓是中国军团的一大亮点,中国健美协会派出田振华、程路明、陈静等三名国际裁判出境担任国际赛事的裁判员,在我国的健美裁判工作中尚属首次,在 2007 年的上海亚洲健美锦标赛中,我国共有四位国际裁判出任了该届亚洲赛事的评判工作,但作为在境外举行的国际赛事,中国健美协会派出的三名裁判,其人数之多在境外国际赛事中堪称中国首例。

2008 年 9 月 19～21 日在江苏省昆山市举行"体彩杯"全国健美锦标赛暨全国健身俱乐部健身健美公开赛,共有来自全国各地 49 支队伍 155 名运动员参加了比赛。

2009 年 6 月 27～28 日在安徽省合肥市举行"舒华杯"全国健美锦标赛暨第四届全国体育大会健美预选赛,来自全国 26 支代表队的近 200 名运动员为进军第四届全国体育大会的资格而展开激烈争夺。

2009 年 8 月 11～16 日亚洲健美健身锦标赛在泰国芭提雅举行,经过 6 天的激烈角逐,勇夺一金、三铜的优异成绩,向再华(女子形体 A 组第一名)、李博(男子 60kg 级第三名)、梁月云(女子 52kg 级第三名)、毛睿(健身小姐 B 组第三名)。

2010 年 5 月 22～23 日,由国家体育总局,中华全国体育总会主办,合肥市人民政府承办的,第四届全国体育大会"PICC 人保健康杯"健美健身比赛,在安徽省合肥市安徽大剧院隆重举行。来自 28 个省、自治区、直辖市以及香港、澳门特别行政区的 142 名男女运动员参加了男子健美、女子健美、健身先生、健身小姐和女子形体五个大项的比赛。

2010 年 9 月 11～13 日在江苏省连云港市举行全国健美锦标赛暨中国健美精英赛，共有来自 25 个省、市、自治区的 93 名健美运动员参赛，运动员在激烈的角逐中尽情展示力与美的完美结合，让观众大开眼界。

2010 年 9 月 15～17 日在江苏省连云港市举行中国国际健身健美公开赛，这是连云港市首次举行国际健美大赛。来自加拿大、约旦、香港、澳门等国家和地区的 23 支代表队 50 多名运动员参加了此次公开赛。

2010 年 10 月 16～17 日在北京体育大学举行"回力轮胎杯"中国健身公开赛总决赛，来自全国各地的 114 名优秀健身运动员齐聚北京，他们向全国健身爱好者展示国内健身项目的独特魅力。中国健身公开系列赛是中国健美协会 2010 年大力推出的创新型健身赛事。赛事举办的初衷是为那些首次参加全国比赛的健身爱好者提供表演舞台，推动健身项目在全国的普及和发展。2010 年中国健身公开系列赛分为三个分站赛和一个总决赛，2010 年 9 月，分别在河南郑州、江苏南京和重庆市举办了分区赛，共有近 300 余名健身爱好者参加。

进入 21 世纪，我国竞技健美运动和群众性健美活动蓬勃发展，健美组织日益壮大，各种类型的健美比赛和健美活动不断丰富和发展，深受人们喜爱。健美运动之花目前正在全国各地竞相开放，充分显示了现代健美运动的魅力和广阔的发展前景。

三、女子健美运动发展概况

19 世纪上半叶，由于根深蒂固的传统文化观念占据统治地位，柔弱是女子形体美的特质。人们视女性发展肌肉是丑陋的行为。20 世纪 70 年代，女子形体柔弱美不再为人们所推崇，而被身体各部位的协调发展所取代。发育良好的胸部、纤细的腰和硕大的臀部是这个时期审美观的内涵。丰满的、沙漏器似的女子形体美的观点又增加了胸部前挺、臀部后突的内容，出现以"S"形为特质的审美观。女性的形体美是以肩膀稍窄、胸部丰满、细腰和饱满的臀部的"正三角形"，被视为是"女性曲线美标准"。20 世纪 70 年代后期至 80 年代初，出现了以肌肉块和线条为标准的男性化审美观。到 1985 年，出现了以体现女性曲线美，并有相似于男性"倒三角形"的形体为特质的 20 世纪 80 年代女子形体审美观，该观点决定了现代女子健美运动的发展趋势。

1942 年美国首次举行了"健美小姐"评选会，为现代女子健美比赛的形式奠定了基础。

20 世纪 40 年代中期以后，女子健美进一步发展起来，并广泛采用器械训练来促使体型健美。当时，美国的女体育家——阿勃依·斯托克登(原来是位著名的投掷运动员)，通过自己的实践，积极推广女子采用发达肌肉和增进力量的训练，并经常在《力与健》杂志中撰文宣传，引起了各国的重视。

20 世纪 50 年代，女子健美运动大都是安排在男子健美比赛中的助兴表演项目，直到

20世纪70年代,在美国的男子健美比赛中,许多人带着自己的爱人和女朋友去观摩,这对她们具有很大的吸引力,认为女子也可以和男子同样进行发达肌肉的训练和比赛。

20世纪40年代比基尼虽已问世,但在美国选美比赛中,女选手着装大多仍是一般的游泳衣或跳水衣。1977年10月在美国俄亥俄州举行了真正的世界上第一次女子健美比赛,她们和男子的比赛规则一样,以肌肉的发达程度、线条、体格发展的匀称和造型姿势的艺术表演能力等作为评分依据。比赛的服装规定穿比基尼泳装,允许运动员穿高跟鞋和戴头饰。1979年,美国成立了"东南部体格委员会"。著名女健美教练道列斯·拜列赖克斯组织举办了又一次世界女子健美比赛,运动员除穿比基尼泳装外,为了显示肩背部,头发不能披过肩,其他妆饰物一律不准穿戴,但对比基尼的颜色和制做没有作出规定。至1980年,举行第一届"奥林匹亚小姐"大赛开始,国际健美比赛的规则才对参赛选手的着装进行了明确的规定。不管男女运动员,应充分显示全身的肌肉、体格、形态和肌肉线条的体型美。男子比赛的参赛服装(俗称"三角裤")的裤腿(腰间的裤腰宽角)也逐渐狭小,这也是为了显示髋部下腹和腰侧部位肌肉的线条。女子健美比赛的比基尼(俗称"三点式")赛服,也是根据这个要求采用的。即:"女运动员必须穿单一的、不会分散注意力的、符合已接受的风格和端庄标准颜色的比基尼。这种比基尼必须能显露腹部和后背下部的肌肉,所用的结带等必须不附带装饰品,不得用金属物,如金属薄片或金银线来制成比基尼",这个规定一直沿用到现在。至此,女子竞技健美比赛服装有了规范化要求。

20世纪70年代后期,女子健美运动出现男性化发展倾向,一些女选手开始服用"雄性激素类"药物。1984年为扭转这种状况,在美国拉斯维加斯举行的第38届国际健美协会年会上,对此进行专题讨论,决定从1985年"奥林匹亚小姐"大赛起,开始实行兴奋剂检查。规定运动员在参赛前6个月内,每隔3个月要接受一次检查。赛后,对获得前5名的选手进行复查。这种规定对女子健美运动员服用兴奋剂的违法行为起到了一定的扼制作用。

20世纪80年代中期,为配合对女选手实行兴奋剂检测,国际健美协会有针对性地就评分方法进行了改进。1984年第38届国际健美协会年会,在决定对女子先后实行兴奋剂检测的同时,对评分标准进行了明确规定。评分应以肌肉和体形,比例和匀称、轮廓和平衡、皮肤和容貌及造型表演技能等方面,进行相对比较,而不能以肌肉块为评分标准,要求这种评分应体现肌肉线条和较少脂肪层和谐分布的女性美。规则还规定在比赛中,评分裁判的组成女性裁判应占多数(在9位裁判员中应有5位是女性)。评分标准,应该是以肌肉和体形、比例和匀称、轮廓和平衡、皮肤和容貌以及造型表演的技能等几个方面来进行综合比较。1985年,这种评分规则实施以来,对女子健美运动的男性发展势头,起到了扭转作用。

国际健美联合会从1980年和1983年开始举行每年一度的"奥林匹亚小姐"和国际业余女子健美锦标赛,1995年开始举行每年一度的"奥林匹亚健身小姐"比赛。亚洲健美联合会于 1983 年在新加坡举行了第一届亚洲女子健美锦标赛。1986 年 4 月在我国台北市举行了第二届亚洲女子健美锦标赛。我国在 1986 年起的全国健美比赛中,把女子健美作为比赛项目之一。各种比赛的出现构成了国际女子健美运动繁荣发展的图景。

1985 年 5 月 20 日在哈尔滨市第二届健美比赛中,女运动员孙恒身着自己设计的黑色比基尼参加比赛,首次向中国旧的审美意识发起了冲击,成为中国穿比基尼登台比赛的第一人。1986 年 10 月上旬,在辽宁省首届健美邀请赛上,又有 6 名选手身着比基尼参赛。1986 年 11 月 28～30 日,在第四届全国健美邀请赛上,所有 57 名女选手正式按国际规则,着比基尼参赛,彻底冲破了旧审美意识的束缚,结束了中国女子健美比赛穿普通泳装进行比赛的历史。

随着我国女子健美运动的发展,参加健美训练的人数日益增多,水平不断提高,特别是我国著名女子健美选手张萍,在国际健美比赛中多次取得优异成绩,十多次夺得亚洲冠军,被誉为"亚洲健美女皇。"

第二节 健美运动分类、特点与内容

一、健美运动分类

健美运动的内容很多,按其性质和作用可分为竞技健美和大众健美两大类。其中竞技健美包括:肌肉健美竞赛、健身先生和健身小姐竞赛、男女形体竞赛、男女体育健身模特竞赛;大众健美包括:徒手运动和器械运动等各种健美健身的练习方式方法。

二、健美运动特点

(一)增进健康,美化身心

健美运动顾名思义,就是要"健康"和"美丽"。它的主要作用不仅要增进健康,增强体质,而且对美的要求极高,它将体育和美育有机地结合在一起,能给人以美的享受。它在练习动作方式和手段,教学训练的内容和方法,以及竞赛的内容和评分标准中,都充分体现了这一特点。所以,这就要求我们要注意整体的匀称、协调、优美,加强各方面的修养,规范自己的行为道德,陶冶美好的情操,真正把体育和美育,外在美和内在美融合在一起。

(二)发达肌肉,匀称体形

健美训练的主要目的之一是发达人体各部位肌群,练就匀称漂亮的体形。在健美比赛中也是以全身肌肉发达程度和肌肉线条的清晰度为主要评分依据的。因此在训练中采用各种各样的动作方式、动作组合进行重复多次数的负重练习,其目的就是在于以"超负荷训练"获得"超量恢复",促进新陈代谢,使人体体格强壮,全身各部位肌肉得到最大程度的发达。

（三）随时随地,简便易行

健美运动可以徒手或依靠自抗力进行练习,也可利用各种简单的轻重器械进行练习,还可采用一些自制的器械乃至简单的家具进行锻炼。它不受时间、场地、器械的限制,在室内、室外只要有几平方米的地方就行,因而比较容易开展。

（四）动作简易,老少皆宜

健美锻炼的动作多种多样,简单易学,即使是采用杠铃和哑铃,也可根据需要自由调节重量,训练的次数、组数和运动量也可根据体力进行调整。所以,它能够充分满足男女老少不同的健美健身需求。

（五）促进交往,丰富生活

健美锻炼经常在健身中心里进行的,通过锻炼,彼此相互间的帮助,交流心得,可以很自然地促进人际交往,走出自我封闭的圈子,摆脱工作、事业、学习、生活上的一些不良情绪,克服自己的一些弱点,改变不良习惯,丰富业余生活,从而提高自己的生活质量。

三、健美运动内容

健美运动是一门通过徒手和各种器械,运用专门的动作方式方法进行锻炼,根据人体解剖学、运动生理学、运动医学结合音乐美学等学科,以锻炼身体、增强体质、发达肌肉、改善体形、陶冶情操、促进人体健美为目的的学科。它曾是举重运动的一个分支,在长期的实践过程中,已逐步发展成为一个独立的竞赛项目。在运动器械、动作方式、锻炼方法、目的作用和竞赛形式等方面都有着自己本身的特点。

健美运动通常采用徒手和器械进行锻炼,如徒手健美操、韵律操、形体操以及各种自抗力动作。运动器械丰富多样,如：杠铃、哑铃、综合练习器以及其他轻重器械或特制的器械等。因此,只要运用各种行之有效的动作方式方法来锻炼身体,都将取得显著的效果。

健美运动的动作方式多种多样,常见的有各种成套的徒手或持轻器械的健美操、韵律操等,对于控制体重、减肥和改善体形体态,提高韵律感,增进动感、运动、飘逸的气质等等,很有好处。对发达肌肉的训练,如采用器械做各种动作时,在器械的轻重、动作的形式、次数、组数、速度、间歇、握距等方面,都有特殊要求,不同的组合都能达到不同的特定效果。

健美运动发展成为今天这样受人喜爱、绚丽多姿的运动项目,很大程度上得益于运用和综合其他专业的知识。如人体解剖学、运动生理学、运动医学、心理学、音乐、美学等。因为健美的训练,动作设计编排等,无不以这些学科知识为基础来制定的。而且,对发达全身各部位的肌肉,改善体形及陶冶情操,促进人际交往,平衡心理心态等有着特殊作用。它既强调"健",也强调"美",将人体与美学融为一体,使健美运动成为极具观赏性的运动项目。

随着现代物质文明的不断提高,生活内容日益丰富,人们越来越重视健康投资。正是由于这种观念上的变化,健美运动在我国已越来越受到欢迎和普及、广受推崇。其魅力不仅在于增强体质,改善体形,而且是多种项目专业精华的综合体现。是现代社会现代人对生活、艺术、社会交往等的完美结合,也是一种健康时尚。

第三节　健美运动对当代大学生的健身价值

经常进行健美锻炼,能够发达肌肉,增强肌力;改善和提高心血管、呼吸、消化、中枢神经等系统的机能水平;改善体形体态,矫正畸形;调节心理活动,陶冶美好情操;提高适应各种环境情况的能力等。

一、促进和提高人的生理机能健康水平

(一)发达肌肉,增强肌力

人体运动器官是由肌肉、骨骼、关节和韧带组成的。人体的运动是靠骨骼肌产生肌张力,引起肌肉的收缩和伸展,从而产生各种动作。按照生物界"用进废退"的自然规律,健美锻炼中的各种动作方式,目的就是对运动器官产生积极的作用,引起各部位产生积极的反应,从而使肌纤维逐渐强壮发达,使肌力也大大增强。持久地进行健美锻炼,能使肌肉生理横断面增大,肌肉饱满、发达、肌肉的力量增强。同时能促进骨骼的新陈代谢,提高骨骼的抗拉、抗压和抗阻力的能力,对关节、韧带的生长发育也能起到良好的促进作用。

(二)改善和提高心血管、呼吸和消化等系统的机能水平

健美锻炼可使心肌增强,心脏的容量增大,血管弹性增强,从而提高心脏和血管的舒张能力,使心搏有力,心输出量增加,心跳数减少到约60次/分,还能使血液中的红血球、白血球和血红蛋白增加,从而提高人体吸收营养、新陈代谢和对疾病的抵抗能力。

健美锻炼能提高呼吸深度,增加每次呼吸时的气体交换量,有利于呼吸肌的休息,增进呼吸系统的功能储备,从而保证在激烈运动时满足气体交换的需要,提高机能水平。

健美锻炼还能提高消化系统的机能。因为肌肉活动时要消耗大量的营养物质,需要及时补充,而肌肉的活动可促使胃肠蠕动增加,消化液增多,故能提高消化和吸收的能力。

(三)提高中枢神经系统的机能水平

中枢神经系统由脑和脊髓构成,它负担着管理和调节人体各器官系统的活动,保证

人体内部环境的平衡,同时维持人体与外部环境的平衡。健美锻炼能提高中枢神经系统的功能以及人体对内外环境的适应能力,促进智力的开发,提高思考问题的敏捷性,从而提高中枢神经系统的机能水平。

(四)改善体形体态,矫正畸形

体形是指全身各部位的比例,体态是指整体和各部位的形态。健美锻炼能促进人体某些部位的改变,能使体形更平衡、协调、匀称、和谐,使人体更具有自然形体美。选择特殊或适当的训练方法,可以改善和塑造较理想的体形和体态。使男子变得体格魁梧、肌肉发达,女子变得体态丰满、线条优美。

健美运动对矫正人体的某些畸形或某些缺陷有特殊的康复和治疗效果。不论是由于先天或后天的身体畸形或缺陷,如:鸡胸、含胸或因病引起的局部肌肉萎缩、肌力衰退等,都可以通过选择针对性的健美训练,达到一定的治疗效果。由于健美运动的这一作用,某些动作已被运用于医疗体育方面,为患者带来福音。

二、使精神饱满,自信心增强

精神生活它包括精神状态、心理变化、感情波动、意志、毅力等方面内容。在漫长的人生道路中,人们都会遇上许多使感情波动的场面,过分的喜怒哀乐悲恐惊都可危害健康。每个人都具有自己美好的人生理想。但在实际生活中大多数人并不能满足这一愿望,因此就会产生心理抑制等症状。通过健美运动可以逆转精神紧张、忧郁症等恶性症状,使焦虑和压抑等情绪障碍得以缓解,使精神饱满,自信心增强。

1. 减缓情绪紧张。健美运动训练的意义是排遣这种来自精神方面的不良因素,训练人的意志,增强毅力,从而提高机体抵抗能力。它首先使紧张劳累了一天的人们更换环境,即从紧张状态中解脱出来,轻松愉快地进入运动状态。在运动训练中。机体的代谢活动增加,有助于消除积蓄的肾上腺素(该激素能使人保持紧张状态)和其他代谢废物,使储存在肝、脾等脏器中的血液大量进入循环中,使脑组织、心肌组织等重要脏器的血运良好,有助于它们的营养供应,利于加强功能。

2. 内啡肽效应。在健美运动训练过程中,内啡肽(代表物质是β-内啡肽)是一种在有氧代谢运动中由脑垂体腺分泌释放的一种强大的吗啡类激素。美国医学家证明了内啡肽具有与吗啡类似极强的镇痛作用。在剂量上相比,等量内啡肽的作用要比吗啡强200倍。人体在进行长时间运动时(60分钟以上),体内内啡肽能保持较高水平。我们常见到在激烈的比赛中,许多受了重伤的运动员仍然能坚持比赛并得到好成绩,这种现象就与内啡肽的镇痛作用有关。有的精神病学专家还推荐将有氧代谢运动作为精神性疾病的治疗方法之一。原因是内啡肽能缓解精神疾患的某些症状,是最好的生理镇静剂。许多坚持健美训练者能经常保持饱满的精神状态和生活信心,都与内啡肽效应有关。这种效应还能影响到性格,能使人们对精神紧张和来自各方面有害刺激的忍受力加强。

三、调节心理活动,陶冶美好情操

健康的心理是健身健美之本。参加健美运动,不仅有利于身体的健康,而且健康的身体又为心理健康提供了物资基础。

参加健美运动,可以使人精神高度集中,是控制精神紧张和心理失调的有效途径。它有助于消除过度紧张和疏导被压抑的精力,也有利于形成健康的性格特征,尤其对情绪的稳定有很大的作用。同时,对于保持心理的平衡也很有益处。正因为如此,健美运动是现代社会人所需要的一种积极有效的心理卫生措施。

参加健美运动能使您获得不同的享受,而且在家中或在公共健身房里训练既能保证安全,也可以得到您所需要的刺激。这许许多多的良性刺激,可以使您的潜力全面而自由地发挥出来。同时,可以给您许多在日常生活中难以得到的感受。比如,身体在健美运动中,通过举、推、拉、摆、踢、蹬、伸、屈等动作来刺激人的神经系统和感觉器官,从而引起特殊的兴奋和快感。利用健美运动中优美的动作造型及美妙的音乐等视觉与听觉的刺激因素,来激发健美运动的美感,启迪美的心灵,陶冶美的情操,使您有机会切身感受这些适宜的刺激所带给您的情感体验。并且,还可以让您有机会显示自己的运动素质,比如力量、耐力、灵敏、协调和速度等等方面。

在参加健美运动的全过程中,您还会感受到一种常人感觉不到的"快乐"和"爱",那就是"身体之爱"。身体之爱是感情、态度和行为的融合体,它让人能享受自己的外表及感觉、增加自信心。比如,近代健美运动的鼻祖德国人山道先生,在幼年时体质就很弱,为了增强体质,他创造了一套利用哑铃来发达肌肉、健美体型的训练方法,并能长期坚持训练,结果他从一个孱弱多病的青年,训练成为一个举世闻名的强壮健美的大力士。再比如,我国健美运动的奠基人赵竹光先生,少年时营养不良,身体瘦弱。中学毕业时体重不过 45 千克。在大学读书时,紧张的学习使他感到力不从心,体重降至 36 千克,真是一个细瘦多病、弱不禁风的书生。后来他为了增强体质,坚持参加健美运动数年,结果成为一个肌肉发达有力、精力充沛、体格健壮的青年。健美的肌肉和健壮的体格,带给他们这种积极、愉快的情感体验,让他们觉得在这个世界上没有能难住自己的事情。这是一种成功的感觉,它会带给您一种人格的骄傲,产生一种扬眉吐气的人的骄傲,它会将您心中压抑着的一切污秽之气一吐而光。我们每个人都有爱自己身体的潜意识,只须用心发掘,爱自己的体貌,才能重塑自我。"身体之爱"就是要您能快乐地接纳"不完美的自己",通过参加健美训练,要坚信您的身体将会成为您自己忠实的朋友并带给您强大的力量,让您尽情享受自身的魅力。

现在人们都很注重失败的磨练作用,而不注意成功对人格的提升作用,其实成功也是人类发展所不可缺少的重要因素。对自己身体健康或运动能力产生自卑感,则会影响其他方面的自信心,觉得自己事事不如别人。因此,参加健美运动取得身心健美的佳效,而产生的成功感,就会补偿其他方面的自卑感,从而转变个性面貌。所以,通过健美运动来培养自身的优良情绪和情感品质,并使其迁移到学习工作以及整个生活中去,则是健美运动的一个显著作用。

现代社会人与人之间关系的难以处理,往往是心理不正常的一个主要原因。健美运动则可以调整人际关系,因为它可以使人们产生亲近感,尤其是在公共健身房内,人与人可以很快熟悉起来,并能比较容易地成为朋友。这是因为在健美训练过程中,人们通过相互保护与帮助,以及训练经验的相互切磋,进而增进了彼此的了解。由于这个特点,在健美运动中能够帮助健身者建立融洽的人际关系,培养团结互助的品质。它与主要以语言为媒介进行交流的日常生活截然不同。在这种关系中,每个人都能心情开朗,解除戒心,互相产生亲近感,并能使参加者被压抑的情感和精力得到宣泄和升华。从而使人们的心理健康得到维护和发展。以大学生为对象作过调查研究,发现身体健康、体型健美并掌握了娴熟的健美运动技能的学生,生活态度和行为积极,有人缘、遇事冷静、做事用心办法多、善于合作,能获得同学们的承认,在集体中有威信。而身体孱弱多病、体型有缺陷且掌握健美运动技能差的学生,则有羞羞答答、畏首畏尾、紧张、消极等倾向,时有不安感、孤独感和自卑感,甚至有罪恶感,并产生嫉妒的心理,嫌恶自己的身体(肥胖或消瘦)。这反过来又助长了他们身体的笨拙,使行为消极,脱离同伴,变得孤独起来,进而导致心理异常加重。所以说,通过健美运动可以形成诚实、公正、合作、礼貌等风格和积极进取、勇敢果断的态度与行为,这正是健美运动对人际关系发挥调节作用的显著结果。

参加健美运动,不可避免地受到疲劳的侵袭,但是这种疲劳与劳动之后的感觉大不相同。健美运动大多是消耗大量体力和精力的肢体活动,而且主要是大肌肉群的运动。参加健美运动往往要消耗大量的体力和精力,随之而来的是身体的疲乏、肌肉的酸疼。我们的体验是:在肌肉的阵阵酸疼之中,您会感受到肌肉力量正在增加的一种奇妙快感。这是一种扩散至整个身心的、作为一种身体健康适宜和机能灵活性标志的快感,此时一种强有力的感觉、一种自信心油然而生。这种感觉是十分美好的。健美运动正是这种以对皮肤、肌肉和心灵的磨练为特征的特殊活动,坚持参加健美运动时间越长越多的人,健美运动时的耐力就越强,自我忍耐的心理品质也就越强。这种品质又会促进肌肉运动能力的发展。进而使您的意志品质也会受到强有力的训练。

训练伙伴的存在,对于训练持久性有极大的影响力。人是有惰性的,若没有坚强的意志及源动力,独立坚持参加健美训练是一件很难的事。眼下不少人自备健美器械,办有家庭健身房,独自在家中训练,一段时间之后,便会感到缺乏动力。一个人在家中训练,既不安全,又无健美训练的气氛,所以也不利于落实训练计划。人们发现,分散的、盲目的、自我惩罚式的剧烈的健美训练形式,并不能很好地达到健身、健心和健美的目的;那种勤学苦练、锲而不舍的训练方法,也难以使人提起精神。人们已不满足以往分散的、单一的、独自的健美训练形式。而到健身房同大家一起训练,结交训练伙伴,若有比较知心的友人、同事、邻居一同参加训练情况就会不一样,从家里的个人训练变成健身房大厅的群体训练,训练形式由封闭变为开放,充满了趣味性,大家互相勉励,共同提高,相互之间的陪伴、指点、鼓励既可增强彼此自信心,又可消除孤独感和单调感,会使您感到趣味盎然,心情畅快,人人都能得到最充分的训练。在这样的环境、气氛中训练,对实现整个健美训练计划必将起着积极的促进作用。这样才能使健美训练者心里感到踏实,参加健美训练才能长久坚持下去。

人们都有取得成绩、提高声望、显示优势和社会地位的需求。在平时的生活中,这种需要往往得不到满足,而在健美运动中却能清楚地看到自己体型体态的优劣和体质的强弱。所以在健美运动过程中,通过适度的要求与定期体格检验就能培养人的上进心和好胜心,给自己认识自己的社会价值和建立自信提供机会,从而体验自我的价值和生活的意义。如果想在工作和事业上取得成功,但又缺乏成功者所需要的素质(主要指心理素质),那么就到健身房去参加健美运动吧。在有意或无意之中,身体素质就会得到加强。许多健美训练者都发表过类似的感想,即训练后的显著效果是使人自信,训练的兴趣更加强烈,心中十分快乐。正如《体育颂》作者顾拜旦先生所赞美的那样:"啊,体育,你就是乐趣!想起你,内心充满欢喜,血液循环加剧;思路更加广阔,条理更加清晰。你可使忧伤的人散心解闷,你可使快乐的人生活更加甜蜜。"因此,参加健美运动可以使人心理平衡、是成为一个和谐完美发展的人的最佳手段之一。

四、提高适应社会生活和自然环境的能力

健美是和自然环境及社会生活相适应的,并且这种动态平衡能使人体各种生理功能的发挥处于最佳状态。

在自然环境中,包括了气候变化及微生物、动植物等生物学环境。人体的内环境与外环境保持着动态平衡状态是身心健美的前提。健美运动训练可使机体内各方面功能提高,使机体保持有一定的弹性能力,从而提高对抗外部环境恶性变化的适应能力,强化生存能力,使人体保持旺盛的活力。

社会生活环境是指人所处的社会环境,即人与人、人与工作、人与家庭、人与社会等的关系。

家庭方面:家庭环境对促进人们身心健美有十分重要的作用。生活实践证明,合理的饮食结构和科学的健美训练,再加上人际关系的协调,尤其是家庭生活幸福,是构成身心健美的两大要素。人的一生三分之二以上的时间是在家庭中渡过的,可见家庭生活对身心健美的影响是极大的,许多长寿老人在总结自己身心健美秘诀时几乎都有家庭成员和睦相爱这一条。

健美训练能使人体保持强健的体格,能和谐夫妻生活,使爱情之树常青。假如身体虚弱多病,无疑会给家庭罩上阴影,并给经济带来巨大的负担。健美训练能使人精神饱

满,充满生活信心和爱心,这种精神状态可以影响家庭的环境气氛,使家庭生活多彩和睦,对教育下一代也有一定益处。长期坚持参加健美运动还能使人心胸坦荡,保持乐观主义精神。乐观主义者常善于自我安慰、宽容待人,因此能使家庭生活安逸美满。

社会方面:身心健美者具有旺盛的精力而充满活力,对工作充满热情,有高度的事业心、责任感,并富有成就感。然而身心状态不佳者则相反。甚至有许多忧郁症患者,逃避学习,逃避工作,逃避社会和家庭。这种现象不仅会使学习工作生活蒙受损失,还将变成严重的社会问题。

综上所述,参加健美运动,对人们的各个器官系统和心理都有良好的促进作用,它可以使青少年健而美,使中老年人健而康,使人产生努力向上、追求美好未来的健康心态。但是,这里需要说明的是健美运动对人体身心的这些良好作用,只能在经常坚持参加健美运动中才能保持。一旦终止运动,或长期停止参加健美运动,这些良好的作用将会逐渐降低或消退。身体建设比国家建设更为重要,为了您的身心健美,请参加健美运动吧!

 知识拓展

形成正确的健康健美的形体观;建议学习毛泽东 1917 年的《体育之研究》一文。

 学以致用

1. 基本了解健美运动起源与发展。
2. 健美运动分类、特点与内容。
3. 健美运动对当代大学生健身的价值。

第二章　健美运动基础知识

应知导航

　　本章介绍了健美运动与生理解剖的关系;健美运动的动作技术要求和原则;健美运动的有氧训练和无氧训练;健美运动的量的概念等健美运动的基础知识。通过学习,使大学生对健美运动有个基本认识,为以后的健美健身学习训练打下良好基础。

第一节　健美运动与生理解剖的关系

一、肌肉

　　人体的肌肉,可分为随意肌、不随意肌两大类。

　　随意肌:即为骨骼肌,俗称肌肉,它是受一个人的意识所控制的,每块肌肉都是附着在骨和骨连接(关节)上,肌肉收缩时,引起关节的活动,并使身体各个部位产生动作。

　　不随意肌:在一般情况下,它是不受个人的意识所控制的,它的收缩和伸展动作,都是通过人体的神经系统支配来作自动调控的,它可分为平滑肌,指内脏器官中,如胃、肠和血管壁的肌肉。心肌,它是心脏的肌肉。

　　人体内共有 600 多块肌肉,肌肉中 75% 是水,25% 是固体物质,其中蛋白质占 20% ,其他物质占 5% 。人体内肌肉占体重的 40% ～50% 。肌肉的组成是肌浆球蛋白、肌动朊—肌原单纤维—肌原纤维—肌纤维束—肌束—肌肉。

　　肌肉受到不断加深的负重刺激后,肌肉的收缩蛋白就会不断地增加,从而使肌纤维变粗,肌肉横断面就增大。由于肌肉结缔组织的增长,肌肉中的毛细血管的数量也随之增加,它不但使肌肉不断粗壮,同时使肌肉的收缩能力也增强。在健美训练中,"渐增反抗力训练"是最基本的训练原则,这就是在训练中,必须逐渐加强重量,使肌肉产生一定的反抗力,并不断加深肌肉的刺激,从而使肌肉逐渐粗壮增大。从生理学上来讲,肌肉只有通过"超负荷"才能获得"超补偿",这也是人体生理变化而引起的必然结果。

肌肉收缩的形态分为动态和静态。

静态:又称为等长收缩,是指肌肉在等张收缩时,它的长度没有变化,肌肉的两端跨过关节和附着在骨骼上的角度也没有变化。

动态可分为:

等张收缩:是指肌肉在承担着一个不变的负荷或重量所产生的收缩作用。

等速收缩:是指肌肉遵循着一个固定不变的速度进行收缩和伸展。

向心收缩和离心收缩:肌肉在收缩时,它的长度缩短,称为向心收缩。相反,肌肉在伸展时被拉长,则称为离心收缩。

强力收缩:肌肉在做向心收缩前,先做离心收缩动作,就是把要进行活动的肌肉拉长,以增加它的收缩幅度,使肌肉的向心收缩能产生更大的力量。

健美训练的动作,都是采用动态的等张收缩来完成的。肌肉在等张收缩时,由于举起重量后引起关节角度的变化,肌肉等张收缩的强度也随之改变,它和物体的杠杆原理与运动的效果有密切的联系。

二、人体生理变化的能量系统

当你在进行各种不同的体育活动时,都是依靠肌肉的收缩和伸展来完成的,但是肌肉的收缩和伸展,都必须由人体内所产生的能量来推动。在人体内肌肉引起收缩的能量来源称为 ATP,又称三磷酸腺甙,当 ATP 分解为 ADP,又称二磷酸腺甙时,就会释放出肌肉收缩所需的能量,肌肉就利用它来做各种动作。

(一) ATP－CP 系统

人体内除了储存着能量来源的 ATP 外,还储存着 CP,又称磷酸肌酸,而 CP 的储藏量要比 ATP 多几倍,当分解时会迅速产生能量,但它不能被肌肉直接利用,CP 会使 ADP 与磷酸合成 ATP,因此,当 ATP 再次分解成 ADP 时,就会释放出肌肉所需的能量。由于 ATP 和 CP 在体内均有一定的储藏量,所以我们称 ATP 和 CP 是一种产生能量的系统,这个系统的优点有:无需氧气的参与,ATP 和 CP 可在肌肉中随时分解提供能量,它产生能量的过程很快,因为它储存在体内,需要提供能量时立刻放出。

(二) 乳酸系统

乳酸系统是属于无氧供能系统,它所提供能量的燃料是储存在肌肉和肝脏中的肝糖,在有需要的时候,体内会将肝糖分解产生 ATP,再分解产生能量。乳酸系统与 ATP－CP 系统所不同的是,它在分解燃料时会产生另一种物质——乳酸,然而乳酸在体内集聚起来会产生不良的影响,如果体内乳酸过多,它表示肌肉和血液的酸度增加(即 pH 值降低),这时肌肉的活动能量和酵素就会受到抑制,它就会引起肌肉不能产生有效的收缩。在激烈运动时,如要产生大量的 ATP,就必须利用大量的肝糖,但它同时也会产生大量的乳酸,然而,乳酸系统所产生的能量比 ATP－CP 系统要多。在大强度的剧烈运动时,供应的量只能维持 30 秒钟,因此,这两种系统提供能量的时间相当有限,如果要进行超过 1分钟的活动,就必须依靠另一种供能系统来补充,这就是有氧供能系统。

（三）有氧供能系统

在人体中有三种供能系统,即 ATP－CP 系统、乳酸系统和有氧供能系统。这三者间,有氧供能系统产生的能量最多,因为当利用乳酸系统时,1 克分子的肝糖只能产生 3克分子的 ATP,如果同时有有氧的参与,便可另外产生 36 克分子的 ATP。有氧供能系统在运动时会产生两种代谢物,水和二氧化碳,水是人体所必需的,而二氧化碳则会经过血液输送至肺部排出体外。有氧供能系统的特点是：它需要氧气的参与才能产生能量,另外产生的代谢物也不会被积累,因此它不会对身体构成不良的影响。这三种供能系统的速率,有氧供能系统是最低的,因为氧气分子进入鼻孔经气管、肺部,再由血液带到心脏,然后再由心脏经血管输送到肌肉,其中间经过路程颇长,所以它不能应付紧急需要。

（四）能量系统的运作

ATP－CP 系统是利用储存在肌肉中的能源,及时供应能量以满足肌肉所耗能量的需要。当在持续工作或活动中,人体需要更多的 ATP,同时乳酸系统也发挥作用。假使呼吸系统和血液循环系统的运作能满足对氧气的需求时,有氧供能系统便会分解大量的肝糖和脂肪,从而释放 ATP 来不断地供应能量。这时,乳酸系统产生的乳酸,只是被一些较少参与活动的肌肉应用,或者是暂时留在体内,直到活动结束才能被清除。

这三种供能系统,在正常情况下,当在运动时,是同时应用而产生能量,这就要看运动的时间和训练强度而定。当在休息时,体内大部分的能量是由有氧供能系统来提供的。如果突然增加工作量或增大用力程度,例如在瞬间疾跑或作一些急促动作时,有氧供能系统就不能满足在短时间内对 ATP 的大量需求,这时就必须由无氧供能系统(即由ATP－CP 或乳酸系统)来应付,同时,有氧供能系统会提高工作量来产生更多的 ATP。当我们再采用中等强度或大强度训练时,并持续了一段时间,体内就会自动提高氧气输送系统的效率,如果这时有氧供能系统能满足所需要的能量时,体内便会减低其他两种无氧供能系统的工作,肌肉中的乳酸含量也会保持稳定。相反,如果训练强度加大,以致有氧供能系统处于极限而不能满足时,无氧供能系统就会保持高度的运作,同时体内的乳酸就会随训练时间延长而增加。

锻炼后所需恢复时间

恢复的进程	所需时间
ATP^-CP 的恢复	3～5 分钟
在健美或力量训练后肌肉中糖原的恢复	24 小时
肌肉中乳酸消除	1～2 天
在大强度健美训练后神经系统和肌纤维的恢复	2.5～3 天

三、人体生理生化的基因和健美训练的关系

（一）不同人体类型生理上的区别

生理学家把人体分为三种不同类型。在健美训练中，不同类型的体格，必须采取不同的训练方法，才能取得理想的训练效果。

1. 内含型（又称瘦削型），内含型者，一般是体内的红肌含量较多，必须增加肌肉块的训练，才可以达到理想的体形。

2. 中含型（又称运动型），中含型者，由于体内白肌含量较多，具有较大的力量性能和发达肌肉增长较快，具有训练高水平健美运动员的基因条件。

3. 外含型（又称肥胖型），外含型者，体内脂肪细胞含量较高，除了要调整饮食结构外，还必须加强有氧训练来减少体内多余的脂肪，同时还要增加无氧训练，在消减体内脂肪的同时，发达肌肉块，以改变成理想的健美体形。

（二）生理生化的基因与健美训练

1. 肌肉组织的数量：每个人由于体内基因的不同因素，体内肌肉组织的数量都不一样，有些人较多，有些人则较少。

2. 肌肉组织的分布：人体内肌肉组织分布在全身的各个部位，有些人在某个部位分布较多，肌肉发达较快。有些部位分布得较少，肌肉发达就慢些。

3. 肌肉纤维的种类：人体内基本上是两种肌纤维，它属于有氧的"红肌"和无氧的"白肌"。每个人体内的肌纤维分布和种类都不相同，这在很大程度上决定选择适合哪一种体育运动项目。对于高水平的健美运动员，则需要有这两种混合肌纤维，才会取得较好的训练效果。

4. 肌内腹的长度：每个人由于先天的基因和遗传因素，肌肉的形态和肌内腹的长度都是不一样的。如：有些人胸大肌的块呈椭圆形，有些则呈矩形；胸腹间的比例协调，有些中间沟较狭，有些则较宽；肱二头肌的肌内腹，有些人则较长。它与骨骼一样，都是不能通过健美训练来改变的。

5. 骨骼的比例：人体的骨骼比例，也是取决于先天的遗传因素，有些人先天肩宽腰

细,四肢修长匀称,有些则是窄肩粗腰,腰长腿短,四肢比例不匀称。

6. 脂肪含量的数量:每个人体内的脂肪细胞含量都不一样,有些人是属于先天遗传,有些则是由于过多地摄入脂肪性食物和缺少体育锻炼。

7. 人体内各种新陈代谢作用的功能:它取决于体内新陈代谢作用的快慢,激素分泌功能和生理生化的完善及旺盛程度。

上述这些基因和生理生化的因素,都会影响到肌肉的增长和训练的效果,还影响到肌肉中所需能量的输送情况和两次训练间的恢复能力。

四、训练过度和恢复手段

人体是一个动态能量系统,在生命的过程中,每时每刻都要通过呼吸来产生能量和补充能量,这种动态能量系统,必须遵循着人体所产生的能量和补充的能量始终处于平衡状态,否则就会引起能量的消耗大于补充,造成能源不足,从而产生训练过度或运动量过负荷状态。

人体能量的产生是依靠促进体内的新陈代谢作用,使肌肉在活动中进行收缩和伸展。

人体能量的补充是依靠合理的饮食,充足的睡眠和休息。训练过度和运动量过负荷是增长肌肉和体力最大的障碍,它会引起肌肉消瘦和体力急剧衰退。

(一)怎样防止训练过度

1. 合理安排训练强度和运动量

要不断提高训练水平和增长肌肉块,就必须合理地安排运动量和训练强度。在有效的时间内进行大强度的训练,必须是适合个人的训练水平和适应能力,不要采取在不增加训练组数情况下,延长训练的时间。也不能无限制或过多地增加单个动作的训练组数,或者是较长时间连续采用极限重量和大强度的训练,这样都会引起训练过度。如果出现训练过度的迹象,就必须立即停止训练,少则休息3~4天,甚至一个星期,待体力完全恢复后,再进行过渡性的训练,逐渐调整训练强度,但必须避免再次出现运动量过负荷或训练过度。

2. 合理调整训练课程

为了能长期地保持旺盛的训练热情,使训练情绪处于最佳状态,除了避免运动量过负荷或训练过度外,还必须定期调整课程。如果在一段时期内,肌肉和体力感到不断地增长,就不要轻易去调整它,只有当感到体力停止不前或某个部位发展不平衡时,才进行调整。对初、中级水平者,必须按照计划进行定期调整课程,才能发展得更快和更全面。

调整训练课程内容,应该根据实际情况来决定。

(1)采用各种训练动作来锻炼局部位肌肉群的各个不同部位,以使局部位的整块肌肉群获得全面和完整的发展。如:锻炼胸大肌要包括上、中、下三个部位的训练动作。

（2）强迫自己去做些新的和特殊的训练动作，以刺激各部位肌肉群和小肌肉群。因为有些动作看来似乎都是锻炼同一块肌肉块，锻炼后发胀程度和刺激感觉不完全一样。如：站立杠铃推举和采用哑铃的坐姿推举，前者着重于刺激三角肌前束，而后者不但刺激三角肌前束，对三角肌中束也有较强的反应。因此，训练后的感觉略有不同。有些训练动作，对个人来说有些不大习惯，但不同的训练动作对局位肌肉的刺激和反应都有差异。因此，定期地调整训练课程和训练动作，是防止训练过负荷和获得完整发展的有效方法。

3. 训练过度引起的十种不良的生理反应

（1）缺乏持续的耐久力；

（2）持续感到关节或肌肉的酸痛；

（3）脉搏增快；

（4）清晨血压增高；

（5）心情容易激动；

（6）失眠；

（7）食欲不振；

（8）肌肉控制能力衰退；

（9）缺乏锻炼热情；

（10）易受伤，有病感或精神不振。

如果上述症状有两种或两种以上出现时，说明已有训练过度现象。

（二）良好的恢复手段

发达肌肉的四个基本要素：科学的训练；合理的营养；心理上的促进因素；每次训练课之间良好的恢复手段。因而，恢复手段是健美训练中非常重要的环节。

肌肉经过大运动量和超负荷的训练后，必须在两次训练课之间，有一个充分的休息和恢复，才能促使它不断地粗壮。每次训练课之间至少休息 48 个小时，如果要达到完全恢复需要 72～100 小时，也就是使肌肉获得完全恢复后，才能进入下一次训练。事实上，锻炼过后的肌肉群比没有活动过的肌肉群的恢复要快得多。但不同的肌肉群和不同的身体素质的恢复时间也不一样。如：肱二头肌恢复较快些，下背肌群的恢复就慢得多。

良好的恢复手段有：

1. 调整好每次训练课之间的休息时间，使肌肉和关节获得充分的恢复，如果运动量太大，必须延长一天休息，再进入循环训练。

2. 合理调整好组与组之间的休息时间，一般为 30～60 秒钟，最多不能超过 3 分钟。

3. 合理调整生活节奏，每天要有 7～9 小时的充足睡眠。实践证明，入睡后的第一、二小时，是引起肌肉增生的最好时刻，这时体内的机能重新获得修补和补充。

4. 安排合理频率的有氧训练，它既能调节体内有机体的功能，又能提高肌肉素质，减缩多余的皮下脂肪，每周安排 3～5 次的有氧训练，每次 30～45 分钟。

5. 合理的食谱和营养成分的配比,也是良好的恢复手段之一。

五、人体肌肉忌讳的生活方式

(一)固定不变的姿势

在日常生活中,人们通过固定不变的姿势使肌肉处于静止不变的状态,而不能施展其正常的生理功能,由于不良习惯带来的危害非常大。

比如,习惯于侧卧且蜷曲睡觉的人,人一旦蜷曲,那么最先反映出来的就是背像弓一样弯。所谓的驼背就是后背肌群全都处于拉长松弛的状态。肌肉的这种松弛状态,不仅使后背肌群失去弹性而发硬,且因腹部肌肉折叠,腹腔内的器官会受到压迫。再加上髋关节的弯曲,导致髋关节前面肌肉的缩短。因此,睡觉时,会不自觉地进行伸展活动,致腹股沟部被牵拉,进而引发腰部病症。侧卧睡眠时,因为长时间固定一种不变的姿势睡觉,一侧肌肉就会长时间遭受压迫,导致血流不畅而受压侧肢体感到发麻及其他不适的症状。

又如儿童收看电视时的姿势,成人也一样,由于电视屏幕普遍比儿童的视力高度要高,所以在大多情况下,儿童就要将头往后仰,下颌上抬。这时脖子喉咙部分的重要肌肉(特别是胸锁乳突肌)就会被拉长而产生视力模糊、鼻塞、耳病等症状,尤其是颈前肌被拉长的话,感冒时常会伴有嗓子痛,而且因颈后肌肉变短紧张,骨骼肌劳累过度,致神经系统活动迟钝,后脖颈发病变硬,不仅会带来双肩沉重的感觉,而且容易导致疲劳,渐觉力不如前。所以因不良姿势导致的疾病,即使用药时间比其他疾病长,还不见疾病有大的好转。

(二)持续给肌肉施加紧张压力的职业

为衣食住行,人们离不开职业。不管哪种职业都要求人们与职业相对的工作姿势,相应地会形成职业性的肌肉群运动。由于需每日重复进行职业性的运动姿势,所以自我认识是很容易的。

例如一整天坐着工作的打字员,由于工作的连续性,不论是1小时,还是2小时,都无法抬身,当人们坐着的时候,臀大肌(臀部部分肌肉)支撑全身体重,所以自然会给臀部施加压力。如果坐椅好的话,压力会减轻一些,但压力还是持续的。这种持续性的压力,势必会给坐骨神经及其他组织造成损伤。相应地,后背肌、肩膀、脖子等处肌肉亦会紧张。这时,如果头部不处于一个承受最小压力的最佳状态,那么马上就会出现后脖颈发硬、头痛、双肩沉重,后背绷紧等症状。这是因为上肢与头部的重量持续给支撑肌肉施加压力的结果。因此,要经常改变运动方式,活动肌肉以减少肌肉的紧张。

例如整天站着工作的柜台职员,由于整天站着,所以小腿肚要长时间承受肌肉紧张的压力,带动膝关节进行伸直运动的股四头肌(前面),也会长时间处于紧张状态。而且为保持躯干直立姿势,臀大肌和腹背肌不得不处于支撑上身的高度紧张状态中,穿高跟鞋,更是如此。

所以,要想健康、快乐、长时间持续有效的工作,就要充分理解自己工作的职业特点,自我解除职业的习惯性动作带来的肌肉紧张。

(三)精神压抑紧张

这种人的肌肉不论是运动还是静止,都处于紧张状态。但倘若过度紧张,势必会妨碍肌肉的正常运动。肌肉紧张的人脸部没什么表情,全身发硬。这种人,不可能有好的睡眠,而且工作起来也像被人追赶,非常不放松。

实际上肌肉最不喜欢这种紧张、劳累过度和忙乱。紧张常打乱柔和、舒服状态下工作的肌肉组织,这样必然导致受肌肉支配的关节变得不灵活而迟钝。各种肌肉的痛症,又使身心疲劳加重,即使休息了也得不到恢复。所以肌肉只有在放松的状态下,才能正常发挥其作用。

(四)寒冷(温度)

寒冷的冬季,大街上常可以看到,穿着超短迷你裙瑟瑟发抖的妇女。实际上再健康的肌肉也承受不住零度以下的寒冷。

低温会令我们的肌肉紧缩,活动不灵。体质弱的人更是如此。身体在温度降低时,肌肉就要抖动即寒颤,以此维持正常体温。这时,如果超出其极限,肌肉就失去了颤抖的力气,最后导致肌肉僵硬,而无法正常代谢。特别是在冬季,妇女穿超短裙,大腿内侧肌肉就会打颤,寒冷也会侵袭到下腹及阴部。不论男女,都要根据季节调整穿着,冷的时候穿着暖和一些,热的时候穿着凉快一些,才是正常的(绝对不要太冷或太凉,要知道夏季空调的凉气也会损伤肌肉的)。

每到冬季就特别容易得病的人,要知道自己体内热量不足,肌肉难以维持自身体温。因此要格外爱护肌肉、增强热量以度过一个舒适美好的冬季。

(五)热量不足

肌肉要实现伸缩运动,需要消耗一定的能量,产生一些热量,即肌肉将化学性能量转化成机械性能量,产生运动,同时释放一些热量。人体要进行正常的活动和维持肌肉的良好状态,热量是必备要素。问题很简单,只要认真运动,肌肉状态是会得到充分改善的。在这里热量会给肌肉收缩运动提供更好的质量和力量。

(六)瞬间的超负荷(事故)

在交通发达的今天,交通事故日渐增多,各种灾害此起彼伏。其中大部分都是不可抗拒的,那么怎样才能将损伤减少到最低限度呢?首先,请记住喝醉酒的人,一般摔倒了也不会碰伤,那是因为醉酒人的肌肉处于松弛状态,所以一般的碰撞不容易受伤。这跟硬铁易折、竹子却宁弯不折的道理一样。肌肉同样柔软松弛的话,即使遇见事故,也会因肌肉的弹性得到自我保护。

第二节　健美运动的动作技术要求和原则

每个运动项目都有各自特有的基本技术,参加自己喜欢的运动项目,就必须掌握该项目所特有的基本技术。每个健美训练者,都想把多余的脂肪减掉些,肌肉练得粗壮些,体力大些,体格强壮些,身材健美些。无论你是否想成为一名健美运动员,都必须调整运动强度,使肌肉受到适当得刺激,这种训练后的反应和效果是好是坏,必须在长期的训练中进行摸索。

一、健美运动的动作速率

健美运动的基本技术特点——重量训练,由于采用不同的重量来达到不同的训练目的,就会产生不同的训练速度。在重量训练中,一般有三种训练目的,即发展力量和体力的举重训练,发达全身肌肉的健美训练及减缩体内多余脂肪和增强肌肉弹性的健身训练。

（一）爆发力

在举重和力量举中,都是为了达到增长力量和体力的目的,强调以全身各部位肌肉群在最短时间内,同时协调地收缩,产生一股爆发力,把重量举起来。在健美训练中,强调要最大限度地集中局部位肌肉群地收缩力量,并且要尽可能少借用其他肌肉群的力量来完成一个动作。但是,我们经常遇到在举到最后一二次试举时,单靠局部位肌肉的力量已无法完成一次完整试举时,就要借助于其他局部肌肉群的力量来完成一次试举,我们称为助力训练。

（二）补偿加速发力

健美训练中的基本发力技术,要求在伸展还原时,速度要慢些,同时又要控制着动作的全过程用力。在收缩上举时,动作要相对快些,我们通常称为"快收缩,慢伸展",在健美训练术语中称为补偿加速用力。因为这种肌肉收缩时采用加速用力,它能充分发挥体内"白肌纤维"性能的特性,使肌肉在负重反抗力的情况下,发挥"超负荷"的作用。所以,我们必须学会使用肌肉一开始收缩的"补偿加速"的发力特点,使主动肌善于集中快速收缩。同时还要掌握主动肌在伸展过程中,用力控制着重量。但这种补偿加速动作,不是做到极限的最后一次,只是做到极限的力量。

（三）等速发力

这种发力特点是肌肉收缩和伸展的速率几乎相等。在进行减缩体内多余脂肪和增强肌肉弹性的器械训练中,都是采用轻重量和多次数的训练方法,以及在有氧健身器械进行训练时,如在跑步机、踏步机、登山机、健身车等,它们都是采用等速发力的技术。一般在做暖身的准备活动时,都是采用轻重量、多次数的连续举起和放下的动作。这种快速的等速发力,可以使局部位肌肉群,在短时间内达到大量充血状态,一般它的速率每分钟在20～30次。

二、健美训练的动作技术原则

(一)动作的全过程用力

在每一次试举中,都必须做到动作的全过程用力,使肌肉从伸展到收缩,再回复到伸展。在动作过程中,要求最大限度地集中主动肌的伸展和收缩,不使其他肌肉群参与用力。如果不能采用准确的技术动作进行全过程用力,这就意味着试举重量太重。在采用大重量时,使主动肌和肌腱始终处于拉紧的状态中,不要伸展得太过分,否则容易造成肌腱和韧带的拉伤。

(二)控制着重量

在动作全过程中,还必须学会控制着重量,尤其是在"顶峰收缩"后,主动肌在回复伸展的过程中,要运用主动肌在反抗力的状态中控制重量,直到还原的伸展位置。这在每一个动作的每一次试举中,都要这样做。

(三)不要借力

为了掌握准确的技术动作,要求在动作的全过程中,充分运用主动肌的收缩力量,不准借用其他肌群的协同力量来完成一次试举。因此,当你能够运用准确的技术动作完成一次试举,就不允许借用其他助力。只有在最后1～2次主动肌力量不能完成时,才允许借助一点点其他肌群的助力。

(四)继续张紧力

当在举起一个重量时,必须平稳地完成动作的全过程,也就是使肌肉在动作的全过程中,始终处于紧张状态。当主动肌收缩到最后的"顶峰"位置时,要使其处于彻底收缩状态。在还原时,主动肌还要在继续张紧的控制中,使其慢慢地伸展,不能失去肌肉的张紧力而松弛或自由地放下。

(五)把意念集中在肌肉中

在每个动作的全过程中,必须把意念集中在主动肌的活动中,要使肌肉在动作的全过程中,始终处于继续张紧的状态中,摒弃思想中的一切杂念,不只是举起重量或完成一个动作,也不是要考虑举多少重量,而是要想到肌肉是怎样用力收缩和伸展的全过程。因此,要掌握在每次试举中肌肉用力的感觉,把意念始终集中在重量对肌肉的感觉上,每个动作的关键是,你对肌肉用力的感觉,而不是举多少重量,要把整个意念最大限度地集中在主动肌上。

(六)训练到极限次数

在每组试举中,都要做到极限的最后一次,"极限"是指举到最后瞬间的一次,不是举不起为止。因此,训练到极限次数不是说举到精疲力竭地一点力气也没有,它是指在这一组中,尽最大的努力举到最后一次。

三、健美运动的动作技术要求

健美运动中的每个训练动作,都是根据人体生理特点设计的,每个动作的结构又都是符合人体解剖学和运动生理学的基本原理。因此,每个训练动作,都有一定的基本技术要求。

(一)站距:站立时,两脚间的距离

1. 窄站距:小于或相同于髋关节宽度。

2. 中站距:相近或平行于肩关节宽度。

3. 宽站距:大于肩关节宽度。

(二)站位:两脚站立的位置

1. 平行站位:两脚尖向前,脚掌平行站立。

2. 分开站位:两脚尖向外分开,两脚掌间成不同的角度。
(有 30°、45°、60°、90°或>90°)

3. 内扣站位:两脚尖向内扣成一定的角度(有 15°、20°、30°)。

(三)蹲位:两腿从站直至屈膝蹲下,两膝间的弯曲度

1. 全蹲:两腿弯曲蹲下至全屈膝。

2. 半蹲:两腿弯曲蹲下至大腿与地面平行。

3. 稍蹲:两腿弯曲蹲下至大腿与小腿成 90°或>90°。

4. 侧蹲:一腿向侧弯曲下蹲。

5. 剪蹲:两脚前后分开成弓箭步站立。

6. 跨蹲:两脚前后分开半步,两腿弯曲蹲下至大腿与地面平行。

(四)握法:手握住杠铃、哑铃或其他器械上的握杠方法

1. 空握法:手握住在横杠上,五个手指都排在一边握住横杠。

2. 普通握法:手握在横杠上,第二个到第五个手指先握在杠上,然后用大拇指握住在食指和中指上。

3. 锁握法:先用大拇指握在横杠上,再用其他两个手指顺次握在大拇指和横杠上。

4. 腕带(助手带):

在举重训练中,大多采用最牢固的锁握法,在健美训练中,都是采用空握法和普通握法,为了利于局部位肌肉的用力和收缩,在拉引动作中,可采用布带或皮革制成的助力带。

(五)握距:两手握在横杠上时,两手之间的距离

1. 窄握距:两手间距一个手掌宽度或小于肩关节。

2. 中握距：两手间距与肩关节相同。

3. 宽握距：两手间距大于肩宽或使上臂与前臂成直角位时，手掌正好处在肘关节的垂直线上，也可稍大些，但不宜太宽。

（六）握位：两手握住杠铃或哑铃时，手掌和人体位的方向

1. 正握：手背向后，掌心向前握杠。

2. 反握：手背向前，掌心向后握杠。

3. 正反握：两手掌心一正一反握杠。

4. 对握：拳眼向前，掌心贴住体侧握杠。

（七）预备体姿：在做某一个动作时，人体在坐、卧或站立时身体的位置

1. 正坐：坐在凳上，或两腿跨坐在凳上，两脚平踏在地上，躯干与地面成垂直位。

2. 俯坐：坐在凳上，两脚平中踏在地上，躯干略向前倾，一般与地面成 45°～60°。

3. 斜坐：坐在凳上，上体向后靠贴在后斜的凳背上，躯干与地面成 15°、20°、30° 或 45°。

4. 托臂坐：分为平托、直托和斜托。

（1）平托：坐在凳上或地上，上臂肱三头肌紧贴在与地面平行的托板上。

（2）直托：托板与地面成垂直位。

（3）斜托：托板与地面成 30°～45°。

5. 俯立：上体向前弯曲至躯干与地面成平行或接近平行立。

6. 俯跪：一条腿弯曲以小腿胫骨跪贴在凳面上，另一条腿在侧站立。

7. 卧姿：仰卧或俯卧在平凳或可调节斜度的卧推凳上时，躯干的位置有：

（1）平仰卧：仰卧在凳上时，使背部和臀部紧贴在凳面上，躯干与地面平行。

（2）上斜仰卧：上体仰卧在可调节斜度的凳面上，使躯干与地面成一定斜度，一般为 30°～40°，不超过 45°。

（3）下斜仰卧：仰卧时，头部在低位处，使躯干与地面成 15°～20°，不超过 30°。

（4）平俯卧：俯卧在凳面上，躯干与地面平行。

（5）上斜俯卧：上体俯卧在凳面上与地面成 15°、20°、30°。

四、准确的呼吸方法

呼吸是提供人体所必须的"氧"，准确的呼吸方法，能使你发挥更大的力量，帮助在完成动作时集中注意力，使动作协调而有节奏和防止受伤。

（一）两种基本的呼吸方法

1. 肌肉在用力收缩时吸气，伸展还原时呼气。

2. 肌肉在用力收缩时呼气，伸展还原时吸气。

这两种相反的呼吸方法，在过去几十年的实践中，很多专家都有过论述，但是这两种

呼吸方法,都有一个相同的要求,就是在用力的过程中,避免采取较长时间的憋气现象。

(二)在健美训练中一般习惯上采用的呼吸方法

1.在极限或大重量时采用二次呼吸方法。

动作未开始前,先进行二、三次深呼吸,动作开始时吸气,一直到"顶峰收缩"或动作到位时,即先作极短的呼气,紧接着连续作短促的吸气,直到动作接近前一段或还原时呼气。

2.根据人体生理现象的呼吸方法。

不管在哪一个动作中,当胸肋骨和肺部在扩展时,采用吸气,胸肋骨和肺部处在压缩位置时,采用呼气。这种呼吸方法,使肺部不会产生受压缩或憋气的现象。

3.在动作的全过程中,从开始位到完成位,作为一个呼吸单元的呼吸方法。

在动作一开始就吸气,当回复到超过中段或剩下最后的1/3时呼气,直到回复至开始位。

在健美训练中,动作开始时,主动肌有处于"伸展位"和"收缩位"。例如,在锻炼肩、背、肱二头、前臂、小腿、股二头和腹部时,"开始位"大都是主动肌处于"伸展位"。在锻炼胸、肱三头和腿部时,"开始位"主动肌大都是处于"收缩位",但个别情况也有处于相反的位置。总之,在健美训练中大都是采用"中等重量"(一般在80%～85%)和多次数(6～12),不是采用"极限重量和少次数"。因此,很少会产生憋气现象。

五、双关节和单关节的训练

在健美动作中,基本上可分为双关节(又称为基本动作)和单关节(又称为孤立动作)。

双关节动作,主要是发达肌肉块和力量的训练动作。它是指在一个动作中有二个关节同时进行活动,双关节动作在锻炼局部位肌肉时,会产生主动肌和其他协同肌肉群同时参与用力,这些关节的活动类似机械结构的杠杆运动。由于协同肌群用力的结果,重量可举得更重些。例如:卧推时,主要是锻炼胸大肌,由于在上推动作中,肩和肘的关节产生杠杆比的作用。因此,三角肌前束和肱三头肌也会产生协同用力。

单关节动作,主要是锻炼肌肉块的线条和形态的训练动作。它是在一个动作中只有一个关节进行活动,它是以局部肌肉群集中用力,其他部位肌肉群很少或不产生协同肌群用力,这样可以集中加深局部位肌肉的刺激,因此,采用的重量较轻些。但是在单关节动作中,虽然是使局部位肌肉群处于孤立的情况下进行用力,在试举到最后几次,局部位肌肉群无法再使上劲,就造成协同用力,在健美训练中,称为助力训练。例如:在站立杠铃弯举时,主要是集中以肱二头肌的收缩力,将杠铃举起,在采用准确的技术动作时,不允许有任何借力。但是在举到最后1～2次时,不能再以单独靠肱二头肌的收缩力来完成,允许借助以背和腿的协同用力,把杠铃举起来,这就是采用借助发力来完成最后几次试举。

六、杠铃、哑铃和机械上训练

人类采用重量进行训练已有很长的历史,当时采用类似杠铃和哑铃进行训练,它是一种使身体对重量产生对抗性的训练。通过改革后的健美运动,重量训练对身体的反抗力作用有了新的发展。这种对抗性训练使全身的肌肉、韧带和骨骼都进行活动,由于神经系统控制着重量,就产生了反抗力。由于健美运动的不断发展,训练器械从原来较简单的杠铃和哑铃等,发展到现在设计出品种繁多和功能完善的健身器械。那么研究这些健身器材的实用价值是怎样呢?实践证明,采用杠铃和哑铃训练,仍是发达肌肉块最有效的器材,因为杠铃和哑铃可以自由调节重量,重量是受肌肉和关节始终控制着,产生不同的反抗力。由于在动作的全过程中,它的活动范围和动作的幅度都比较大,使肌肉群能获得更深和更彻底的刺激。随着健美健身运动的发展,健美器械的厂商也蜂拥而上,制造出各种各样结构精密、外观漂亮的多功能和单功能的健身器械,包括无氧和有氧训练的上百种产品,但不管这些机械设计得如何精巧,它总是会有一定的局限性,它只能使重量在轨道上、下滑动,使肌肉和关节的活动受到一定的限制,它的主要优点是比较稳定和安全。目前很多健美运动员在日常训练中,还是以杠铃和哑铃作为主要的器材,占整个训练课的三分之二。机械上训练占三分之一或更少些。

七、健美训练中的精神因素

现代体育运动的先进训练方法中,都把心理训练作为强化精神因素的主要手段,因为良好的心理状态和促进因素,能充分发挥体内潜在能力,充分调动精神因素。实际上,在日常工作和生活中,不论干什么事,都必须有自己的理想目标,还要有坚定的信心去完成它,否则将一事无成。当然,确定了理想目标,还要从实际出发,不要脱离客观实际。

(一)如何达到预定的理想目标

1. 树立准确的信念。

2. 掌握准确的技术动作和采用科学的训练方法。

3. 根据各个阶段的训练目标,制订符合实际的年、月、周的训练计划,把理想的目标和训练计划密切结合起来。

4. 根据实际情况和训练水平,目标要一个阶段、一个阶段地制订。

(二)提高训练效果的精神因素

1. 养成一个良好的心理状态,产生一种为达到理想目标而进行训练的精神促进因素,从而充分发挥体内的潜在能力。

2. 对每个动作的每一次试举,都必须做到全神贯注,意念集中。

3. 促使心理上产生一种强化状态,使这个强化作用贯穿到摒弃一切杂念和排除周围的不利影响,使整个注意力集中到动作的频率、用力的强度和重点上,以达到最佳的训练效果。

(三)"想象技术"的运用

"想象技术"是一种采用潜在的意识能力去完成理想目标的一种心理训练。

"想象技术"的两种基本形式:

1. "联结式"想象,是一种积极深化想象的精神因素。它是在每个动作中,想象着体内血液的流动渗透到肌肉用力收缩的全过程中,从而产生一种联动的力量。

2. "分离式"想象,是一种犹如精神麻醉剂的精神因素。它是利用一种潜在意识的积极想象,使自己要达到一个预定目标的理想境界,从而产生一种心理上的促进因素。

"想象技术"是一种积极的精神因素,但是不管它的作用有多大,都必须使想象和现实的行动结合起来,才能获得最佳的效果。

第三节　健美运动的有氧训练和无氧训练

从体育运动项目的性质来划分:有"有氧训练"、"无氧训练"和"有氧和无氧兼有"。

有氧训练属于长距离耐久力的体育项目,它是由于体内红肌纤维(慢抽缩带氧肌纤维)能发挥具有承受较长时间的能力。运动项目有:长距离的跑和游泳、马拉松、网球、有氧健美操和有氧器械等项目。无氧训练属于短距离、快速和缺乏耐久力的体育运动项目。它是由于体内白肌纤维(快抽缩厌氧肌纤维)能发挥具有较大力量的能力,它比红肌要大22%,例如:短距离的跑和游泳、跳越项目、射击、举重和健美等项目。每个人体内都含有"红肌"和"白肌"纤维,但是运动员体内的肌纤维种类和分布情况都不相同。因此,在很大程度上决定适合参加哪一种体育运动项目。但是对肌肉型的短跑运动员和耐久力的长跑运动员,他们体内的肌纤维通过锻炼都可以增长,变得更强壮。而对采用重量训练的高水平健美运动员来说,具有这两种混合肌纤维,能获得更好的训练效果。

一、什么是有氧训练

它是通过连续不断和反复多次的活动,并在一定时间内,以一定的速度和一定的训练强度,要求完成一定的运动量,使心跳率逐步提高到规定的最高和最低的安全心跳率范围内。在训练后,如果心跳率达不到最低的安全心跳率,这说明运动量太小或训练强度不够,那么就要加大运动量或训练强度。如果超过最高的安全心跳率,就说明运动量和训练强度太大,这就要降低运动量和训练强度。

有氧训练安全心跳率的计算方法,例:

1. 预计最大的安全心跳率：220（常数）－20（年龄）＝200
2. 最低安全心跳率：200×50%（0.5）＝100
3. 最高安全心跳率：200×85%（0.85）＝170

对初学者，要求接近最低心跳率较合适，一般则要求最高心跳率保持在70%～80%，训练有素的运动员要求达到最高安全心跳率的85%～90%。按脉搏和计算心跳率的方法：在有氧训练后，立即以食指和中指按在手腕的挠动脉上或按在颈侧的颈动脉上，以量度10秒钟的心跳次数，把总次数乘以6便可以计算出当时的安全心跳率数。如果心跳率低于95次，要马上调整和加大运动量和减少动作的间隙时间。如果心跳率高于162次，就要降低运动量、训练速度或增加休息时间。在这个安全心跳率的范围内，要及时检查自我感觉，一般在训练后5～10分钟内是否有出现下列不正常现象，例如：胸痛、头重、晕厥、大量出虚汗等。如有上述症状，必须就医诊治。

有氧训练已广泛被作为增强体质、健身减肥、减缩体内多余脂肪和增强心血管系统机能以及促进脑功能的训练方法。

有氧训练的运动量和训练强度，除了要求达到规定的次数、频率和速度外，一般取决于时间的长短。对初学者，一般开始时10～15分钟，两周后逐渐增加到20分钟，四～六周后增加到30分钟，以后每次为45分钟，最多不超过60分钟。如果重点减肥或减体重时，可以早、晚各进行一次，每周一般为3～4次，不超过6次。一般要求放在早餐前进行，晚上要求在临睡前1.5～2小时结束。如果结合健美训练时，可安排在训练后进行，每次20～30分钟。

二、有氧训练的有关生理知识

（一）在训练中运动的训练强度

如：跑步时比一般步行的强度大；负重量大的比负重量小的强度要大。在有氧训练的各种器械的仪表上，也会显示出各种指标的速度、时间、距离、热能和心跳率等。但是最理想和较准确的还是用计算和测定运动时的心跳率。

（二）根据不同的训练要求和训练目的，应采用最高安全心跳率的百分比

1. 为改善体形和保持正常健康：40%～50%。
2. 为达到减缩体内脂肪或减肥：50%～70%。
3. 为达到改善心肺功能：60%～75%。
4. 为高强度训练后的专项需要：80%～85%或≮90%。

（三）根据不同的训练和训练目的，应采用训练时间的长短

1. 为改善体形和保持正常健康：10～20分钟（根据健康状况决定）。
2. 为达到减肥目的：保持体重（20～40分钟）；减轻体重（40～60分钟）。
3. 为达到改善心肺功能：15～60分钟。

4. 为高强度训练后的专项需要：30～60 分钟（根据各种专项目标决定）。

（四）根据不同的训练和训练目的，应采用的训练频率

1. 为改善体形和保持正常健康：每星期 5～7 天。

2. 为达到减肥目的：保持体重（每星期 3～4 天）；轻体重（每星期 4～6 天）。

3. 为达到改善心肺功能：每星期 3～4 天。

4. 为高强度训练后的专项需要：每星期 5～7 天（根据各种专项目标决定）。

三、健美训练中要增加有氧训练

在 20 世纪六七十年代，参加健美比赛的运动员，大多是采用摄入低碳水化合物的方法来达到减缩脂肪，临近比赛时，由高碳水化合物转化为低碳水化合物的饮食计划，延续了较长时间。

到 20 世纪 80 年代后，在健美训练的实践中，把有氧训练结合重量训练，对减缩脂肪，保持肌肉块、增加肌肉线条和使肌肉更加结实，有很好的效果。为了减掉多余脂肪，必须采用有氧训练配合减少热能食物。但是有氧训练必须适度，如果过多的话，就会引起体力下降和肌肉萎缩。有些人有氧训练太多，就会引起训练过度，以致使肌肉的消瘦比脂肪的消瘦要快得多。因为有氧训练会使体内引起分解代谢，如果训练过度，就会引起更多的分解代谢，必须避免。

四、哪些健美运动员不需要有氧训练

在平时训练周期中，不是每个运动员都要采用有氧训练。由于有些人体内的自然新陈代谢率较快，也不限制食物的品种。有些人则喜欢吃含脂较高的食物，热能摄入也很高，但体内脂肪却消耗得很快。

五、哪些健美运动员需要进行有氧训练

一般把有氧训练作为"健身"的体育爱好者来说，每天可进行 20～30 分钟的有氧训练，它除了能增强心血管系统的功能，又能达到减缩多余脂肪和保持优美的体形。

对参加各项体育运动员来说，在大运动量后，进行 20～30 分钟的有氧训练，它除了有利于恢复疲劳，还能提高专项运动员耐久力的素质。

对健美运动员来说，在每次大运动量训练后，进行 30～45 分钟的有氧训练，它既能促进恢复疲劳，又能减缩多余脂肪和提高训练的耐久力。健美运动员在平时训练周期中，皮下含脂量一般不超过 16%～18%，到比赛时要求下降到 8%～10%。如果为了参加比赛，在赛前训练周期中，出现皮下含脂过多，可分上、下午各一次，每次训练增加到 45～60 分钟，采用中等强度、中等速度、中等频率的训练方法。

一般在进行有氧训练时，能达到一边在训练、一边能自由讲话，而不是感到呼吸非常急促

或肌肉有发胀的感觉。这种训练方法,在生理上称为是"无氧的终点",也就是在这一点上,使体内引起脂肪的消耗。但是有氧训练不要过于频繁或时间太长,否则会引起肌肉的萎缩。

在健美训练中的有氧训练方法,一般采用跑步、登楼梯、游泳、跳绳、或有氧健美操等,在有氧器械上进行训练的,采用跑步机、踏步机、登山机、划船器或健身车等。

六、健美训练中减缩脂肪的生理因素

健美运动员在过去参加比赛前,都是采用调整饮食制度来达到降低皮下的脂肪量和增进肌肉线条。一般是采用低碳水化合物来减缩脂肪,这种方法往往会引起肌肉的减缩。因为当减少碳水化合物的摄入后,体内的脂肪就会自动的减缩,一旦没有足够的碳水化合物时,就会自动利用肌肉作为热能来消耗,从而引起肌肉的萎缩,这对健美运动员来说是不利的。在临近比赛时,增加碳水化合物的摄入,可促使体内释放胰岛素,它会使肌肉感到更丰满,但是少量的胰岛素是有利于防止肌肉萎缩,如果胰岛素释放过量时,又会引起脂肪的堆积。因此,在临赛前减少热能的摄入,包括调整碳水化合物的摄入量,是保持肌肉块、减缩皮下脂肪和增进肌肉线条最好的方法。

第四节　健美运动的量的概念

一、训练的次数和组数

健美运动的基本训练单位是训练次数。完成一次试举,就是指肌肉从完全伸展到彻底收缩,再还原到伸展的来回一次。

训练组数是指在一个动作中,使肌肉来回的收缩和伸展,达到规定的次数,作为完成一组。在健美训练中基本的次数,要求每一组完成 8～12 次,也就是每一组至少完成 8 次,不超过 12 次。规定这个次数,是根据人体生物力学和经过长期科学实践后得出的结论,它要求每一组中,肌肉要举到最后极限的一次,使局部位肌肉达到 70%～75% 的最大发胀程度。

例如:你有能完成举起 10 次重量的能力,要求你能尽力举起 12 次,使肌肉产生"发胀"的感觉。这也就是使局部位肌肉群在能产生 10 次力量的情况下,肌肉强迫产生举到最后 12 次的力量,并使肌肉产生最强烈的发胀反应。每组要做到规定的最后一次,它是指要求采用准确的技术动作能力举到最后一次。如果不能举到规定的次数,说明采用的重量太重了。如果超过规定的次数,说明采用重量太轻。

实践证明,采用 80%～90% 最大重量能举 6～10 次,对肌肉所产生的发胀程度效果最好。每一个动作做几组?一般为了使局部位肌肉群达到极限的发胀程度,每个动作练 3～5 组,每块肌肉群采用 3～4 个不同的训练动作,每块肌肉群的总组数 12～16 组。小肌肉群的

腹、前臂和小腿等每组练 15～20 次。训练组数的多少,还要取决于不同的体质、体力和训练水平,必须根据实际情况,不能无限制地增加组数,否则就会引起训练过度。

下面介绍不同训练水平,每个部位按大、小肌肉群所采用的训练总组数:

	大肌肉群	小肌肉群
	(胸、背、大腿)	(肩、肱二头、肱三头、前臂、腹、小腿)
1. 初学阶段(开始到 3 个月)	1～3 组	1～2 组
2. 中级阶段(6 个月到一年)	6～9 组	3～6 组
3. 高级阶段(1 年到 2 年)	12～14 组	8～10 组
4. 高级以上水平(3 年以上)	16～18 组	12～14 组

训练次数的多少,要根据不同的训练目的、不同的训练强度和不同的训练周期来选择。下面介绍不同训练次数和不同的训练目的:

1. 低次数(1～4 次):主要是增长力量和体力。

2. 中次数(6～12 次):主要是增长肌肉块。不同的训练水平有不同的要求,对初、中级阶段为 8～12 次,高级阶段为 8～10 次、重点增长肌肉群的块和高级以上水平为 6～8 次。

3. 高次数(15～20 次):主要是发达小肌肉群的块和增进肌肉线条和弹性。

4. 超次数(30 次以上):有助于减缩局部位的脂肪和增强肌肉弹性,超高次数还可以增强心肌功能。

在健美训练中,主要是采用"渐增反抗力训练"原则。就是应在增加训练组数,同时调整训练程度。每个动作的第一组开始前,先用较轻的重量做 1～2 组的暖身活动组(不计算在正常的训练组内),使肌肉逐渐适应过渡到较重量的训练组,同时也是为了防止受伤。

二、组与组的间歇

在每个动作的前一组和后一组之间,要有一个合适的休息时间,以使局部位肌肉获得最佳的恢复疲劳时间。从生理学上来看,如果要最大限度地发达肌肉块,就必须采用最小的间歇,同时使肌肉获得最快恢复疲劳的方法。如果组与组之间的休息时间过长,就会影响训练情绪,使心率变慢、肌肉变凉,训练的紧张程度会随之下降,也容易引起伤害事故。因此,组与组之间的间歇,必须能使肌肉保持最大的兴奋状态。

(一)不同间歇时间对恢复疲劳的不同反应

1. ≤60 秒钟的间歇,可恢复肌肉疲劳的补偿达 70%～75%。

2. ≤30 秒钟的间歇,可恢复肌肉疲劳的补偿达 60%～70%。

3. 10～15 秒钟的间歇,可恢复肌肉疲劳的补偿达 50%～60%。

4. ≥3 分钟的间歇,可恢复肌肉疲劳的补偿达到完全恢复。

(二)不同训练周期中的不同训练时间

1. 在平时训练周期中,为了达到增长体力和肌肉的目的,在采用"大重量、少次数、长间歇"的原则下,组与组的间歇稍长些,一般为 60 秒钟,不超过 1.5～2 分钟。在炎夏训练或采用极限大重量时,休息时间可稍长些,最多不能超过 3 分钟。

2. 在赛前训练周期中,为了达到保持肌肉块,增进肌肉线条和减缩皮下多余脂肪的目的,在采用"中等重量、多次数、短间歇"的原则下,组与组的间歇应短些,一般缩短到 30～45 秒钟,但不少于 10～15 秒钟,最多不超过 60 秒钟,在寒冷的天气训练,徒手动作或用较轻重量训练时,休息时间可缩短些。如果有伙伴一起训练,组与组之间的间歇,正好是两个人交换训练动作的时间。

三、最佳的训练时间与次数

每天的训练安排在什么时间较好,还要根据个人的具体工作和学习时间来定。训练时间最好安排在同一时间,没有特殊情况不要随意改变。因为每天的固定训练时间,它能使你产生要求锻炼的欲望,养成正常投入训练的习惯,它有助于内脏器官形成条件反射,使你进入一个规定和正常的训练状态,为紧张的锻炼提供足够的能量。一般上午训练安排在 8～11 点,下午安排在 14 点以后,中午有条件可小憩 20～30 分钟,最多不超过 1 个小时,但在临睡前 2 小时要结束锻炼,否则会影响睡眠。

每周训练次数多少,这是根据不同的训练水平,不同的训练周期、不同的训练目的和不同的恢复条件等来决定的。

对身体上的某一块肌肉或某个部位来说,重复训练的时间至少要休息 48 个小时以上。如果训练强度较大或要使其达到完全恢复,则需要 72～100 小时。因为这是根据各人体内的生理变化因素,提供补充休息和营养的条件,也就是锻炼后必须有良好的恢复手段,才能保证肌肉不断地粗壮,获得最佳的训练效果。

对初级训练水平者,要求每周锻炼三次,练一天休息一天(星期一、三、五或二、四、六),不要多练也不要少练。如果感到局部位肌肉还有酸痛或有不适的反应,就多休息一天再练。如果是重点为了减肥和健身者,在开始的 2～3 周内保持每周三次重量训练。到第四周以后,可以在不训练日增加有氧训练(包括徒手或器械),根据自我感觉逐渐增加运动量,但每周至少有 2 天的完全休息。

对中级水平者,每周训练 3～4 次,但必须保证肌肉有一定的恢复时间,局部位肌肉每周重复锻炼 2 次。

对高级训练水平者,每周的训练次数,可以根据不同的条件,采用分化训练来选择适合个人的要求。

四、重量日和轻量日训练

在健美训练中的基本原则是"重量训练",这种重量训练还必须不断地提高训练强度和使肌肉获得更深地刺激,同时还要注意有良好的恢复手段,才能更快地增长力量素质和发达肌肉块。如果经常只采用轻重量,多次数的耐久力的训练,或者是经常采用大重量和超负荷的大强度训练。那么前者不能使肌肉受到超负荷和强刺激,肌肉块和力量增长得较慢;后者容易引起训练过度或造成受伤,同样也会影响训练效果。

实践证明,根据自己的体力情况,每隔一二周或定期地进行"超负荷大强度"或"极限重量"训练的"重量训练日"。它能测试肌肉的最大力量,使肌肉受到更强和最大强度的刺激。但是,为了使局部位肌肉能获得适当的恢复,有利于力量和肌肉更快地增长,还必须配合周期的"轻量训练"。

"轻、重量的交替"训练,是在循环训练周期中采用大重量和轻重量交替刺激局部位肌肉群。它是使局部位肌肉在受到"超负荷"刺激后,接着以过渡性的轻重量训练,以达到更快地增长肌肉块和力量。

例如:锻炼胸部课程中,采用一次是"重量日",另一次是"轻量日"的交换训练法。

	重量日	轻量日
1. 上斜哑铃卧推	4 组×8～10 次	1. 哑铃卧推 4 组×12～15 次
2. 平卧飞鸟	4×8～10	2. 上斜哑铃飞鸟 4×15
3. 平卧推举	4×8～10	3. 上斜卧推 4×15
4. 双杠两臂屈伸(负重)	4×8～10	4. 站立拉力器夹胸 4×15

又如:在腹部的周期训练中,采用第一次"负重量的、少组数和少次数(12～15 次)"的超强度刺激。第二次则采用"轻负荷徒手的,多组数和多次数(25～30 次)"的密集刺激训练法。

知识拓展

每人都应有基本的生理生化等知识,建议多学习生理解剖生物化学医学知识等。

学以致用

1. 了解健美运动和生理解剖的关系。
2. 健美运动的动作技术要求和原则。
3. 何谓健美运动的有氧训练和无氧训练。
4. 了解健美运动中的有关"量"的概念。
5. 人体肌肉忌讳的生活方式。
6. 本章有许多基本概念,请认真学习。

第三章 健美运动基本技术及运用

应知导航

　　本章介绍了颈肩部的主要锻炼方法和技术要点；胸部的主要锻炼方法和技术要点；背部的主要锻炼方法和技术要点；臂部的主要锻炼方法和技术要点；腿部的主要锻炼方法和技术要点；腰腹部的主要锻炼方法和技术要点；对各部位进行生理解剖描述，以及主要的练习方法介绍图示，这是健美锻炼的基本方法，一定要好好掌握。

第一节 颈肩部的主要锻炼方法和技术要点

一、颈肩部素描

　　肩部三角肌有三个头组成，称为前束、中束、后束，斜方肌将颈、三角肌和背肌连在一起。肩宽主要由骨架决定的，但大而厚的三角肌，加上腰细，看起来呈"V"形，或称倒三角，其外观就是具有宽阔、发达的肩部。另外还有一种体形，就是不具有较宽的肩部结构，给人留下溜肩的感觉，发展三角肌侧部可以弥补这一先天带来的不足。肩部也需要厚度，以显示前后的发展与胸部、肱二头肌及斜方肌、背部的其余部分有机地连在一起。

二、三角肌、斜方肌的练习方法

　　三角肌前束：哑铃前平举、杠铃颈前推举、练习器推举、哑铃上举、直立提拉、上斜推举、上斜飞鸟。

　　三角肌中束：哑铃侧平举、拉力器或橡皮条侧平举（也可采用单手进行练习）。

　　三角肌后束：俯立飞鸟、杠铃俯立提拉、上斜俯卧侧平举。

　　斜方肌：直立提拉、耸肩、硬拉、挺举。

三、颈肩部肌群的常见练习

（一）直立提拉（图 3 - 1）

图 3 - 1

主要锻炼肌肉：三角肌前束、肩侧斜方肌、肱二头肌。

动作要领：两脚开立，与肩同宽，上体正直，窄握杠铃，持铃下垂于体前，然后以肩带肌群向上收缩的力量，带动两上臂贴身向上提铃至下额位置，稍停后慢慢放下还原。

动作要点：拉引杠铃应贴近身体，两肘尽量上抬，高于肩，前臂和手腕下垂。

提示：也可用哑铃进行练习。

（二）站立前平举（图 3 - 2）

图 3 - 2

主要锻炼肌肉：三角肌前束、中束、肱三头肌。

动作要领：两脚开立，与肩同宽，上体正直，两手持哑铃下垂于体前，然后两肘微屈，经体前举起于肩稍高,稍停后慢慢放下还原。

动作要点:肘关节微屈,这样有利于三角肌的收缩,此外,举起时上体不要后仰。

(三)站立侧平举(图3-3)

图3-3

主要锻炼肌肉:三角肌中束。

动作要领:两脚开立,与肩同宽,上体正直,两手拳心向前,持哑铃下垂于体侧,然后两肘微屈,两手持铃向两侧上方提起至头部其齐高位置,稍停后慢慢放下还原。

动作要点:肘关节微屈,举起时上体不要后仰。

提示:可用拉力器或橡皮条侧平举,也可采用单手进行练习。

(四)俯立飞鸟(图3-4)

图3-4

主要锻炼肌肉:三角肌后束、上背部肌群。

动作要领:两脚开立,略比肩宽,上体前屈与地面平行,挺胸紧腰,两手拳心向前,持铃直臂下垂于腿前,然后两肘微屈,两臂向两侧提举至最高点,稍停后慢慢放下还原。

动作要点:挺胸紧腰,两手持哑铃举起时肘关节微屈。

提示:可用拉力器或橡皮条进行练习,也可采用俯卧飞鸟。

(五)杠铃坐姿颈前推举(图3-5)

图3-5

主要锻炼肌肉:三角肌前束、中束、肱三头肌。

动作要领:坐在凳上,上体正直,挺胸紧腰,两手中握距正握杠铃,屈肘,使横杠置于胸前锁骨和两肩上,然后将杠铃垂直向上推起至两臂伸直,稍停后慢慢放下还原。

动作要点:上推时,上体不要后仰。

提示:可用哑铃练习,也可采用站立式,但应避免借助腿部等的力量而影响锻炼效果。

(六)杠铃坐姿颈后推举(图3-6)

图3-6

主要锻炼肌肉:三角肌中束、后束、斜方肌、肱三头肌、上胸部等。

动作要领：坐在凳上，上体正直，挺胸紧腰，把杠铃置于颈后肩上，两手比中握距略宽握住横杠，然后将杠铃垂直向上推起至两臂伸直，稍停后慢慢放下还原。

动作要点：握距不同，锻炼部位也有所不同，宽握重三角肌，窄握重肱三头肌。

提示：可用哑铃练习，也可采用站立式，但应避免借助腿部等的力量而影响锻炼效果。

（七）杠铃耸肩（图 3－7）

图 3－7

主要锻炼肌肉：斜方肌、颈肌、上背肌群。

动作要领：两脚开立，与肩同宽，上体正直，两手握杠同肩宽，持杠铃下垂于体前，两肩放松下垂，然后以斜方肌的收缩力量持杠铃向上，耸起两肩，下落，或做前后旋转。

动作要点：两臂在动作过程中始终不动。

提示：可用哑铃进行练习。

第二节　胸部的主要锻炼方法和技术要点

一、胸部素描

胸部肌群包括胸大肌、胸小肌、锁骨下肌和前锯肌，胸大肌从外形来看，分为外侧翼、上胸部、中间沟、下缘沟。肌肉深厚、形态美观的胸部是健美体格中最重要的因素之一，要获得这样的胸部，需要用多种方法进行锻炼来发达上、下、内、外的胸部肌肉。完美的胸部涉及有大的胸廓，厚实的胸肌，上、下、内、外侧的全面发展，及有漂亮、宽阔的形态。挺拔丰满的胸脯是健康和人体美的重要象征，年轻的小伙子有宽厚结实的胸膛，会显得格外魁梧健壮,爱美的姑娘有了坚挺饱满的胸脯,就更富有青春的活力。

二、胸大肌、前锯肌的练习方法

胸大肌:用杠铃或哑铃的卧推(上斜、平卧、下斜)、仰卧飞鸟(上斜、平卧、下斜)、仰卧屈臂上拉、俯卧撑、双臂屈伸、夹胸器夹胸、拉力器夹胸。

前锯肌:引体向上、并握下拉、哑铃或杠铃仰卧头后上拉、跪姿下拉。

三、胸部肌群的常见练习

(一)卧推

卧推根据体位可分平卧、上斜、下斜卧推三种,而根据握距又可分为窄握卧推、中握卧推和宽握卧推三种,不同的体位与握距,使用杠铃或哑铃其锻炼部位和效果也有所不同。

窄握卧推——两手中间的握距小于肩宽,主要发展胸部的厚度和发达肱三头肌。

中握卧推——两手中间的握距同肩宽或稍宽于肩,主要发达胸大肌、胸小肌等。

宽握卧推——两手中间的握距比肩约宽 20~30 厘米,主要扩展胸廓发达胸部肌群。

1. 杠铃平卧推(图 3-8)

图 3-8

主要锻炼肌肉:胸大肌中部、肱三头肌和三角肌前束。

动作要领:仰卧在卧推凳上,两手握杠铃,虎口相对,握距与肩同宽或稍宽于肩,杠铃横杠置于乳头以上约 1 厘米处,以胸大肌发力使杠铃向上推起,然后使杠铃慢慢下落到原位。

动作要点:胸廓挺起两肩胛向下沉。腰部应始终紧张,不可触及凳面,身体成桥形。

提示:平卧推、上斜卧推和下斜卧推也可用哑铃进行练习,动作要领、要点等基本相同。

2. 杠铃上斜卧推（图略）

主要锻炼肌肉：胸大肌上部、肱三头肌和三角肌前束。

动作要领：头高脚低仰卧在与地面成 30°～40°斜卧推凳上，其他动作要领同平卧推举。

动作要点：横杠放在锁骨处。注意凳面与地面应小于 30°，如小于 30°角的斜卧推，用力点集中于外侧翼中上部，大于 40°时用力点转移到三角肌前束。

3. 杠铃下斜卧推（图略）

主要锻炼肌肉：胸大肌下部、肱三头肌和三角肌前束。

动作要领：头低脚高仰卧在与地面约成 20°左右的斜凳上，其他动作要领同平卧推举。

动作要点：横杠放置于乳头下约 2 厘米处，这样能使胸肌用得上力。注意下斜卧推适宜于有一定锻炼水平的人练习。

（二）仰卧飞鸟

1. 平卧飞鸟（图 3－9）

图 3－9

主要锻炼肌肉：胸大肌中部和三角肌前束。

动作要领：平仰卧在长凳上，两手握哑铃，掌心相对，两臂自然伸直于胸部上方，挺胸沉肩，然后两手持哑铃向体侧慢慢屈肘下落，直至两臂不能再降为止，使胸部充分拉开，然后以胸大肌的收缩力量持铃由原下降线路向上举起成直臂还原。

动作要点：仰卧于凳上，以背、臀、后脑接触凳面，腰部收紧用力悬空挺起，两臂持铃屈肘下降，下降时速度要缓慢平稳，随下降幅度加大两上臂与前臂之间的夹角约成 120°。

2. 斜卧飞鸟

斜卧飞鸟可分为上斜飞鸟和下斜飞鸟，其主要锻炼肌肉同上斜卧推和下斜卧推。动作要领、要点则同平卧飞鸟。

（三）仰卧屈臂上拉（图3－10）

图3－10

主要锻炼肌肉：胸大肌上部、前锯肌、肱三头肌和三角肌。

动作要领：仰卧在长凳一侧上，两手托哑铃内沿，两臂伸直于胸部上方，然后两臂屈肘向头后落至最低点，使胸部充分拉开，随即以胸大肌的收缩力使两臂屈肘向上拉起至原位。

动作要点：下落速度应缓慢，充分拉伸胸大肌，上拉利用胸肌力量，动作过程不得借力。

提示：也可用哑铃进行练习。

（四）双杠双臂屈伸（图略）

主要锻炼肌肉：胸大肌和肱三头肌。

动作要领：两臂伸直支撑在双杠上，两腿自然弯曲，躯干放松下垂，然后两臂屈肘向头后落至最低点，以胸大肌的收缩力量伸臂撑起身体至原位。

动作要点：身体下降至最低点，必须用胸大肌的收缩力量伸臂撑起，注意如果伸臂撑起时抬头挺胸，全身伸直后移，用力点转移到肱三头肌上，对发展肱三头肌有利。

提示：如徒手能做15次以上，则可在腰间负重物练习。

（五）俯卧撑（图3－11）

图3－11

主要锻炼肌肉：胸大肌、肱三头肌和三角肌前束。

动作要领：两手直臂支撑在地上，手指向前，两手间距与肩同宽或略宽于肩，两上臂贴近体侧，以脚尖支地，两脚并拢或稍分开，全身挺直，头稍抬起，然后屈臂使身体下降至两臂完全弯曲，随即以胸大肌发力，以胸带两臂伸直还原。

动作要点：直臂支撑时两肩应略超前过两手掌的支撑点。以胸大肌发力向上伸臂时,应使两肩向前,向上成弧线上下,两臂伸直时应挺胸,不能耸肩,在整个动作过程中身体始终挺直,不能有含胸、塌腰等动作。

提示:根据不同运动水平和锻炼目的还可做斜立俯卧撑(头高脚低)下斜俯卧撑(头低脚高)支架俯卧撑和跪姿俯卧撑等,斜立和跪姿俯卧撑适合于女子初练时做。做一般俯卧撑直臂上下和下斜俯卧撑时用力点集中在三角肌前束和肱三头肌上。男子徒手俯卧撑能准确做 15 次以上时,可提高练习难度,做下斜俯卧撑或背上负重俯卧撑。

第三节 背部的主要锻炼方法和技术要点

一、背部素描

背部肌群包括上背肌群(斜方肌、小圆肌、大圆肌、冈下肌和菱形肌),中背肌群(背阔肌),下背肌群(骶棘肌)。塑造出一个宽阔、强健有力的背是高质量体格不可缺少的,但一般男青年的躯干常是含胸弓背,腋下至腰际呈直线,如使背部肌群发达起来,整个背部显得丰厚挺直,呈"V"字形三角背,这样高度发达的背肌一直被认为是男子力量和健美体形的象征,而腰直背硬的躯干,正是女性保持挺拔丰满胸脯的有力支柱。

二、背阔肌、斜方肌、竖脊肌和骶棘肌的练习方法

背阔肌:俯立划船、单手哑铃划船、引体向上、重锤坐姿颈后下拉。
斜方肌:杠铃或哑铃耸肩。
竖脊肌和骶棘肌:俯卧挺身、俯卧转体挺身、俯身弯起、直腿硬拉。

三、背部肌群的常见练习

(一)俯立划船
1. 杠铃窄握俯立划船(图 3－12)

图 3－12

主要锻炼肌肉：背阔肌中下部、斜方肌、岗下肌、三角肌后束等。

动作要领：两脚开立，与肩同宽，上体前屈与地面平行，两手直臂下垂，宽握杠铃于腿前，肩关节放松，挺胸塌腰，略抬头，上体不动，然后以背阔肌用力，贴身将杠铃提至小腹位，稍停后慢慢循原路还原。

动作要点：背部保持平直，头稍抬起。

2.杠铃并握俯立划船（图略）

主要锻炼肌肉：背阔肌等。

动作要领：挺胸收腹，塌腰，略抬头，杠铃置于两腿之间，两臂伸直，两手靠近杠铃片的横杠一端并握，肩关节放松，上体不动，然后利用背阔肌的收缩力量，提起杠铃的一端至胸腹部，提铃时两上臂贴近体侧，稍停后慢慢放下还原。

动作要点：基本同宽握俯立划船，练习时可垫高两脚，以加大练习幅度，提高练习效果。

提示：杠铃俯立划船根据握距的宽窄，除上述两种外还有中握俯立划船（两手握距同肩宽）和窄握俯立划船（两手握距约20厘米）两种，中握俯立划船重点锻炼背阔肌上部肌群，窄握俯立划船锻炼部位同中握俯立划船。

（二）单手哑铃划船（图3－13）

图3－13

主要锻炼肌肉：上背肌。

动作要领：一手握哑铃，拳眼向前，成单侧跪撑，上体前屈与地面平行，单手持铃，肩关节放松下垂，持哑铃一侧的腿伸直支撑地面，然后集中背阔肌收缩用力，把哑铃由腿侧向上提起至肩高度，稍停后慢慢放下还原。一臂练完，再练另一臂。

动作要点：当哑铃提起至最高点时，同时使上体稍向另一侧转体，以利于上背部肌群的彻底收缩。

提示：为集中背阔肌的用力，减少两腿和腰背肌群的负担，还可采用杠铃俯卧划船和俯卧拉，以提高锻炼效果。

（三）俯卧挺身（图 3-14）

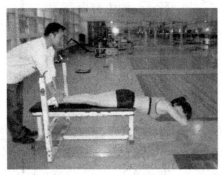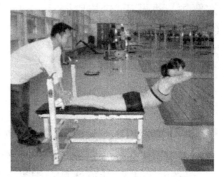

图 3-14

主要锻炼肌肉：竖脊肌、骶棘肌等腰背部肌群。

动作要领：小腹和大腿上部俯卧在山羊或长凳上，两腿向后伸直，固定两脚跟，上体向前慢慢弯曲至下背肌群完全伸展，然后以腰背肌群的收缩力量使上体向上挺起超过水平位，稍停后上体慢慢下降还原。

提示：俯卧挺身也可在垫子上练习。练习中两臂伸直或抱于后脑或置于背部，在挺身过程中也可附加左右转体。此外练习到每组能做 20 次以上时，可在颈后负杠铃片进行练习。

（四）俯身弯起（图 3-15）

图 3-15

主要锻炼肌肉：竖脊肌、骶棘肌等腰背部肌群。

动作要领：两脚自然分开，把杠铃置于颈后肩上，上体保持挺胸立腰，下背肌群始终控制住，上体前屈时应慢些，前屈至地面平行，然后以腰背部肌群力量使上体抬起还原。

动作要点：腰背肌始终紧张，挺胸立腰，身体重心略向后移，上体在前屈时速度要缓慢平稳，避免引起腰背扭伤。

（五）直腿硬拉（图 3 - 16）

图 3 - 16

主要锻炼肌肉：竖脊肌、骶棘肌等腰背部肌群。

动作要领：两脚开立，与肩同宽，两手一正一反握杠，握距略比肩宽，挺胸紧腰，然后用腰背肌群力量慢慢把杠铃拉至全身立状，挺胸向前送髋，稍停后慢慢下降杠铃至开始状态。

动作要点：上体前俯过程中速度要慢，始终要保持挺胸收腹紧腰。

提示：可采用屈膝来做硬拉。此外，在做引体向上、杠铃耸肩、硬拉等背部动作时可使用助力带，这样有助于集中注意力和使用较大的力量，达到较好的训练效果。

（六）单杠胸前引体向上（图略）

主要锻炼肌肉：背阔肌、肱二头肌。

动作要领：悬垂正握单杠，两手与肩稍宽，腰部以下放松，两腿可并拢悬垂或两小腿交叉向后弯起，然后集中背阔肌和肱二头肌收缩力量屈肘引体向上到横杠至胸为止，稍停后两臂伸肘缓慢下落还原。

动作要点：在引体向上过程中，使背部的肩胛骨收拢，然后让身体慢慢下落。

提示：做单杠颈后引体向上，即在做引体时将横杠拉至颈后肩部，动作过程和用力特点同胸前引体向上。女子力量较弱，可做仰式引体向上。

第四节　臂部的主要锻炼方法和技术要点

一、臂部素描

臂部肌群主要有三部分，肱二头肌、肱三头肌和前臂肌群。同胸和背一样，肌肉发达的手臂是最能给人留下深刻印象的,由于大肌肉常常与粗大的手臂联想在一起,所以人们容易投入大量的精力和时间去训练手臂,但应注意除具有发达的肱二头肌和肱三头肌之外,还需要增强塑造前臂肌肉,使之与上臂的肌肉相和谐。从人体健美的角度来讲,粗壮结实,光亮润滑的手臂会显得具有生气和力量。

二、肱二头肌、肱三头肌和前臂肌群的练习方法

肱二头肌:杠铃站立弯举,哑铃单手或双手弯举(站立、坐姿),哑铃俯坐弯举,杠铃或哑铃托肘弯举,杠铃俯立弯举。

肱三头肌:杠铃颈后臂屈伸(站立、坐姿),单双手哑铃臂屈伸(站立、坐姿),单手俯立臂屈伸,俯立拉力器臂屈伸,拉力器下压,仰卧臂屈伸,俯卧撑,仰卧撑,站立直臂后拉。

前臂肌群:站立或坐姿腕弯举(正握、反握),侧弯举,反握弯举,站立背后腕弯举。

三、臂部肌群的常见练习

(一)杠铃站立反握弯举(图3-17)

图3-17

主要锻炼肌肉:肱二头肌。

动作要领:两脚自然开立,上体正直,两手中握杠铃于体前,直臂下垂,上臂紧贴体侧并微前移,用肱二头肌的力量屈肘弯起,使肱二头肌完全收缩,稍停后慢慢伸肘下落还原。

动作要点:在动作过程中,上体与上臂不得移动,手腕固定,下放杠铃动作要慢。

提示:可采用哑铃进行单手、双手或交替练习,也可站立或坐姿练习。

（二）哑铃俯坐弯举（图 3–18）

图 3–18

主要锻炼肌肉：肱二头肌。

动作要领：俯身坐在凳子上，两脚分开比肩宽着地，一手持哑铃下垂，上臂外侧贴于持铃侧大腿内侧面，另一手支撑在另一腿上，持铃向上弯起至胸前，上臂与地面保持垂直，上臂不准移动，紧贴大腿内侧，稍停后慢慢放下还原。左右交替练习。

动作要点：在动作过程中，肱二头肌必须持续处在张紧力的状态中。

（三）杠铃颈后臂屈伸（图 3–19）

图 3–19

主要锻炼肌肉：肱三头肌。

动作要领：站立或坐姿，两手窄握（正握或反握）杠铃，两臂伸直上举，然后上臂固定不动，慢慢屈肘，使杠铃下落至头后最低点，接着肱三头肌用力，两臂伸肘上举还原。

动作要点：伸肘时上臂固定不动，贴近耳侧，肘尖朝上。

提示：可采用哑铃或拉力器进行单手练习。

（四）杠铃仰卧臂屈伸（图 3－20）

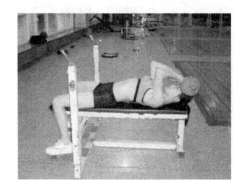

图 3－20

主要锻炼肌肉：肱三头肌。

动作要领：仰卧在长凳子上，两手中握或窄握杠铃，两臂伸直于胸部上方，然后上臂固定不动，两臂屈肘，使前臂缓慢向头部方向落下，至肱三头肌用力完全伸展，接着肱三头肌伸肘上举还原。

动作要点：上臂应始终保持与地面垂直状。

（五）俯立臂屈伸（图 3－21）

图 3－21

主要锻炼肌肉：肱三头肌。

动作要领：单腿跪撑在长凳上，拳眼向前握住哑铃，下垂体侧，稍抬头，上臂和肘关节紧贴体侧，肩关节固定不能上下移动，以肱三头肌的收缩力，持铃举起至全臂伸直，稍停后慢慢放下还原。左右交替练习。

动作要点：上臂和肘关节紧贴体侧，上臂固定。

（六）站立背后腕弯举（图 3 - 22）

图 3 - 22

主要锻炼肌肉：前臂肌群。

动作要领：两脚自然开立，两臂下垂背后，与肩同宽握杠，掌心向后，前臂屈肌群收缩，屈腕，然后慢慢放松还原。

（七）腕弯举（正握、反握）（图 3 - 23）

图 3 - 23

主要锻炼肌肉：前臂肌群。

动作要领：坐在凳上（或两手臂固定在凳上），两脚分开与肩同宽着地，上体略前倾，两手掌心向前正握杠铃（或手背向前反握杠铃），屈肘前臂贴住大腿，手腕下垂，然后两腕向上弯起做屈伸动作。

动作要点：在动作过程中，两上臂紧贴体侧，不得前后移动。

提示：可站立进行练习。

（八）正握弯举（图3-24）

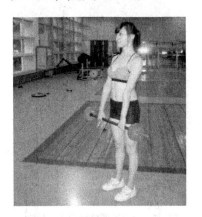

图3-24

主要锻炼肌肉：前臂肌群。

动作要领：两脚自然开立，两手背向前反握杠铃下垂于腿前，两上臂紧贴体侧，不要移动，持铃向上弯起至肩前，注意手腕与前臂保持水平，不要上下弯动，稍停后慢慢放下还原。

第五节　腿部的主要锻炼方法和技术要点

一、腿部素描

腿部肌群主要是股四头肌、股二头肌和小腿三头肌，臀部肌肉也常常连在一起受到锻炼，股四头肌是人体最长、最强的肌肉，很多动作都要依靠强大的腿部力量，具备卓越的大腿，需要肌肉围度、形态及股四头肌（股直肌、股中肌、股内肌、股外肌）的分离度。小腿三头肌和三角肌及腹部一样是很有审美价值的部位，突出的小腿肌也是男性体格的象征。人人都希望有一双结实有力的腿，女性富有弹性的臀部和双腿，更是体现曲线美的一个重要部位。

二、股四头肌、股二头肌和小腿三头肌等的练习方法

股四头肌：深蹲、半蹲、剪蹲、跨举、腿屈伸、挺髋蹲。

股二头肌：俯卧腿弯举、站立单腿弯举。

小腿三头肌：站立负重起踵、坐姿负重起踵、骑人举踵、跳绳。

三、腿部肌群的常见练习

（一）深蹲（图 3－25）

图 3－25

主要锻炼肌肉：股四头肌、臀大肌、下背肌群和小腿肌等。

动作要领：两脚开立，与肩同宽，脚尖稍向外分开，肩负杠铃，挺胸立腰，略抬头，然后两腿下蹲至最低点，紧接着股四头肌用力将两腿蹲起还原。

动作要点：蹲起时始终保持挺胸收腹，立腰，杠铃运行路线应是直上直下，切勿在蹲起时把臀部先抬起，这样会使杠铃重心前移，增加颈部与腰背肌的负担，影响练习效果。如在深蹲过程中感到很难掌握身体重心平衡，可在两脚跟下垫一块 5 厘米左右厚的木板进行练习。

（二）半蹲（图 3－26）

图 3－26

主要锻炼肌肉：股四头肌、臀大肌、背部肌群、小腿肌等。

动作要领：预备姿势同深蹲，然后慢慢屈膝下蹲至大腿与地面平行为止，稍停后两腿用力蹲起还原。

动作要点：动作过程中上体始终保持正直，挺胸收腹，立腰，从下蹲起至前腿即将伸直时，主要是股四头肌用力。

（三）坐姿腿屈伸（图 3－27）

图 3－27

主要锻炼肌肉：股四头肌。

动作要领：端坐在凳上，小腿下垂，在腿上固定重物（绑沙袋、哑铃片、铁鞋等），然后股四头肌用力收缩伸直膝关节，稍停后慢慢屈膝放下小腿还原。

动作要点：动作过程中把脚跟转向内或转向外侧练，使股四头肌得到全面锻炼。

提示：在专用健身器械腿屈伸架上进行练习更为方便有效。

（四）俯卧腿弯举（图 3－28）

图 3－28

主要锻炼肌肉：股二头肌。

动作要领：俯卧在长凳或垫上，两腿并拢伸直，两小腿脚跟外套住拉力器(或橡皮条)的一端，另一端固定住，然后股二头肌用力使两小腿做屈膝向上弯起，稍停后慢慢伸膝还原。

提示：一般可在综合训练器的腿屈伸架上做俯卧腿弯举。

(五)站立负重起踵(图3－29)

图3－29

主要锻炼肌肉：小腿三头肌。

动作要领：肩负杠铃并脚直立，两脚掌前垫一块约5厘米厚的木板，然后小腿三头肌收缩提踵，尽量将两腿跟向上提起至最高点，稍停后慢慢下落脚跟还原。

提示：提踵过程中，两脚跟应始终并拢，小腿三头肌有充分的伸展感。

(六)坐姿负重起踵(图3－30)

图3－30

主要锻炼肌肉：小腿三头肌。

动作要领：正坐在凳上，两脚约与肩宽或并腿放置，前脚掌站在约 5 厘米厚的木板上，两大腿靠近膝盖处放置重物（杠铃或坐人也可），然后小腿三头肌用力，尽量将两脚跟提起至最高点，稍停后慢慢下落脚跟还原。

第六节　腰腹部的主要锻炼方法和技术要点

一、腰腹部素描

腹部肌群主要是腹直肌、腹外斜肌和腹内斜肌，强壮的腹肌，鲜明清晰的肌肉线条，会给人留下深刻的印象。在日常生活中，由于缺少体育活动和不注意腹部的锻炼，加上饮食中摄入和消耗的不平衡，另外，在教室和电脑前紧张学习，埋头工作等，容易引起腹部脂肪的堆积。通过科学的锻炼来增强腹部肌群和减少多余的脂肪，能获得强劲和富于曲线的体态。经常锻炼腰腹部，还有助于增强内脏消化、生殖和排泄系统的功能。

二、腹直肌、腹外斜肌和腹内斜肌的练习方法

腹直肌可分为腹直肌上部和下部：仰卧起坐、仰卧举腿（平卧、斜卧）、仰卧两头起、悬垂屈膝举腿（单杠、肋木）、悬垂直腿上举、收腹举腿。

腹外斜肌、腹内斜肌：负重体侧屈、负重转体、侧卧举腿、单（双）屈膝仰卧转体起坐、斜板仰卧转体起坐、跪膝重锤侧收腹下拉、转盘。

三、腰腹部肌群的常见练习

（一）仰卧起坐（图 3 − 31）

图 3 − 31

主要锻炼肌肉：腹直肌上部。

动作要领：仰卧在地上或垫子上，两脚并拢伸直或屈腿，两手抱头后或双手交叉于胸前，然后以上腹部肌群收缩使躯干向上弯起至上体近腿部静止数秒钟，接着上体慢慢后仰还原。

动作要点：当屈体收腹时，下背部应紧贴地面。

提示：仰卧起坐如能准确做 20 次以上，可在颈后负重或头低脚高的斜板上做仰卧起坐练习，也可将两腿搁在凳上做仰卧起坐。

（二）仰卧举腿（图 3－32）

图 3－32

主要锻炼肌肉：腹直肌下部、大腿上部。

动作要领：仰卧在地上或凳上，两手于头后握住其他固定物，两腿伸直并拢，然后以下腹部肌群收缩的力量使两腿上举至垂直于地面，再慢慢放腿还原。

动作要点：举腿时背部应始终紧贴地面。

提示：根据锻炼水平还可选择做头高脚低的斜板仰卧举腿。

（三）仰卧两头起（图 3－33）

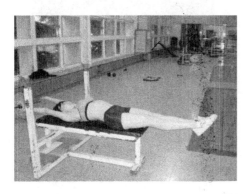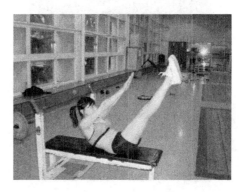

图 3－33

主要锻炼肌肉：腹直肌。

动作要领：仰卧在地上或垫子上，两腿并拢伸直，两臂伸直置于头后或体侧，然后腹直肌收缩使上体与两腿同时向上弯起至两手触脚尖为止，接着上体与两腿下落还原。

动作要点：腹肌收紧应保持 2～3 秒钟，还原时速度要慢。

（四）收腹举腿（图 3－34）

图 3－34

主要锻炼肌肉：腹直肌。

动作要领：坐在凳的端面，臀部稍露出凳面，两手扶在身后凳边，两腿下垂于体前，两脚离地，上体稍向后靠，两腿屈膝上举，同时躯干做向前收腹，稍停后慢慢伸腿展体还原。

（五）悬垂屈膝举腿（图略）

主要锻炼肌肉：腹直肌特别是腹直肌下部。

动作要领：两手与肩同宽正握单杠（或肋木），两腿并拢，身体悬垂，然后两腿屈膝向上收腹，使大腿靠近胸部，接着慢慢放腿还原。

（六）负重体侧屈（图 3－35）

图 3－35

主要锻炼肌肉：腹外斜肌，腹内斜肌，也包括腹直肌群。

动作要领：手握哑铃，另一手置于头后，两脚自然开立，然后上体向左（右）两侧弯曲至不能弯曲时为止，左右手交替练习。

动作要点：侧体时不要向前或后仰，练习次数要高。

提示：也可肩负杠铃做体侧屈，或肩负杠铃做左右转体练习也同样锻炼这一肌群。

（七）侧卧举腿（图 3－36）

图 3－36

主要锻炼肌肉：腹外斜肌、腹内斜肌。

动作要领：侧身卧地，两脚并拢伸直，脚踝上绑重物，然后直腿向上举起至于地面垂直为止，稍停后慢慢放下还原，左右腿交替练习。

（八）单屈膝仰卧转体起坐（图 3－37）

图 3－37

主要锻炼肌肉：整个腰腹部肌群。

动作要领：仰卧在地上或垫子上，两脚并拢伸直，两手互抱于头后，左（右）腿屈膝向上体靠近的同时两肩离地，上体向上弯起并向左（右）侧转体，以左（右）上臂外侧触及左（右）外膝侧，稍停后放腿至上体还原，左右交替练习。

健 美

 知识拓展

生理解剖与健美锻炼知识的结合,是健美训练的最基本方式方法,同时训练中还要结合许多相关的学科知识,如运动医学、运动生化、音乐、体育美学、人类遗传学、营养学等。

 学以致用

1. 颈肩部的主要锻炼方法和技术要点。
2. 胸部的主要锻炼方法和技术要点。
3. 背部的主要锻炼方法和技术要点。
4. 臂部的主要锻炼方法和技术要点。
5. 腿部的主要锻炼方法和技术要点。
6. 腰腹部的主要锻炼方法和技术要点。

第四章　健美运动基本训练理论

应知导航

　　本章介绍了健美运动训练计划,健美运动各级水平的训练,韦德健美锻炼原则,健美训练的疲劳与恢复,这些基本的训练理论,在训练中都是很实用的,锻炼者须理解领会,只有这样,才能达到事半功倍的效果。

第一节　健美运动训练计划

一、训练计划的划分

　　系统周密地制订训练计划是训练工作中不可缺少的重要环节,要想通过训练获得理想的成果,必须经过多年努力的训练过程。训练中要不断地探索,认识训练实践的规律,总结经验和教训,及时改进训练工作,不断提高训练效果,增强训练工作的科学性。训练计划的划分包括:多年、全年、阶段、周和课训练计划五种,五种计划是相互有机联系的。

　　(一)多年训练计划

　　运动员要获得理想的成绩,必须经过多年系统严格的训练,这是多年训练计划的依据,也是培养优秀运动员的重要保证。多年训练计划是训练工作的远景规划,不可能定得十分具体,主要是在思想作风,发展肌肉、竞赛动作的技术训练及基本素质等方面发展的总设想、总目标、总任务和每年的要求,要根据健美运动的发展规律和国内外健美发展动态、趋势以及物质条件等来进行。由于训练对象、训练目标和训练年限的不同,大致分为两种,一种是初级运动员培养的远景规划。一种是为优秀运动员参加重大比赛而制订的多年计划。这两种多年训练计划都应包括这样的内容。

1. 运动员基本情况分析：运动员训练的起始状态是运动训练过程的出发点,对起始状态的各种基本情况要进行具体分析和测定,只有情况明晰,才能有的放矢,制订出符合运动员实际的训练计划。

2. 训练目标和任务：根据健美运动的训练特点一般划分为三个阶段,多年训练计划的目标和任务,可参照以下的阶段划分来制订。

(1)初级阶段：此阶段的具体目标和任务是培养刚刚从事健美训练的运动员,培养他们对训练的兴趣与爱好,养成严格要求自己的习惯。全面掌握如何发达肌肉的动作技术和训练方法,学会各种器械使用的方法,训练以全面发展身体各部肌群为重点,动作要求规范化,对训练的效果应有定期的体格测量,并作为计划进行考核和检查。这一阶段适宜于一般大学生进行学习,锻炼健美的阶段。

(2)中级阶段：此阶段的具体目标和任务培养运动员树立荣誉感,贯彻严格训练、严格要求的训练方针,注重思想品质和职业道德的教育,以及培养运动员顽强刻苦训练的进取精神。训练以发达肌肉为主,掌握多种多样的组合训练手段,重视肌肉的力量、耐力、协调性方面的训练,自由造型和规定动作的竞赛动作练习应贯彻到训练计划之中,对训练的效果则以参加省市比赛等作为对训练的考核和检查。

(3)高级阶段：此阶段的具体目标和任务是不断提高运动训练水平,进一步发挥运动员的潜在能力,调动一切积极因素,树立攀登顶峰的信念,及为祖国争光不断进取精神。要从实际出发,既要通过各种训练手段,促使肌肉的进一步发达,又要考虑因参加重大比赛,合理安排赛前训练。如训练强度与次数的变化,有氧和无氧的训练变化,饮食与控制体重,饮食与降脂等诸方面变化。规定动作,自由造型安排比例增加,是此阶段训练的主要特征之一。对训练的效果则以参加全国比赛或国际比赛作为对训练的考核和检查。

3. 完成任务和指标的基本途经和主要措施。

4. 各种训练内容和运动量的大致安排：对三个阶段不同的目标和任务,在发展肌肉的训练,规定动作、自由造型的训练,舞蹈、形体的训练,心理训练和恢复训练,以及运动量安排上有一个大致的体现。

5. 遵循运动训练的客观规律：多年训练计划必须符合运动训练客观规律的要求,包括训练计划的连续性与阶段性,机体在承受负荷情况,运动能力的可变性,组织训练过程中个人与集体的制约性,以及训练过程的多变性、可控性和训练模式多样性等。遵循这些规律,在训练中早发现问题,及时采取措施进行修正,使训练向既定的方向发展。

(二)全年训练计划

全年训练计划是根据多年训练计划中所规定出年度任务和指标等内容以及大的比赛任务来制订,其主要内容如下。

1. 总结与分析

上一年度简要回顾,训练工作的进展情况,存在问题以及解决问题的措施与方法。

运动员的基本情况,如年龄、健康状况、家庭情况、性格特征及思想表现等。运动员的身体素质情况,如各部位肌肉围度的测量,各肌肉承担最大负荷量的测定,柔韧、协调、耐力等进行记录。技术情况,如对动作掌握及采用过什么训练方法等各项训练的基本手段,要求与措施,以及全年训练的基本任务。

2. 训练周期的划分

一般根据竞赛计划进行划分,即一个重大竞赛为一个周期,一般一年两个周期,每个周期分为准备期、基本期和竞赛期。

(1)准备期:主要任务是全面提高运动员的身体素质,提高承受运动量的能力,全面发展身体素质,改进基本技术。时间约1个月,训练内容以恢复体力和适应性训练为主,增加一般身体素质训练的比例,调整思想情绪为进入基本期训练创造氛围。运动量是负荷量和强度均逐渐增加。

(2)基本期:主要任务是实施专项训练,负荷量和强度呈上升趋势,提高机体承受负荷的能力,增加肌肉耐力训练和规定动作训练。时间约3个半月,训练内容为发达大肌肉的块状和小肌肉的隆起,采用中大强度的训练,加大肌肉的刺激深度,突破负荷量,使机体在承受负荷量方面上一档次,规定动作训练贯彻在课堂训练中,提高肌肉耐力以适应比赛需要。运动量是在增加负荷量的基础上增加强度。

(3)竞赛期:主要任务是继续提高专项训练水平和巩固熟练规定动作,以及编排自由造型,调整心理状态,为比赛做好充分的思想准备,参加比赛,创造优异运动成绩。时间为1个半月,1个月为赛前各种训练准备工作,半个月为比赛期。训练内容以拉线条增强肌肉的清晰度为主,增加规定动作和自由造型训练比例。运动量是负荷量逐渐减少,以保证充分的体力和精力投入比赛。

(三)阶段训练计划

根据全年训练计划而采用周期安排,在一个周期中每个阶段训练时间仅6个月,通常就可以用6个月的时间作为阶段来制定阶段训练计划。制订阶段训练计划时,应考虑全年训练计划中对该阶段的各项要求和安排,结合训练任务,内容、手段、时间和运动量等,进一步具体落实到阶段训练中。其中重要内容之一就是运动量节奏,通常可以采用一周大,一周小的节奏安排,训练水平高,承受能力强的运动员,也可采用两周大,一周小或一大、一中、一小的节奏来安排。

(四)周训练计划

周训练计划是以阶段训练计划为依据,结合训练实际情况来制订,其内容为:

1. 任务和要求:应把阶段任务具体化,如错误动作的纠正,熟练掌握某一技术动作,注重某块肌肉或某部位肌肉群的训练等。

2. 训练内容:根据任务的要求,选择最佳或有效的动作来发达各部位肌肉,突出负荷量或强度,规定动作和自由造型。

3. 训练次数：应按照运动员的训练水平和机体所承受负荷量而定。初级训练每周 3 次，可在周一、周三、周五或周二、周四、周六隔天训练，中级训练每周 4～5 次，可在周一、周三、周五、周六或周一、周二、周三、周五、周六训练，高水平训练每周 9～12 次，可在周一、周三、周五上下午和周二、周四、周六下午或除周日外，每天上下午训练。不同训练层次对训练次数要求应有所不同，可按现有的训练水平，恢复和营养诸多因素及实际训练效果而定。

4. 运动量安排：周运动量节奏是因人而异的，运动员应在训练实践中去摸索适合自己的运动量节奏，切忌单纯追求运动量节奏或负荷量与强度，而忽视训练的实际效果，因为训练的最终追求是效果而不是节奏、量和强度。

（五）课训练计划

课训练计划是按照周训练计划所规定的任务、内容和运动量而制订的，要求定得十分具体，一般包括下列几点：

1. 任务和要求：将周训练计划中所规定的任务和要求，再进一步分配和落实到每次训练课中，应与课的内容及运动员的实际紧密联系，保持一致。

2. 训练内容：训练内容的选择和安排是制订课训练计划的主要工作之一，选择内容应根据任务的需要和运动员的实际出发，有的放矢。安排内容的原则是：主要肌肉块或肌群在前，次要肌肉块或肌群在后；大肌肉块在前，小肌肉块在后；对初级训练水平则应先上肢后下肢再腹部；先屈肌后伸肌；对中、高级训练水平者则视训练部位而定。

3. 训练方法：一次课的动作顺序安排好以后，就要选择每个动作的训练方法，即具体规定每个动作的训练重量、组数和次数等。

第二节 健美运动各级水平的训练

一、初级水平（0～6 个月）的训练

对初学者来说，在一开始训练就必须准确地引导，使初学者在这个阶段能达到预定的训练效果和提高对训练的信心。

（一）介绍健美运动的基本知识

对初学者而言，主要可介绍健美运动对人体健康有哪些好处；怎样使用各种健身器械；每周训练几次、怎样选择试举重量和试举次数；怎样掌握循序渐进的训练原则和避免训练过度；健美训练的六条基本技术原则；初练时肌肉会产生什么反应和产生酸痛的原因；肌肉增长的规律和恢复的重要性；准确的饮食、合理的营养和充足睡眠的重要性。

（二）做好训练前后的原始记录工作

这一阶段的工作主要有：称量体重（穿运动短裤）；用软皮尺测量全身各部位的体围；

拍一张穿着运动短裤的体形照片;对肥胖者,做好测脂记录;每隔一个月或三个月进行复测并把数据详细地记录下来。

（三）初级训练水平课程的编制原则

1. 每星期锻炼三次,隔天练一次(周一、周三、周五或周二、周四、周六),不多练也不少练。

2. 每次训练不超过 60 分钟,第一个月每次练 30～45 分钟。

3. 采用二分化或三分化的训练课程。每次应包括各大、小肌肉群,采用不同训练动作。

4. 每个部位选择一个动作。每个动作 1～2 组,不超过 3 组,每组间歇 1～2 分钟。

5. 每次训练课,包括锻炼不同部位的主要肌肉群 10～15 个动作,综合组数不超过 30 组,第一个月一般为 15～20 组,第二个月适当增加些。

二、中级水平(6 个月～1 年)的训练

经过六个月的初级水平训练后,一定会感到体格上起了很大的变化。不但是全身肌肉块隆起,体力明显的增长和体质大大增强,在同伴面前一定会刮目相看,但往往由于求胜心切,操之过急,为了加速训练效果,就误认为肌肉练得越多,长进就越快。因此,就盲目地增加训练动作和训练组数,无节制地加大运动量,增加训练天数和次数,以及采取延长训练时间等方法,结果引起训练过度或受伤。所以,必须了解人体生理生化的特点和肌肉增长的规律,训练强度和运动量必须严格按照科学训练的要求,如何配合补充一定的营养素,如何调整好二次训练之间的休息和采取合适的恢复手段。因此,必须控制训练热情,要按照教学进度,循序渐进地提高训练强度和运动量,才能取得理想的训练效果。

中级水平训练课程的编制原则:

1. 每星期的训练可由三次增加到四次,即训练四天,休息三天。

2. 采用四天双分化的周间循环训练,即周一、周四(或周二、周五)练课程一和周二、周五(或周三、周六)练课程二。

3. 双分化的训练划分,可根据各人安排采用:以肌肉用力特点的"推"和"拉"的动作划分;以"上身"和"下身"的训练动作划分或以"躯干"和"四肢"的训练动作划分等。

4. 每次训练课大肌肉群安排三个动作,包括训练不同部位的双关节与单关节的训练动作,每个动作不超过 4 组,一般为 3 组。小肌肉群二个或三个动作,每个动作一般为 3 组。每次训练课安排 12～14 个动作,综合组数一般为 36～38 组,最多不超过 40 组,训练时间一般不超过 1 个半小时。

三、高级水平(1 年以上)的训练

经过一年系统的科学训练后,体格已经具有一般健美体形的水平。如果要获得较高水平,参加比赛或获得冠军的体格,一般至少还要 3～5 年的刻苦训练。

（一）对高级水平健美运动员的要求

当你达到高级水平以后，还有一个较长时期的过程，一般少则 2～3 年，多则 5～6 年或更长些，不是每个高级水平都能达到冠军水平的体格，但至少能达到超乎常人的健美身材，如果要达到冠军水平的体格，还必须具有下述基本要求：

1. 具有良好的基因条件。包括肌肉组织的数量和分布状况；体内白肌纤维和混合肌纤维的数量；肌内腹长度和肌肉的形态；骨骼的比例生长情况；脂肪含量的数量和分布以及先天的遗传基因等。

2. 根据个人的体格和肌肉发达程度，制定出符合个人的特殊训练课程，加强重点发展和克服薄弱部位的训练。

3. 为了不断提高训练水平，要掌握个人实际情况的运动量，防止训练过度。

4. 为了保证肌肉不断的增长，必须提供足够的营养，以及合理的摄入和补充所必须的运动营养品。

5. 要使训练水平达到巅峰状态，还必须进行严格的心理训练和具有坚定地达到预定目标的信心。

（二）高级水平训练课程的编制原则

1. 达到高级水平后，每星期的训练一般有四天、五天或六天。在两次训练课之间，必须保证使局部位肌肉群有 72～100 小时的休息和恢复。因此，在每星期中练几次，则根据个人的具体情况。有些达到高级水平的体格后，由于工作较忙无法安排更多的训练时间或不要求参加比赛，或只想保持原有的体格水平，那么每星期可以仍保持训练三～四天的分化训练课。

2. 高级水平以后的分化训练有下述几种方案：

（1）四天双分化：每星期练四天，休息三天，采取练二天，休息一天的周间循环训练。

（2）三天三分化：即练三天，休息一天的循环训练。

（3）四天四分化：即练四天，休息一天的循环训练。

（4）五天三分化：每星期练五天，练三天，休息一天，再练二天，再休息一天的周间循环训练。

（5）六天三分化：即练六天，休息一天的循环训练。

（6）三天、四天或六天的分化分上、下午练，在三种分化方案中，把各部位分别安排在上、下午的循环训练。

3. 每次训练哪几个部位的肌肉群，应根据分化方案的要求。一般每次训练课安排 2～4 个部位（包括大、小肌肉群）。每个部位安排 3～4 个锻炼不同部位的训练动作，每个动作安排 3～4 组，不超过 5 组（暖身活动组不计算在内）。

4. 每次训练课，应根据训练的部位来安排训练动作，一般一次训练课安排 10～12 个动作，每个部位的总组数在 12～16 组，最多不超过 20 组。每次训练课一般在 1 个半小时左右,不超过 2 个小时。

5. 每星期在训练后安排 3～4 天的有氧训练,重点减缩皮下脂肪,每次 30～45 分钟。

第三节　韦德健美锻炼原则

健美运动自尤金·山道创造了肌肉发达法以后,从 19 世纪末到 20 世纪 30 年代,在锻炼方法上一直没有什么大的改变和进展。

20 世纪 40 年代开始,以约翰·格列密克和斯蒂伍·利伍斯为代表的健美体格,反映了锻炼方法上有所突破和改革。他们推行每周全身各部位肌肉群都锻炼 3 次,每个肌肉部位的每一动作练 3～4 组,每组练 10 次。由于这个锻炼原则只是一个统一的模式,它不能适应不同的锻炼水平、不同部位肌肉群和不同锻炼周期中的要求。

20 世纪 50～70 年代,乔·韦德开始大胆探索,在一些不同年龄的男运动员中进行实践,取得了初步成果。之后,在乔·韦德的亲自指导下,大批世界健美巨星涌现出来。如:拉赖·斯高特,塞奇奥·奥列伐,罗·弗列格诺和阿诺德·施瓦辛格等。通过大量获得成功的健美冠军和几百万男女青年的实践中,逐渐形成了他独特的锻炼理论。

20 世纪 80 年代开始,"韦德健美锻炼原则"经过几十年的实践所形成的比较完整的健美科学锻炼技术,逐渐被世界所公认。编写的一系列健美术语,也逐渐被大家采用。这些原则深入世界各国健美运动员的锻炼中,从初级、中级、高级直到参加比赛的男女运动员及大多数的健美冠军,都采用韦德锻炼原则,这些锻炼原则已成为科学健美锻炼方法的灵魂和指南。

一、韦德锻炼原则的应用

健美锻炼原则是在总结与概括实践经验的基础上,归纳与升华的科学理论,是进行健美锻炼必须遵循的法则。

所有韦德锻炼原则都不能孤立地来看待,它必须依据不同的锻炼水平、不同的锻炼阶段、不同的锻炼动作和不同的锻炼周期有选择的采用,并结合锻炼动作和锻炼内容来综合运用。因此,它是提高健美锻炼效果必不可少的技术锻炼原则。

健美锻炼者为什么必须学习韦德锻炼原则?因为只有合理地运用锻炼原则和寻求最合适的锻炼课程,才能使你的体力和肌肉增长得更快。对每一个健美锻炼者来说,一开始锻炼就必须严格地按照技术要求和锻炼原则进行,只有这样才能取得理想的锻炼效果。当然,艰苦的锻炼是必要的,但只是埋头锻炼也是不够的,还必须合理地运用韦德健美锻炼原则,否则就有可能引起锻炼过度,造成损伤。

二、韦德健美锻炼原则的内容

（一）初级水平应遵循的原则

1. 渐增负荷锻炼原则

为了增强肌肉体积，必须逐渐增加运动负荷，它包括：重量、组数、次数、间歇时间。不仅要采用越来越重的重量，还有增加锻炼的组数和每周的锻炼次数，并缩短间歇时间。只有增加运动负荷，才能获得"超补偿"的结果，从而使肌肉群更快地增长。

2. 多组数锻炼原则

每一个动作都只是在练习 3～4 组时，才能使肌肉群得到应有的锻炼。

3. 孤立锻炼原则

在锻炼课程中，要求合理地将基本动作和孤立动作组合在一起进行锻炼，也就是把增加肌肉块和肌肉线条的锻炼动作结合起来，只有这样才会取得最好的锻炼效果。

健美锻炼的每一个动作，要求最大限度地集中主动肌用力，并尽可能避免其他肌肉群协同用力，使主动肌在整个动作过程中单独承受刺激，达到集中刺激的效果。

例如：锻炼胸大肌的最佳动作——平卧推举，由于它是基本动作，在锻炼时会引起三角肌前束和上臂肱三头肌的协同参与用力，在进行大重量练习时，腰背和腿也会产生助力。仰卧飞鸟同样也是锻炼胸大肌的动作，由于它是孤立动作，为了使手臂保持一定的弯曲度，能更好地集中胸大肌的张紧力，进行全过程的收缩和伸展。

4. 肌肉混淆锻炼原则

如果长时间使用一成不变的锻炼课程，肌肉就会产生厌倦的感觉，影响继续增长。为了使肌肉群持续地和完整地发展，必须定期或经常（一般 3 个月左右）地调整锻炼课程或锻炼动作。包括：经常采用变换不同的锻炼动作，改变握距、握位、体位或两脚的位置，变换不同的锻炼强度，包括轻、重量的交替；大重量的低次数和轻重量的高次数交替等。

5. 助力次数锻炼原则

在试举过程中，最后不能再以准确的技术动作完成动作全过程，这时，可以允许借用自身协同肌群的力量产生一股"助力"来帮助完成最后几次试举。这种"助力"主要是克服动作过程中的"黏住点"，也是一种增加肌肉刺激深度常用的一种锻炼方法。

例如：在做站立弯举时，到最后采用准确的技术动作，肱二头肌已不可能再使杠铃（或哑铃）举起。这时可以借助躯干摆动的助力来完成 2～3 次，直到最后采用"助力"举不起为止。

准确运用"助力次数"锻炼的方法。

（1）运用"助力"的时机

当不能采用准确的技术动作来完成最后一次试举时，才允许运用身体其他部位肌群的协同助力来完成最后的 2～3 次。

（2）"助力"的准确运用

"助力次数"只能采用最小的"助力"来帮助完成动作的全过程,这种"助力"只是为克服"黏住点"而增加的一点点力量。

注意:在运用这条原则时,必须将相关的锻炼原则结合起来使用。当把重量举起到"顶峰收缩"位后,应使用"消极用力",这种"反重力锻炼"能使肌肉受到更强烈的刺激。

（3）可以采用"助力锻炼"的主要动作

各种弯举,臂屈伸,划船和不同体位的侧、前平举等,都可以运用"助力次数"锻炼。若关节部位有酸痛或受伤,则不宜采用"助力锻炼"。

6. 顶峰收缩锻炼原则

当肌肉从伸展到收缩"顶点"位置时,肌肉处于完全收缩状态,称为"顶峰收缩"位。为了控制并保持这个"顶峰收缩"位,应稍停1～2秒钟,这时肌肉要感到收缩得越紧越好。

例如:

（1）哑铃弯举,肱二头肌处于"顶峰收缩"时的位置。

（2）坐姿腿屈伸,两腿伸直处于"顶峰收缩"位时。股四头肌处于完全收缩状态,并控制稍停留。

（3）哑铃仰卧推举,哑铃由两肩外侧向上推起至哑铃位于胸部中央上方时,胸大肌处于"顶峰收缩"位。

7. 优先锻炼原则

锻炼时,在精力最充沛时练最想发展的部位。也就是说,把身体上最薄弱的部位或相对较薄弱的部位,安排在每次课的最前面。因为在开始锻炼时体力最旺盛,精力最充沛,能承受最大的锻炼强度,并且有足够的锻炼时间。每个人在体格上都有相对的薄弱部位,优先锻炼不但对每个人,即使是健美冠军也是适用的。

8. 预热锻炼原则

它是一种使局部肌群和关节在"预热"的情况下,使之能逐步适应超负荷的锻炼。一般为:先做孤立动作进行"预热",接着再做基本动作的混合锻炼。

例如:在进行胸大肌的"仰卧推举"练习时,先做"平卧飞鸟"进行预热,然后再做"仰卧推举"。

（二）中高级水平时应遵循的锻炼原则

1. 锥形加重锻炼原则

为了取得良好的效果,避免受伤,常采用此方法。这是一种逐渐增加试举重量,而试举次数相对减少的加重方法。即每个动作在开始时为暖身活动,然后再逐组增加试举重量,直到最高重量后再减少下来。这种加重方法像一个"梯形"或"锥形"。下面例举逐组增加重量后上、下肢体能完成的不同次数,见表4－1。

表 4-1   逐组增加重量后上、下肢体能完成的不同次数

组 数	最高重量能举一次的百分比%	上体各部位完成的次数	腿部完成的次数
1	40(暖身活动组)	15	20
2	50	12	16
3	60	10	14
4	70	8	12
5	80	6～8	10
6	50	12	16

2. 双组合锻炼原则

把两个相对肌群(主动肌与对抗肌)结合在一切锻炼的方法。

例如:把锻炼肱二头肌的弯举与锻炼肱三头肌的臂屈伸结合起来练习,即把一组对抗肌群(如:肱二头肌、肱三头肌等)轮流练习,每个动作练一组,在组与组之间只允许有短时间的休息或不休息。

3. 复合组锻炼原则

为了锻炼同一部位的肌肉,把两个相同肌肉群的动作,在一个连续组内进行循环练习,使该局部位肌肉群在还没有恢复时,即连续地进行超强度刺激。

例如:在锻炼肱二头肌时,先做一组杠铃弯举,马上再做一组斜坐哑铃弯举。

同样的练习还有:

胸(中部):平卧推举→仰卧飞鸟

肩(中束):颈后推举→侧平举

背(上部):宽握颈后引体向上→宽握颈后下拉

背(中部):宽握杠铃划船→宽握坐姿拉力器划船

肱二头肌:交替哑铃弯举→俯坐弯举

肱三头肌:仰卧臂屈伸→站立拉力器下压

腹:搁腿仰卧弯起→仰卧屈膝收腹

股四头肌:腿举→哑铃剪蹲

股四头肌:颈后深蹲→腿屈伸

小腿:架上举踵→坐姿举踵

4. 多组合锻炼原则

是对同一部位的 4～6 个不同动作,在一个连续组内进行循环练习,每个动作之间只有很少或没有间隙,它能使局部位肌肉群获得全面完整的发展。

注:"多组合锻炼"可安排相同肌群或相对肌群的锻炼。多组合锻炼身体各部位的每组锻炼次数如下安排:胸 9～12 次,背 10～15 次,肩 12～15 次,肱二头 9～12 次,肱三头

12～20 次,股四头 10～15 次,小腿 10～20 次。一般在第二或第三组的循环锻炼后,你会感到这两个部位的肌肉群已有"发胀"的感觉。如果没有这种反应或反应不强烈,说明你还需提高锻炼强度,重量要再加重些,相对次数再少些,或者是重量减轻些,相对次数增加些或者是两个动作之间的间歇缩短些。

例如:相同肌群的多组合锻炼课例:

胸:仰卧推举→上斜飞鸟→双杠双臂屈伸→站立拉力器夹胸

背:俯立杠铃划船→坐姿颈后下拉→单手哑铃划船→坐姿拉力器划船

肩:坐姿颈后推举→侧平举→直立提拉→俯坐侧平举

腿:颈后深蹲→肩托深蹲→上斜腿举→俯卧腿弯举

相对肌群的多组合锻炼课例:

股四头→股二头;上斜腿举→俯卧腿弯举

胸→背;上斜杠铃卧推→宽握颈后下拉

肱二头→肱三头;站立杠铃弯举→窄握卧推

腹→下背;搁腿仰卧弯起→俯卧挺身

5. 优质锻炼原则

优质锻炼是一种高级水平的锻炼技术,主要在参加比赛运动员的赛前锻炼周期中采用。它是在规定的组数内,逐渐减少组与组之间的间歇,以达到减缩多余脂肪和增进肌肉的线条。对一般高级水平者的平时锻炼周期中,采用这种优质锻炼,能帮助减缩脂肪和增长肌肉块。

采用优质锻炼,还必须配合调整饮食制度和增加有氧锻炼。对参加比赛的运动员来说,

一般在赛前 8～12 周即进入赛前锻炼周期的优质锻炼阶段,"优质"分化锻炼课范例见表 4－2。

表 4－2 "优质"分化锻炼课范例

天数	一周练三天	一周练四天	一周练六天
1	腿、肩	腿	背、肱二头
2	休息	胸、肱三头	胸、肱三头
3	胸、肱三头	休息	腿、肩
4	休息	背、肱二头	休息
5	背、肱二头	肩	背、肱三头
6	休息	休息	胸、肱三头
7	休息	休息	腿、肩

（1）每个部位安排一个动作，每个动作练3组，每组练10次。

（2）每个部位的三个动作，分别安排一个用杠铃，一个用哑铃，还有一个用机械。

例：胸部锻炼，采用杠铃的"平卧推举"、哑铃的"上斜卧推"和机械练习"坐姿夹胸飞鸟"。

（3）每周练三天或四天的锻炼课范例中，每个部位练一次。每周练六天的锻炼课范例中，每个部位练二次。但是六天中的每两次锻炼，各部位的锻炼应更换不同动作。

（4）每次锻炼40～60分钟。腹部、前臂和小腿分别任意安排。

6. 反重力锻炼原则

这是一种"消极用力"技术。当肌肉处于"顶峰收缩"位后，放下重量还原时，要使肌肉（主动肌）产生最大张紧力，以抵住重量所产生重力向下的作用力。它可以增强肌肉的结缔组织，加深肌肉的刺激深度，是帮助更快地增长体力和肌肉块的锻炼方法。

7. 发胀锻炼原则

它是在采用正常的技术动作到最后一组的最后一次试举后，再继续做几次短促而不完全的局部次数锻炼，能使额外的血液输入到正在活动的肌肉中去，从而使肌肉产生极度的酸胀感。健美锻炼中有一句俗语："没有酸痛，就不会有增长"（No Pain，No Gain）。

从生理生化的角度来讲，这些额外不完全的局部次数和超量次数，使肌肉中输入更多的血液和产生更多的乳酸，它使肌肉细胞引起膨胀和毛细管获得增生，它有助于增大肌肉围度和血管增粗。

8. 停息锻炼原则

它是在采用一定重量试举的全过程中，用不同的间歇时间来完成一个长组中的规定次数。它能使每个单组中都能举起一个接近最大强度的重量，它是一个既能增长体力，又能增大肌肉块的锻炼技术。

几种不同锻炼强度的停息锻炼方案。

（1）基本"停息"锻炼组合

A．充分的暖身活动。

B．采用一个重量极限举3次的重量：第1组做2～3次。

C．休息30～45秒钟。

D．第2组做2～3次。

E．休息45～60秒钟。

F．第3组做2次。

G．休息60～90秒钟。

H．最后一组做1～2次。在一个长组中举7～10次，都是接近最大强度。

（2）超强度"停息"锻炼组合

A．做好充分的暖身活动。

Ｂ．采用的重量是最大强度的 100% 。第 1 组做 1 次。

Ｃ．休息 40～60 秒钟。

Ｄ．第 2 组减少最高重量的 2‰ 或再多些，做 1 次。

Ｅ．休息 30～90 秒钟。

Ｆ．第 3 组再减少 2‰ ，做 1 次，这样连续地逐组减少 2‰ ，各做 1 次，完成一个长组 8～10 次。

Ｇ．再休息 60～90 秒钟，再减少 2‰ ，做 1 次，这样连续地逐组减少 2‰ ，各做 1 次，完成一个长组的 8～10 次。

（3）一般强度的"停息"锻炼组合：

Ａ．在一个长组中连续做 5 个单组，采用 80% ～90% 的重量，每组举 2～5 次。

Ｂ．在一个长组中连续做 4 个单组，采用 70% ～80% 的重量，每组举 5～8 次。

Ｃ．在一个长组中连续做 4～5 个单组，采用 60% ～70% 的重量，每组举 8～12 次。大强度的停息锻炼，一般每星期一次，每次安排 1～2 块肌肉群。

9. 逐降组数锻炼原则

在一个连续的长组锻炼中，逐组减轻试举重量和强度的锻炼方法。在逐组减轻重量时，以最短的间歇进行连续组的极限试举，达到局部位肌肉群充分"发胀"。

例如：在进行"仰卧推举"锻炼时，第一组采用 50kg 的杠铃重量，举 8～10 次，即取走 10% ～20% 重量，举 6～8 次；最后再取走 10% ～20% 的重量，举到最后力竭为止。这种"逐降组数"的锻炼技术，每周每个部位可安排一次锻炼在最后一组中。

10. 综合锻炼原则

在不同的锻炼动作中，采用不同的重量、不同的次数、不同的锻炼强度进行综合锻炼，它是增长肌肉块最有效的锻炼方法之一。大重量、少次数、快速的锻炼动作，能充分发挥白肌纤维的性能。它对刺激肌纤维、增大肌肉块效果较好。小重量、高次数和较持久的锻炼动作，能充分发挥红肌纤维性能的作用，它对肌耐力的锻炼能起良好的作用。这种大重量、少次数和小重量、高次数的综合锻炼能使肌肉结缔组织获得全面的发展。实践证明，肌肉细胞在不同的动作和不同的强度刺激下，对蛋白质和热能的反应都不一样。例如：

（1）大重量、少次数、强刺激的"深蹲"动作和中等重要、多次数、孤立刺激的"腿屈伸"的综合锻炼。

（2）三组合的综合锻炼："上斜腿举"大重量、少次数 6～8 次→"肩托深蹲"中等重量，中等次数 12～15 次→"腿屈伸"的小重量、多次数 30～40 次，做 4 组。

11. 兼顾锻炼原则

把增长肌肉块和增进肌肉线条的锻炼，双关节的锻炼，大重量和轻重量的锻炼，杠铃、哑铃、机械的和拉力器的锻炼等在一次锻炼课中刺激同一肌肉群，这种采用各种锻炼

方法使肌肉群受到新的刺激,以改变肌肉长进缓慢或停滞不进的现象。例如:锻炼胸大肌的课例:

上斜杠铃卧推:4组×6～8次;哑铃仰卧推举:3组×10～12次;坐姿夹胸飞鸟;3组×15次。

12. 快速锻炼原则

"快速锻炼"也称为"补偿加速锻炼",它是一种很有效的增长力量和肌肉块的锻炼方法。要求上举动作要加速用力,这种快速用力能充分发挥白肌纤维的性能。这种爆发性的快速上举动作,在思想上和上举动作一致时尽快地举上去。尤其是在双关节动作中,不管是采用杠铃、哑铃或机械上进行锻炼,都要求加快上举的速度。但是这种"补偿加速锻炼"技术,必须使动作做得尽量准确,不准有借力,跳跃或任何摆动,在动作全过程中,要控制着重量。

13. 交叉组锻炼原则

它是把大肌肉群和需要加强发展的小肌肉群进行交叉锻炼。例如:在练胸大肌时将小腿肌群结合在一起做交叉锻炼。即先做一组卧推,紧接着再做一组举踵,这样多组的循环锻炼。

14. 变换角度锻炼原则

在锻炼采用不同的角度和体位的变化,以使各部位肌肉群获得全面发展。例如:胸大肌只有一个单独的连接点,它必须改变躯干的位置,采用"上斜"、"平卧"和"下斜"的不同体位,使胸大肌的上、中、下部的整块肌肉群获得全面完整的发展。

又如:为了完整地发展背部肌群,采用不同的"宽握"和"窄握"和变换拉引的角度,使背部的斜方肌、大圆肌、小圆肌、岗下肌、菱形肌等肌肉块和肌肉线条都获得全面发展。

又如:在不同方式的腿举中,可变换两脚的位置,上、下、左、右或平行、分开等都会引起股骨屈伸的夹角和位置的变化,使大腿股四头肌的外侧和内侧都能全面完整的发展。

15. 分化锻炼

分化锻炼是把全身各部位肌肉群分成几次或几个部位进行锻炼,只有这样才能使全身各部位肌群有足够的锻炼时间,充分的恢复时间和匀称的发展。分化锻炼有以下一些。

(1) 二天分化

第一天:上身;

第二天:下身;

第三天:休息;

第四天:重复循环。

(2) 三天分化

第一天:胸、肩、肱三头;

第二天:背、肱二头、前臂。

第三天：股四头,股二头；

第四天：休息；

第五天：重复循环。

注：每隔八天,全身各部位轮流锻炼两次,每个部位每次锻炼 25～30 分钟。

（3）三天二分化

第一天：(上午)胸(晚)肩、肱三头。

第二天：(上午)背(晚)肱二头、前臂。

第三天：(上午)股四头(晚)股二头。

第四天：休息；

第五天；重复循环。

注：在一天中的第二次锻炼至少在 5 个小时以后进行。

（4）四天二分化

第一天：(上午)胸(晚)肱二头。

第二天：(上午)背(晚)肱三头。

第三天：(上午)股四头(晚)前臂。

第四天：(上午)股二头(晚)肩。

第五天：休息；

第六天：重复循环。

注：每隔十天,全身各部位轮流锻炼两次。

（5）三天三分化

第一天：(上午)胸(下午)腹(晚)前臂。

第二天：(上午)股二头(下午)背(晚)小腿。

第三天：(上午)肱二头(下午)肱三头(晚上)股四头。

第四天：休息。

注：一天中分上、下午和晚上三次分别进行锻炼,每次锻炼不超过 25 分钟,这种分化锻炼强度较大,较少采用。各种方式的"分化锻炼"方案,是根据每个人的锻炼水平、锻炼条件、营养的分配和恢复的条件,并根据自我感觉的反应来选择的。

第四节 健美训练的疲劳与恢复

健美训练时人体必然产生疲劳,没有疲劳就没有训练效果。疲劳是一种生理现象,也是承载了训练负荷的标志。当前健美运动成绩越来越接近人体的生物极限,负荷强度越来越大,疲劳程度也就越深。恢复过程是指身体在健美训练负荷后使消耗的物质得以恢复,代谢紊乱重新调整到正常状态,提高人体对健美训练负荷适应能力的过程。因此,恢复期是真正获得健美训练效果,身体机能得到提高的阶段。健美教师、教练员和运动员应当掌握好疲劳的程度和其后的恢复过程,加速体力的恢复和疲劳的消除,以不断提高健美训练的效益。

一、"健美训练疲劳"的概念

健美训练疲劳是指在健美训练过程中,训练本身引起机体工作能力降低而难以维持运动输出功率的需要,但经过适当的休息后又可以恢复的现象。从运动生物化学方面看来,一是训练时能量体系输出的最大功率下降;二是肌肉力量下降或内脏器官功能下降而不能维持训练强度。因此,健美训练疲劳表现出"显性"和"隐性"两大特征。

二、"显性疲劳"的产生原因

健美训练带来的肌肉疲劳属运动性疲劳,这种疲劳被专家认为是肌肉:"不能产生所要求的或预想的收缩力"和"丧失保持所需或所期望的输出的功率。"

肌肉活动时能量的直接来源是 ATP,ATP 是体内最重要的高能化合物,从 ATP 裂解成 ADP 和磷酸,同时释放能量,这是供肌肉收缩的能量来源。ATP(三磷酸腺苷)仅能维持短时间的运动,ATP 被明显消耗后,CP(磷酸肌酸)是贮存在细胞内供 ADP 再合成为 ATP 的能量物质。ATP 和 CP 的能量系统的重要性不在于其数量,而在于其快速分解和再合成。

当健美训练时,ATP、CP 被大量消耗时,肌糖元(贮存在肌肉中的能量储备形式,它的含量与人体的运动能力有着密切的关系)便在无氧条件下分解为乳酸参与供能。并在供能过程中产生乳酸在肌肉中。随着训练时间加长,肌糖元也被大量消耗,运动能力下降,是健美训练疲劳的重要原因。肌肉中的乳酸是糖无氧代谢的产物,在肌肉中浓度可增加约 30 倍,形成乳酸堆积,从而使肌肉渗透压增加,增加了肌肉中含水量,使肌肉变得僵硬,弹性伸展性大为下降,使肌肉力量减少。同时由于水分向肌纤维内渗入使肌肉膨胀,物理性压迫了肌肉中的痛觉神经,又产生了肌肉酸痛。随着训练负荷增加,肌肉的僵硬更加明显,酸痛也越来越加重,导致部分肌肉出现痉挛。肌肉的疲劳发展必然出现肌肉僵硬,这种疲劳我们可以称为"显性疲劳"。

三、"隐性疲劳"的产生原因

在健美训练疲劳的发展过程中,中枢神经系统起着主导作用。健美运动员在进行紧张的、激烈的训练和比赛后,从精神到心理都会产生一种疲惫感,在进行一个阶段的大负荷训练后,神经系统亦会出现疲劳。疲劳也是中枢神经系统工作能力下降的标志。

中枢神经系统的最高级部位是大脑皮质,传入的各种信息(包括肢体运动信息)在此做最后的分析与综合,并产生相应的感觉。由骨骼肌收缩实现的人体运动是在它的调节之下完成。当肌肉运动时,大脑皮质神经细胞的消耗加强。虽然,在肌肉工作过程中恢复过程仍不断进行,但依然抵不过消耗量。当消耗量达到一定限度时,皮质细胞的代谢过程就发生障碍而出现疲劳,疲劳又引起抑制加深,从而制止神经细胞的过度消耗。当人体疲劳时,大脑皮质兴奋性降低、抑制过程加深。

当局部或大部分皮质细胞因训练负荷负担过重或时间过长,而消耗神经能量到一定限度时,细胞内部的代谢变化就引起抑制过程的发展。这样皮质细胞的工作强度将减弱,避免神经能量过度消耗,所以,疲劳引起的抑制过程,是对神经细胞的保护。

在健美训练或比赛过分劳累下,大脑皮质细胞抑制过程减弱,恢复过程就会延长,如果没有得到充分的休息和恢复,疲劳就会积累,引起皮质细胞的机能失调,产生过度疲劳。严重时,人体各种机能都会出现失调现象。这种疲劳不像肌肉疲劳表现出肌肉弹性下降,力量减少,收缩速度减慢,运动器官工作能力下降的明显现象。而神经系统出现的疲劳比较隐蔽、深沉,不易很快发现。这种深层的疲劳我们可以称为"隐性疲劳"。

对健美训练后的恢复,有些健美教师、教练员和运动员往往只注意肌肉系统的恢复,而忽略对神经系统的恢复。我们知道,中枢神经系统是人体控制系统,是指挥中心。而肌肉和运动器官是被控制系统。从某种意义上讲,后者的恢复比前者更重要。肌肉疲劳的恢复是短暂的,易于恢复的。即使是肌肉的过度疲劳,出现僵硬,挛缩,甚至局部拉伤都是短时间内可以恢复的。但神经系统出现过度疲劳则是需要较长时间才能恢复,甚至由此而使健美运动员再难以重返健身房或竞赛场,这方面曾有过教训。所以研究中枢神经系统的恢复就显得非常重要,这也是现代健美运动训练现在和今后重要的研究课题。

四、健美训练超量恢复过程的特点

健美运动训练中的恢复应当包括两个基本过程:一是训练课中的恢复过程;二是训练和比赛后的恢复过程。在健美训练和比赛时人体内主要是消耗和机能平衡打破的过程,而在恢复期中则是体内被消耗的物质恢复和机能重新建立平衡的适应提高过程,这是获得健美训练效果的阶段。

人体健美训练后的恢复过程,就是机体各组织细胞的再合成过程。健美训练过程是一个消耗能量的过程,训练结束,消耗活动停止,合成过程开始,如果合成过程不能超过分解过程,人体的疲劳便不会得到恢复。

分析恢复过程可以看出有三个阶段。第一阶段:训练时能量物质消耗大于恢复,能量物质逐渐减少,各器官工作能力下降,疲劳出现。第二阶段:训练结束后,消耗停止,各器官能量物质开始恢复到原来水平。第三阶段:训练时被消耗的能量不仅恢复到原来水平,而且超过原来水平,这种现象生理学上叫做"超量恢复"。

从健美训练的能量消耗和恢复的规律来看,超量恢复规律阐明了健美训练时消耗物质数量及其恢复过程的特点。人体超量恢复的特点是健美运动科学的大运动量训练的理论根据,也是训练→提高→再训练→再提高的人体生理生化基础。因此,在一定范围内,肌肉活动量大,消耗过程越剧烈,超量恢复过程也越明显,在超量恢复阶段进行下次健美训练效果最好。

人体各种能量物质的恢复时限是不同的,表4-3是健美训练后人体各种能量物质完全恢复所需时间表。

表4-3 人体各种能量物质完全恢复所需时间表

物 质	完全恢复时间		材料来源
	最短	最长	
ATP和CP	2～3分钟		FOX
肌糖元	1～46小时		ЧароВеи[2]
蛋白质	6～48小时		ЧароВеи[2]
脂 肪	48小时～		

五、没有恢复就没有再训练

现代健美训练已使运动负荷增加到了一个非常高的水平。 但是健美运动员在训练或比赛以后,能否迅速而充分地恢复,会直接影响到继续训练的效果和运动成绩的提高。健美训练承受负荷的时候,主要是一个消耗(破坏)过程,而训练后的"休息",则主要是一个恢复(建设)过程,不仅是训练负荷的大小和模式影响着健美训练的效果,而且健美训练后的恢复方式和快慢也同样影响着健美训练的效应和成绩的提高。所以,负荷和恢复始终是整个健美运动训练过程中两个紧密相连的过程,是决定健美训练成效的两个最基本因素。

如果说在20世纪80年代以前,健美教练员、运动员和健美训练专家们主要是在研究如何通过加大训练负荷来提高健美运动成绩的话,那么,从90年代以后,已经转为主要通过研究负荷量度的个体化和研究如何采用多种手段加速负荷后的恢复来促进健美运动成绩的提高。因为负荷与恢复这两方面是统一而不可分割的。固然没有负荷就不成其为训练,同样没有恢复也就没有再训练。我们可以说,没有疲劳的训练是无效的训练,没有恢复的训练是危险的训练。所以,我们既要高度重视负荷训练又要高度重视恢复过程,这乃是现代健美运动的重要特征之一,也是健美训练取得成效的重要一环。

(一)能源物质的恢复

健美运动是典型的体能类力量性项目。在训练过程中,机体承受着巨大的生理负荷,单位时间内的能量消耗很大。但由于运动员等级、体重、训练时间的不同,因而在单位时间内承受负荷后所消耗的能量也不同。健美训练是以无氧供能为主要供能形式,主要是通过无氧磷酸盐系统来供应能量的需要,即主要靠磷酸肌酸来供应能量。试举一次大重量能量消耗很多,但一次训练课总的能量消耗并不太多。除了需要足够的能源物质供应能量的消耗外,还必须有足够的营养物质作为"建筑材料",以促进肌纤维中收缩蛋白的合成,实现肌肉肥大。只有这样才能保证训练→恢复→提高→再训练→再恢复→再提高的生理过程的顺利实现,从而促进健美运动水平的不断提高。

(二)神经系统功能的恢复

根据对疲劳特点的研究,在人体各器官系统中,疲劳首先开始于神经系统,特别是它的最高级部位——大脑皮层,这可用保护性抑制的理论来解释。而恢复也首先是从神经系统开始,其次为心血管系统和呼吸系统,最后是肌肉系统的恢复。了解这一恢复的顺序对选择合理的恢复手段和安排方法显然是有着实际意义的。而健美运动的最短时间最大用力的特点,又决定了训练时神经系统的活动是高度紧张的,因而神经系统的疲劳也比较深,所以,也必须把加快神经系统的恢复放在重要的地位来对待。

(三)心血管系统功能的恢复

由于受项目特性制约,健美运动员在训练过程中的心血管功能变化,如心率、血压的变化,与负荷强度、不同的练习方式、不同间隔时间均有一定的关系。一般来说,完成动作的负荷强度大,则心率加快比较大,收缩压上升明显;以同样负荷强度完成仰卧推举动作,上斜卧推举时大于平卧推举动作;组与组之间的间隔时间愈短,心率、血压的变化就愈大。而且试举后即刻(放下杠铃后 5 秒钟之内)心率比试举过程中更快。在举极限重量后情绪异常兴奋时,心率可达 200 次/分。另外,无论心率,还是血压在恢复过程中还有一种特殊的规律,那就是在完成一组试举后的恢复时间内,除负荷后的即刻(5 秒钟内)更高以外,随之前一半的恢复过程就会很快进行,可达恢复值的 70% 左右,而后一半的恢复过程却很慢。在 2～3 分钟的时间内,心率即可恢复到 120 次/分左右。所以,健美运动员一般均以 1～3 分钟作为间歇的时间,通过缩短间歇时间、加大密度来调节运动量。当然在不同训练动作、不同强度练习时,其间歇长短是会有一定差异的。总共约需 10 分钟才能恢复到接近正常水平。

(四)呼吸系统功能的恢复

健美训练使呼吸功能发生变化是保证氧运输的重要条件之一。经过系统的健美训练,安静时的呼吸频率降低了,肺活量加大了,呼吸深度增加了,正是由于呼吸能力的提高,使得健美运动员在呼吸功能恢复过程中,血液的氧合作用的恢复比非运动员快得多。据有些专家研究,在举杠铃过程中,呼吸频率比安静时增加一倍以上,可达 30～40 次/分,而肺通气量为平时的 3～5 倍,甚至 5～6 倍,达到每分钟 30～50 升以上。健美运动员推举大重量杠铃时呼吸的一个重要特点就是憋气用力,憋气能使胸廓固定,能增加举重时的力量。但憋气也会使胸腔和腹腔的内压力增大,造成血液流动困难。长时间憋气使血液都聚在静脉内,大脑会因此缺血、缺氧,有可能导致短时间昏迷,丧失知觉。所以在推举或蹲举极限重量时偶尔会见到这种现象。因此,根据健美负重训练时呼吸的这种特点,在两组练习之间的 2～3 分钟间隙时间内,注意即时恢复呼吸功能,即时偿还氧债,对保证更好的训练无疑是有益处的。为此,特别要注意加深呼气,因为只有把气呼出去,肺内的气体容量减少了,才能进而吸进大量的新鲜空气,消除训练产生的乳酸,偿还氧债,加速身体机能的恢复。反之,若是表浅的过度换气,吸入容量不大,氧债未得到偿还,就会影响到下一组的训练质量。当然也要注意避免过度换气。

（五）肌肉组织功能的恢复

肌肉是占人体体重百分比最大的组织,肌肉组织可以看作是一种效力强大的能量转换装置。它可以直接将化学能转变为机械能。健美训练后可使肌肉体积、形态和肌肉力量产生明显变化,同时其生物化学成分也会发生变化。例如,健美运动员的 ATP、CP 和糖元的浓度可分别增加 38%、22% 和 66%。健美训练后恢复时表现出与负荷时消耗物一致的规律。能量物质的恢复与超量恢复主要表现为 ATP－CP 系统和乳酸系统的变化。为了加速肌肉能量物质的恢复,这主要必须靠营养措施来解决。但健美训练实践还表明,健美训练后肌肉本身的典型症状是肌肉僵硬和肌肉酸痛,因此,为了加速肌肉本身的恢复和消除上述症状,行之有效的方法是按摩、沐浴、理疗等。但特别应提到的是健美训练后运动员主动的自我整理放松活动、伸展活动、静力牵张伸展练习、反向拉长练习及积极性休息等都有助于肌肉僵硬现象的消失,肌肉酸痛显著减轻。

人体的一切运动都依靠肌肉组织的收缩与松弛来进行,肌肉是主要的运动器官。大运动量的健美训练对肌肉组织的负荷是巨大的,健美训练产生的疲劳,首先是由肌肉疲劳产生,不能尽快恢复肌肉组织的疲劳,就会直接影响下一次健美训练课的效果。

六、健美训练放松与恢复的方法

在健美运动的教学与训练过程中,要完成"全面训练、增加运动量、匀称发展身体、发达肌肉、强壮体魄、健美体型"的目标和任务,就必须有计划地采用一些有效的放松与恢复方法。随着健美运动训练实践的发展,如今已将放松与恢复方法作为整个健美运动训练中不可分割的部分内容而列入训练计划,从而促进了健美运动水平的提高。从这个意义上讲,放松与恢复手段同负荷训练有着同样的重要意义,因为没有放松与恢复就没有再训练。

（一）训练方法学放松与恢复的方法

训练方法学放松与恢复方法是指在健美运动训练过程中,健美训练者要合理安排训练内容、训练方法、运动负荷、恢复时间和恢复方式。其方法应贯穿于健美训练的全过程,主要有以下一些方法。

1. 训练计划和训练课调整法

改变各次健美训练课之间、练习时组与组之间的休息时间,以达到放松、调整与恢复的目的。

改变周、月健美训练计划,调整负荷。例如,休整期的安排,大中小运动量的节奏等。这一方法往往与"改变休息时间"的方法配合起来安排。

2. 训练课后放松练习法

慢跑步。800～1200米的放松慢跑能全面促进有机体的恢复,提高心肺功能水平,并且能预防膝关节损伤。放松慢跑不仅加快局部疲劳肌肉群(特别是下肢)的血液循环,而且能改变工作节奏(从健美房内的大运动负荷量的训练到室外操场上的轻松自如的慢跑)和呼吸室外的新鲜空气,这些都能起到良好的放松与恢复作用。慢跑可安排在训练课的结束部分和早操时进行。

反向拉长练习。健美运动训练的显著特点是采用一定运动负荷量的练习。练习时机体的某些器官特别是脊柱和各关节,经常处于被压迫的状态。因此,在健美训练课的结束部分,安排各种与主要训练内容方向相反的拉长性练习很有必要。这些练习可以使有关部位得到拉长和伸展,使其回到原来的机能状态,这对加速机体恢复和预防运动损伤都有好处。具体练习内容有:

(1)悬垂屈膝举腿和悬垂直腿左右和前后摆动。这一动作可以在单杠和肋木上练习。练习时间一般为1～3分钟比较合适。

(2)倒悬垂。这也是反向拉长练习的一种,对于消除上肢躯干、腰部疲劳和预防腰部损伤有较好的效果。做法是:将双脚套在特制的倒悬垂保护带内,然后自己或者依靠别人帮助,将身体倒吊在单杠上,再利用自我暗示使自己的神经系统、肌肉、特别是脊柱充分放松。倒悬垂时,由于人体的自身重力作用,脊柱得到被动牵拉而恢复到正常的状态,神经系统和全身肌肉也得到放松。练习时间一般为4～7分钟比较合适。如果时间太长,则关节囊及韧带由于受到过分的牵拉,反而会引起肌肉产生自我保护的牵张反射,从而使肌肉韧带处于紧张状态而不能放松。

做各种放松和伸展体操练习。

3. 综合学科放松与恢复的方法

在健美运动训练过程中,采用的医学、生物学、营养学、心理学和行为科学等综合学科的放松与恢复的方法,主要有与健美训练负荷相适应的生活方式、饮食营养供应、理疗和气功等措施。

(1)活动性休息调节法

活动性休息也叫积极性休息。在许多场合下,用更换运动方式以及不同肌肉参与用力的动作,作为活动性休息的手段,对消除由于体力和精神紧张而引起的疲劳(尤其是针对"隐性"疲劳)与恢复体力是非常有效的。比如选择看影视戏剧作品、在花园散步、打拍、读书看报、听音乐、参观旅游、访友等内容。

（2）充足睡眠保障法

我们知道,身体的恢复和建设都是在睡眠状态中进行的。健美界有一句戏言,叫做"营养不足,睡眠补",可见保证健美运动训练者要有足够的睡眠是非常重要的,尤其是中午一定要坚持午休,让机体始终有充分的休息时间,这样才有利于机体各器官系统的全面恢复。具体来讲,要保证每晚有8～9个小时的睡眠。在下午训练前要有1～2小时的午睡时间。

（3）按摩法

按摩是健美运动训练者用来消除肌肉疲劳和预防运动损伤的一个重要手段。各种按摩能够改善神经系统的调节机能;能使肌肉内毛细血管开放增多,加强局部的血液供给,改善营养;能改善物质代谢过程,促进代谢产物(如乳酸)消散,使肌肉放松;还能加速静脉回流,减轻心脏负担,提高肌肉的工作能力。

手按摩:

手按摩分全身按摩和局部按摩。全身按摩应在健美训练课的结束部分或课后、浴后、睡前进行。按摩前可在皮肤上涂些酒类(如舒活酒等)或油类(如冬青油等),夏季可洒些爽身粉。具体方法可用卧姿按摩背、臀、腿、胸、腹部,然后用坐姿按摩臂、颈部和肩部。按摩时应先按摩大肌肉群,后按摩小肌肉群;做完一个部位,再做另一部位,顺序进行。总的要求是手法应轻一些,时间应长一些,以起到镇静作用。每种手法各做5分钟,全部按摩时间为30～50分钟。局部按摩可在健美训练过程中或健美训练结束后进行,时间不超过15～20分钟,主要用于消除肌肉僵硬和局部疲劳。如能在温水浴后两小时进行按摩,则效果更佳。

按摩的手法及顺序是:推摩、揉捏、揉搓、按压、叩击、抖动、拍打等。在具体的运用中视按摩部位而定。在肌肉部位,则以揉捏为主(约占总时间的60%～70%),同样以轻推开始,再以揉捏与重推、按压、叩打、抖动等手法交替进行,最后以轻推、抖动结束。

器械按摩:

器械按摩与手按摩相比较其优点在于机械有力、动作力量一致,无论在场地训练中或训练后均可随时按需使用。但是也有许多不足处,如机械动作单纯模仿人的按摩手法,只限于揉、捶、滚动、抖、压等动作。

热敷法:

热敷对消除局部肌肉疲劳有良好的作用,冬季效果更为明显。可直接用水或用水袋进行热敷。局部热敷的温度以47～48℃为宜。另外,训练前对负荷量较大的部位热敷10分钟,可推迟训练中疲劳出现的时间。

洗浴法:

沐浴时人体血液循环加速,毛细血管开放数目增多,呼吸加快,从而加快了清除代谢

废物的速度,使肌肉放松,达到消除疲劳的目的。常采用的洗浴方法有:

1. 热水淋浴:沐浴应在训练后 30 分钟进行,过早则不利于代谢废物的清除。沐浴的水温以 32～40℃为宜,可先在温水中浸泡 5～15 分钟,然后淋浴。

2. 盆浴、浸浴:方法简单,全身放松效果良好。水温以 40℃为宜,一般先在温水中浸浴 10～15 分钟,然后淋浴。

3. 漩浴:如同洗衣机一样搅动,强度可以调节,造成明显的水温与水流冲动刺激,又称为水按摩。

水按摩是在特殊的澡池内进行。与肢体躯干部位相对应设置多个喷头,水的压力可达三个大气压,能选择强度及部位,对需要放松的肌肉群自动喷射。

桑拿浴、蒸气浴:健美训练后先淋浴,再进入木制小屋。桑拿浴室温度一般为 80～90℃。每次 10 分钟左右。人体在洗浴时大量排汗,心跳加快,糖和脂肪代谢加速,需氧量增加。所以在无氧训练后,应休息 30 分钟再入浴。浴后全身困乏、松弛,有时第二天肌肉仍用不上力,所以入浴时间及次数要掌握好。如果下周调整训练量,可在周六训练后连续 2～3 次入浴,这样机体恢复的比较彻底。

蒸气浴的优点是入浴者心脏负担小、耗氧量少、感觉舒适,并同样能达到全身放松、恢复体力、清新血液、清洁皮肤的作用。

(4)营养品补充法

营养品是日常生活和增进健康的必需,也是健美运动训练者最重要的放松与恢复方法之一。营养品补充的作用主要体现在:促进体内营养素的充分利用;补充人体所必需的营养素以及饮食中引起的营养素摄入不平衡;更快的促进肌肉纤维的修补、增生和恢复;提高营养素在体内的合成代谢。

营养品的补充时间一般是:蛋白质在训练一结束后就服用较合适;碳水化合物在训练前饮用比较好;维生素和矿物质的补充,钙应在临睡前,钠在中午或下午;维生素最好一天分几次补充,每次间隔约 2～3 小时为宜。

应该提醒的问题是,在已获得平衡膳食的情况下,一般不需再额外补充营养品,补充营养品只是一种辅助手段,它只能起到提高食物营养价值的作用,但它不能替代正常的食物,过多的补充营养对健美训练有百害而无一利。另外,强调营养,并不意味着一定要吃"高级食品"和"营养补剂",不能认为最贵的食品营养价值就一定最丰富,而应该是平衡地、合理地、全面地补充和摄取人体所需要的各种营养素。

(5)气功法

我国传统的气功,对放松肌肉,促进机体的放松与恢复过程也有很好的作用。练习气功可以调节神经系统的活动,加深抑制过程;以腹式呼吸为主的深呼吸,可以改善气体代谢过程;在下意识状态下引起的一些自发性的拍打动作,还能起到扣击、按摩的作用。

（6）心理学调理法

心理学放松与恢复的内容包括放松训练、呼吸调整、催眠暗示、心理调整等。另外，安排好健美训练者的生活环境和日常生活，使之丰富多彩（包括观看影视戏剧、欣赏音乐、参观各类展览），保持训练者之间的友好气氛等都是自然心理学的放松与恢复手段。健美教练员专门组织的心理机能恢复手段可以一周安排两次，每次 30 分钟，一般是在一周中大运动量训练日的晚间进行。

健美运动放松与恢复训练方案范例，如表 4－4：

表 4－4　健美运动放松与恢复训练方案范例（两次课程）

星期	放松与恢复训练内容	星期	放松与恢复训练内容
一	1. 课后反向拉长练习 2. 课后放松慢跑 3. 热水淋浴	二	1. 课后手按摩 2. 悬垂屈膝举腿和直腿左右、前后摆动 3. 热水浴
二	1. 课后手按摩 2. 悬垂屈膝举腿和直腿左右、前后摆动 3. 蒸气浴或桑拿浴	三	1. 课后放松慢跑 2. 课后反向拉长练习 3. 器械按摩 4. 蒸气浴
四	1. 课后反向拉长练习 2. 手按摩 3. 放松慢跑 4. 蒸气浴或桑拿浴	五	1. 课后反向拉长练习 2. 倒悬垂练习 3. 器械按摩 4. 热水浴
五	1. 课后反向拉长练习 2. 倒悬垂练习 3. 热水浴 4. 手按摩	六	1. 课后放松慢跑 2. 课后反向拉长练习 3. 手按摩 4. 蒸气浴或桑拿浴
备注	1. 本计划范例适用于每周健美运动训练四次者。 2. 在非训练日采用积极性休息的方法，内容主要选择看影视作品、唱歌、读书看报、打牌、访友等。		

总之，健美运动训练者应将上述各种放松与恢复方法作为健美运动完整训练计划的

一部分来安排,并要持之以恒。这样,才能取得健美运动训练超量恢复的最佳效果。

知识拓展

　　健美健身锻炼过程是艰苦单调的,锻炼成果是令人欣慰的。恢复是体育运动中一个非常重要的课题,没有恢复就没有再训练,没有很好的恢复就不能有很好的提高。因而有关各学科中各种恢复的方法手段,都应重视和学习,来提高我们的锻炼效果。

学以致用

　　1. 简述健美训练疲劳的概念。
　　2. 简述"显性疲劳"产生的原因。
　　3. 简述"隐性疲劳"产生的原因。
　　4. 简述健美训练恢复过程的特点。
　　5. 简述"没有恢复就没有再训练"的原理。
　　6. 简述训练方法学放松与恢复的方法。
　　7. 简述医学、生物学放松与恢复的方法。
　　8. 举例说明补充营养品的放松与恢复方法。

第五章 健美运动安全与评价

应知导航

　　本章介绍了健美运动的安全训练,如:暖身运动,安全训练,训练护具,健美运动的保护与帮助;健美运动健身效果的评价,如:定性评价,定量评价;实现健身与健美锻炼的目标,列举了各种状态的对照参考标准。锻炼后的评价,使得我们的目标更加明确,更有动力。在运动训练中,任何情况下,请务必牢记安全训练,安全第一。

第一节　健美运动的安全训练

一、暖身运动

　　进行健美练习,人体需要一个由安静状态进入运动状态的适应过程,特别是关节和肌肉不可能一下子承受大重量的力量练习,而要进行一些与练习内容相关的热身活动。这里的热身包含三个层面。一是生理热身:即通过慢跑、徒手操等练习,促进全身的血液循环,使肌肉处于最佳的活动状态。二是心理热身:生理热身使人体逐渐进入锻炼状态,同时心理上逐渐适应锻炼,激发起训练热情,从而感到精力充沛,精神振奋,全身心地投入锻炼。三是柔韧练习:力量训练专家加拿大安大略省约克大学的博士把柔韧性练习列为三大力量训练准则的第一条,在发展肌肉力量之前,先发展关节的柔韧性,没有良好的柔韧性就极易引起扭伤和疼痛。与没有进行过伸展的肌肉相比,伸展过的肌肉显然能进行更敏捷的活动。没有伸展过的肌肉僵硬,易导致肌肉拉伤。在热身活动中进行柔韧性练习,能缓和、延迟出现的肌肉疼痛,减少受伤机会,尽快开始恢复和再生过程。

　　暖身运动的作用:暖身运动可以使肌肉、关节和韧带部位提高温度,逐渐增长反抗力的强度,以适应重量训练的需要。它可把大量的血液输送到活动的部位,提供给肌肉所需要的氧气和养料,以适应肌肉收缩的需要。

暖身运动的方法:暖身运动可采用跑步机、健身车、踏步机、登山机或其他有氧性质的其他训练方式进行全身活动。活动时间根据天气的冷暖适当调节,一般为30分钟左右。在做完暖身运动后,还应进行一些专项练习。如:轻量组数的暖身活动、伸展活动等。

1. 轻量组数的暖身活动

在开始训练前,采用多次数的轻量暖身活动组。例如:在练颈后深蹲前,先采用约40%重量的轻量多次数(15～20次)暖身活动组,使股四头肌、髋、膝和踝关节有充分活动,并使血液很快集中到腿部,以适应逐渐增加负荷的需要。又如:练颈后推举时,规定练五组,先做一组轻量的暖身活动组,实际上是练了六组。暖身活动的每次试举,都要求做到全过程用力,动作准确。

2. 伸展活动

伸展活动有两种性质:

(1)在暖身活动后在局部锻炼动作之前,做有关肌肉、关节和韧带拉伸的伸展活动,并使肌肉尽量放松。

(2)在组与组之间做局部肌群和韧带的伸展活动,这些伸展活动可以提高训练的效果和减少受伤。

伸展活动的拉伸动作要平稳、稍慢点,幅度要大些,深些。不能有跳跃或反弹动作。呼吸要自然进行,不要憋气。

伸展活动要有一个拉伸的极限位,不能出现"超伸展"或有"过拉伸"现象。当拉伸到极限位置时,稍停1～2秒,然后,再使肌肉收缩恢复到原位,每个伸展动作来回做4～5次。

二、安全训练

众所周知,在任何一个体育运动项目中,影响运动水平的一个重要的因素是安全,只有在安全的前提下,才能保证训练水平的不断提高。同样,在健美训练中,除了要注意科学的训练方法、合理的营养和良好的恢复手段外,更重要的是安全训练。为此,在训练中应着重注意以下几点。

1. 试举重量太重

在健美训练中,经常会遇到一些练习者每次试举的重量太重,有的几乎是根本控制不了的重量,还拼命练或者请同伴在一开始就采用"强迫次数"的试举,由于控制不了重量,而引起关节和韧带扭伤,甚至滑下造成伤害事故。所以,在练习过程中必须选择适合自己的重量,并且能以准确的动作来完成每一次试举。

2. 训练过度

人体是一个平衡的机体,如果超过一定的极限,就会引起训练过度,造成伤害。有些练习者为了使肌肉增长的更快些,每天练三小时,每星期练七天,天天都练,这样做身体根本没有恢复的时间,人体机能和新陈代谢功能就会大大降低,体能也无法恢复。我们知道训练是使肌肉发胀到极限,而真正肌肉的增长,是依靠良好的恢复手段,所以,只有恢复得好,才能使肌肉和体力增长得更快。

3. 防止受伤

在健美训练中,必须时刻注意安全训练,做到防范于未然,把伤害事故的发生率减少到最低程度。

(1)注意基础平衡

当你在站立训练时,要注意两脚站立的地面是否平坦,两腿要自然分开且平稳站立。如果你处在坐位和卧位时,都必须先注意凳子安放是否平稳、牢固,尤其是卧推凳结构和连接处是否有松动。不管你是站立、坐位,还是卧位,必须注意杠铃和哑铃的两侧重量是否对称,两端是否锁牢。如果你在机械架上做动作,就要经常检查整个机械架上的每个部件,连接处和滑动处是否处于正常位置,是否会由于构件松动、脱落、失重或不平衡而造成受伤,尤其是在大重量训练时,更要注意基础的平衡,防止发生意外或引起伤害事故。

(2)注重体格平衡

一般练习者往往只注重一二块肌肉的发达,而忽视了整体的平衡。有发达的肌肉当然的一件好事,但还要看各部位肌肉是否协调。人们评价一个人的体型时,眼光总是很自然地从肩部到腰部再到腿部,所以这三部分的匀称和协调是绝对不能忽视的,任何一个部位的过度发达都不会给人以美感,因为和谐和匀称永远是评价美的重要标准。

要想获得理想的健美体格,必须使身体获得全面均衡的发展。不要只注重局部的训练,而忽视其他部位的训练,这种不平衡的训练,往往会引起关节部位的损伤。

健美训练的平衡发展,必须考虑人体的前面、背面、侧面;躯干、上肢、下肢;大肌肉群和小肌肉群等各个部位。否则,不但不能获得匀称的体格,反而容易造成机体的损伤。

(3)训练时意念集中

在训练中每进行一次试举,都必须要集中思想,全神贯注,运用准确的技术动作,感觉重量是如何移动的,肌肉是如何进行收缩和伸展的,在动作的全过程中始终控制着重量。不要单纯地认为训练只是简单地把重量举起或放下,这往往容易造成失控或由于重量控制不住而引起损伤。也有人在训练中思想不集中,带着不良情绪进行训练,或者是一边训练,一边讲话等等,这些很小的细节往往都会引发大的损伤。

4. 酸痛

在训练中,肌肉酸痛是生理上的自然现象,也是乳酸在肌肉中产生的反映。这种肌肉内乳酸的积累,会由于肌肉收缩而造成血液流量受到限制。当机体用力收缩时,肌肉由于扩张而压迫血管,限制了血液的流通。因此,这种肌肉酸痛也是强度训练的结果,不是损伤。如果这种酸痛影响了下一次训练,那就要等酸痛消失后,才能恢复下一次训练。一般在最初练的几次训练中,会产生这种酸痛现象,随后乳酸会逐渐消失,这期间仍可进行轻量的活动。

"酸痛"和"疼痛"有很大的区别。因为酸痛只是乳酸堆积的反映,而疼痛则说明肌肉或某个部位已经受伤,必须立即停止训练,一般要等到受伤部位完全恢复后,才能进行正常训练。当受伤发生后,要仔细分析受伤的原因,如果怀疑受伤部位,首先要了解是什么原因引起的,是在训练中扭伤,还是拉伤。如果感到有隐痛,这说明损伤已发生了较长时间,这就需要及时治疗。有时候也可进行轻量活动,但要尽量避免重量训练,以免损伤加重。在训练中,感到有拉伤或疼痛,就必须立即停止训练。然后,仔细查找痛点在什么部位。如果感到疼痛,则在 48 小时内要停止活动;在 48 小时后,再试着查找一下。如果没有痛感,就稍稍增加些重量,如果还是没有什么反应,那就可以逐渐增加重量,转入正常训练。如果有痛感,即停止训练。

5. 伤痛治疗

当发现受伤后,感到身体某个部位非常疼痛,就必须停止训练,应完全放松和休息。一般在受伤后的 48 小时内,受伤部位都要用冷敷,以减少受伤部位的肿胀。而热敷,则会加重受伤部位的肿胀程度,从而引起组织的进一步损伤。

发现受伤后的主要治疗方法有:① 休息,受伤后必须立即停止训练。② 冷敷,采用冷却方法(用毛巾包住冰块),在受伤部位回绕轻轻揉搓 5～10 分钟,以抑制肿胀。③ 压紧,把受伤部位用绷带扎紧,以减少肿胀程度。④ 抬高受伤部位,把受伤部位抬高,使血液回流心脏,减少疼痛。⑤ 如果发生皮肤擦伤,可用温开水轻洗伤口,再在伤口处涂上一些药油。⑥如果感到某部位特别痛或扭伤了关节,应立即用支架将受伤部位的固定住,然后立即送往医院。⑦ 如果出现大量的出血现象,要立即压住出血处,然后送往医院。如果受伤部位在 72 小时后仍有疼痛。则采用先用冷敷受伤部位 15～20 分钟,接着用热蒸气烘。如果受伤较严重时,采用 10 分钟的"冷敷"和 10 分钟的"热烘",这样多次循环地治疗,最后再包扎,抬高。如果这个方法还不能完全自由活动的话,那么说明受伤部位的肌肉需要继续休息,直到完全痊愈为止。

在健美训练中,受伤是比较少见的,有的时候,你会感觉到被拉伸部位的肌肉产生一种酸痛或肌肉痉挛现象,但一般在 24～48 小时内,就会自然消失。有时候感到肌肉拉伤或撕裂,这些大部分是肌腱或韧带部位受伤。这种受伤现象,大多需要较长时间的治疗。不管发生什么伤害,都必须及早治疗。等伤痛完全恢复后,才能转入正常训练。

三、训练护具

健美训练的防护用品有很多,常用的一般为:训练服装、鞋袜、护腰带、绷带、手套等。

1. 训练服装

在健美训练中需要穿什么运动服,是根据室内的温度来选定的。如果天气很热,可以穿简单的运动背心和短裤,但不要光着身子。如果室内很冷,一定要保持体温,穿上运动外套和长裤。因此,运动时所穿的服装要根据室内的温度来调节。有些运动服装要根据动作的要求,如锻炼上身,就要穿有利于动作全过程用力而又能自由伸展的服装。如果是锻炼下肢,就要穿弹性较好的裤子,要有利于下肢关节的自由屈伸动作。

2. 鞋袜

训练时穿的鞋和袜,主要是要求穿着舒适和能保持身体的平衡。如果你是参加增加耐久力的跑步训练,那么袜子要穿易吸湿的棉织品,鞋底要厚些、松软些。如果是参加力量性训练,那么鞋要结实些,要能保护踝关节,防止膝关节和下背部受伤。

3. 护腰皮带

在健美训练中,护腰皮带主要是用来保护腰背部,防止在大重量的动作练习中引起受伤。腰背力量差或为了增强腰背力量,一般都要求用护腰皮带。护腰皮带主要是为了固定躯干的位置,尤其是大重量时,使用护腰皮带能增强躯干的支撑力,同时有助于增长力量和增强自信心。

4. 腕带(又称助力带)

它主要是增强手腕薄弱部位的力量,在一些上拉或下拉动作中,都采用腕带来增强力量,它能起到保护和稳定手腕的作用。

5. 膝绷带

膝关节是全身较弱的部位,这是因为膝关节处的骨骼和韧带受到重压时很容易受伤。尤其是在做深蹲和举腿等腿部练习时,必须用软绷带把膝关节部位扎紧,固定。

6. 肘绷带

肘关节是全身中需要加强保护的另一个主要关节,有些练习者在做屈肘练习时动作太快,采用重量太大。尤其是肘关节主要以肘屈伸动作为主,很容易引起肘部尺骨鹰嘴部位的韧带损伤。有不少动作,例如仰卧推举、弯举、臂屈伸等动作,都容易引起肘关节受损。另外,肘绷带还能起到稳定动作的作用。

7. 手套

很多健美爱好者喜欢戴无指手套,因为这种手套可以保护手掌,防止在训练中,由于手掌与横杠的长时间摩擦在手指和掌心上产生厚的茧子。因为茧子厚,不但影响训练,而且有损美观。另外训练时戴上手套还可以增加手的握力,不管是握哑铃、杠铃或拉力器,都会感觉比较舒适、牢固和安全。如果没有无指手套,也可以剪两块比手掌大一点的海绵垫在掌心上。

四、健美运动的保护与帮助

1. 健美运动的保护方法

为了防止练习时由于技术不熟练或意外等原因而对其可能出现的危险,而采取的安全措施叫保护。保护常用的方法有抬、接、举、抱、挡、栏、拨等。通过这些手法,可以确保练习时的安全。

2. 健美运动的帮助方法

在练习中及时给予练习者助力、信号、标志物和限制物等，使其更快地建立正确的动作概念，更好地掌握、改进和提高动作技术的措施叫帮助，帮助分为直接帮助和间接帮助两种形式。

（1）直接帮助

直接给以助力于练习者，使其更快地建立正确的动作概念，更好地掌握、改进和提高动作技术的措施叫直接帮助。如用于帮助其练习时稳定重心，维持身体平衡，可采用"扶"的手法。

（2）间接帮助

不直接给予其练习时以助力，而是通过信号、标志物和限制物等手段，使其练习时掌握正确的用力时机、节奏、姿态体会所在的空间和方位，尽快地学会动作和提高动作质量的一种措施叫间接帮助。间接帮助的方法有以下两种：

① 信号法：运用语言、呼声或击掌等，练习时示意用力时机、动作节奏和动作要领。如做双臂弯举哑铃动作时，可发出"屈紧——伸直"、"起——放"、"举——放"，或通过数字口令"1—2—3—4"等信号，间接帮助完成动作。

② 标志物和限制物法：用绳、竿、球、手帕、小旗或其他醒目物品，示意动作方向、动作幅度和动作范围，帮助建立正确的空间感。

3. 监护技巧

（1）监护方法的运用

保护是非助力的帮助，帮助是给予助力的保护，两者的含义是不同的。但是，他们的关系又是非常密切的，因为保护在某种程度上带有帮助的性质。反之，帮助又是一种可靠的保护。保护中有帮助，帮助中有保护，所以在运用监护方法时不要把保护和帮助截然分开、对立起来。

合理地运用保护与帮助，可以增强练习者信心、维护安全，能够按照标准去完成动作。为了更充分地发挥保护和帮助的作用，在实际运用时应注意以下几点。

① 站位要得当

只有正确地选择好站立的位置，才能充分发挥监护的作用。否则，站位选择不当，不仅起不到作用，有时还会妨碍完成动作，甚至造成伤害事故。一般来说，站立的位置要根据不同项目、不同动作的特点而定。

② 步移要灵活

步移要灵活是指在监护过程中，除了手法和站位的选择要得当之外，还有脚下步伐移动的配合要灵活，这样才能随时都处于最佳的站位状态，给予有效的监护。

③ 部位要正确

部位是指给予助力的作用点。正确的部位是最能发挥助力最大效应的地方，它是根据健美项目具体动作的结构而确定的。一般说，主要的助力作用点均在人体总重心附近的部位或运动轴两侧的身体部分的重心附近部位上。

④ 时机要恰当

掌握好监护的助力时机,是监护的关键,也是监护的技巧所在。总的来说,助力的时机须符合动作的技术要求。动作技术要求在什么时间用力,就在什么时候给予助力,过早或过晚的助力都会影响动作的成败,甚至造成人为的伤害。只有恰到好处的掌握助力时机,才能充分发挥监护的积极作用。

⑤ 助力要适度

助力的大小、方向取决于动作技术的要求和练习者的实际需要。一般情况下,在动作初学阶段助力应大些,随着动作能力的提高,逐渐减少助力,直至最后独立完成动作。此外,对技术水平较差、能力较弱的练习者,所给助力相应要大,反之则小。若不论对象、不管具体情况,均给予同样大的助力,或以为助力越大越好,都会影响动作技术掌握。

⑥ 重点要明确

保护的重点是身体的要害部位和最易受伤的部位。首要的是头、颈部,其次是肩、肘、腰、膝和踝部的保护。

总之,在运用监护方法时必须做到:站位要得当、步移要灵活、部位要正确、时机要恰当、助力要适度、重点要明确。这六点各有不同的特点,但又是一个相互联系、完整统一的整体要求。只有全面地理解和掌握了上述六点要求,才能在监护方法的运用中得心应手,才能充分发挥监护的积极作用。

（2）对监护者的要求

① 要有高度的责任感

必须对监护的意义和作用要有足够的认识和重视,在监护的过程中应精力集中、耐心细致、任劳任怨、不容任何的疏忽麻痹。

② 要掌握过硬的监护技能

初学或运用监护方法,可能会感到生疏、别扭、插不上手或用不上劲,甚至会妨碍练习者做动作。这就需要有一个从不会到会、从生疏到熟练的锻炼和实践过程,使之逐步达到掌握过硬的监护技能。

③ 要熟悉动作的技术

熟悉动作技术是正确运用监护方法的基础。健美运动中不同的项目、不同类型的动作,既有它的一定规律,又有各自不同的技术特点,为了正确运用监护方法,必须要在掌握技术的一般规律的同时又要精通每个动作的技术要求,只有熟悉动作的技术,才能明确完成动作的关键及可能发生危险的情况,从而正确地运用监护方法。

④ 要了解练习者的情况

要了解练习者对动作技术掌握的情况,以及其他相关的情况,才能使监护方法运用得恰到好处。

⑤ 要尊重练习者

在监护中,要征求练习者的意见,把你的手放在他(她)需要保护与帮助的位置,不要超出监护的权限。也就是说在保护和帮助时身体的站姿、站位和手放的位置以及用手接触的部位要规范。

第二节　健美运动健身效果的评价

一、定性评价

(一)视觉观察评价

1. 身体健康评价

(1)有足够充沛的精力,能从容不迫地应付日常生活和工作的压力而不感到过分的紧张。

(2)处事乐观,态度积极,乐于承担责任,事无巨细不挑剔。

(3)善于休息,睡眠良好。

(4)应变能力强,能适应环境的各种变化。

(5)能够抵抗一般性感冒和传染病。

(6)体重得当,身材匀称,站立时头、臂、臀位置协调。

(7)眼睛明亮,反应敏锐,眼睑不发炎。

(8)牙龈颜色正常,无出血现象。

(9)头发有光泽,无头屑。

(10)肌肉、皮肤富有弹性,走路感觉轻松。

2. 心理健康评价

(1)对现实具有效率的知觉。

(2)具有自发而不流俗的思想。

(3)能悦纳本身,悦纳他人,接受自然。

(4)在其环境中能保持独立,能欣赏宁静。

(5)注意基本的哲学和道德的理论。

(6)对于平常的事物,如朝露夕阳,甚至对每天的例行工作能经常保持兴趣;能分辨工作的历程与结果,对两者都能欣赏。

(7)能和少数人建立深厚的友情,并有乐于助人的热心。

(8)具有真正的民主态度,创造性的观念和幽默感。

(9)能承受欢乐与忧伤的考验。

3. 体态健美评价

（1）骨骼发育正常，身体各部位比例适当和匀称。

（2）五官端正，自然分布于面部。女性应眼大眸明，牙洁整齐，鼻子挺直，脖颈修长；男性应面孔轮廓清晰分明，五官和谐。

（3）双肩对称，男性应结实，挺拔，宽厚；女性应丰满圆润，微呈下削，无竿肩或垂肩之感。

（4）男性胸廓宽阔厚实，胸肌隆鼓，背视腰部以上躯干呈"V"字形（胸宽腰窄），给人以健壮和魁伟感；女性乳房丰满有弹性而不下坠，侧视有女性特有的曲线美感。两者都无含胸驼背之态。

（5）男子上肢粗壮，双腿矫健；女子下肢修长，线条柔和。小腿肌肉结实稍隆起。足弓高，两腿并拢时正视和侧视均无屈曲感。

（6）背视脊柱呈垂直状态，侧视有正常的生理曲线，肩胛骨无翼状隆起和上翘之感。

（7）女子臀部圆满，不下塌。男子臀部鼓实，稍上翘。

（8）腰细而有力，微呈圆柱形，腹部扁平，无明显脂肪堆积，具有合适的腰围。男子在放松状态时也有腹肌垒块隐现。

（9）男性肌肉匀称发达，四肢肌肉收缩时，其肌肉轮廓清晰；女性体态丰满而不显肥胖臃肿。

（10）整体看无粗笨、虚胖、瘦弱、歪斜、畸形、比例失调等形态异常现象。

4. 姿态健美评价

（1）站立。正确健美的站立姿势应该是：头、颈、躯干和脚的纵轴在一条垂线上，挺胸、收腹、立颈、收颏、沉肩、紧臀、两腿上拔、两臂自然下垂，形成一种优美挺拔的形态。这样人体固有的脊柱形态的曲线美也就表现出来了。

（2）行走。正确健美的行走姿势应该是：躯体移动正直、平稳，又不僵硬呆板；两臂自然下垂、摆动协调；两膝盖正对前方，脚尖略微外撇，落地时先脚跟着地，再逐渐过渡落前脚掌，两腿交替前移的弯曲程度不要太大，步伐稳健而均匀。

（3）跑。正确健美的跑步姿势应该是：手臂微微弯曲，上体稍有前倾，稍有转动，膝、踝关节应该有弹性，重心轻微上下波动，下肢自然放松，注意调节呼吸。跑起来既显得热情奔放，又轻松自如。

（4）坐。正确健美的坐姿应该是：入座要轻，手托椅把扶手并支撑屈膝，上体前倾，缓缓入座，臀部坐于座位前 1/3 或 1/2 处。上体保持挺胸、直腰、收腹、腰髋收合，腿脚稍分，手稍撑于大腿。两腿不要摆得太宽、太大，更不要跷起"二郎腿"或倚东靠西。

5. 影视评价

影视评价即健身者在采用各种健身锻炼方法的前后，分别拍摄自己全身体型照片数张进行对比。拍照时，要求男子赤膊、穿短裤；要求女子穿比基尼泳装，这样就便于看清全身的肌肉、脂肪的分布和体型情况。同时，照片要有正面、侧面和背面的。以后每隔 3

个月或半年再拍摄数张全身体型照片,然后定期将前后拍摄的照片进行对照。通过对照,可以直观形象地评价出全身肌肉、脂肪的分布情况及体型的变化情况。

6. 照镜评价

照镜评价即健身者在采用各种健身锻炼方法的过程中,要配上一面能照到全身的大镜子。通过照镜子认识自己的体型体态,随时观察自己体型的丰腴健美情况。每天早晨起床后或晚上睡觉前,要在屋里裸身站立,面对镜子凝视自己身体的前面、侧面和背面,或者看看自己的面容、伸伸胳膊、摸摸隆起的肌肉块,就总能发现自己的体型又有了新的变化。另外,肥胖人自己也可用镜子经常照一照大肚皮,看看皮下脂肪是否有层层垂赘在腰际的现象,这样的观察也可以为减肥效果提供一定的依据。当看到自己原来消瘦或肥胖的体型已逐渐变得面色红润、眼睛有神、肌肉丰满、结实、苗条时,喜悦之情自会涌上心头。

另外,许多健身锻炼的练习内容可以在镜子前进行,这样可以学会观察自己正在作功的肌肉、运动着的身体和不断变化着的姿态……可能的话,最好在镜子旁贴一张体型丰腴健美的明星照片,向他(她)展开挑战。这样会有助于增强您坚持健身锻炼的决心和信心。

镜子作为您忠实的"朋友",是绝对不会说谎的。所以为了观察自己体型体态变化而预备的镜子,应放置于锻炼和休息场所内,并经常对照。由于它能反映出您身体外形的一切变化,一天最少应照 3 次镜子,每次都要凝视 3 分钟以上。

(二)自我感觉评价

1. 日常穿戴感觉。健身者身上的一些穿戴之物,如皮带、裤子、裙子、内衣、内裤及手表带等都可成为为您提供有关健身锻炼情况的依据。在您采取健身锻炼措施后,如果原来穿戴的衣物尺寸明显变得宽大起来,即已说明您的体型更趋苗条或消瘦了;如果您穿的衣裤或皮带、手表带更趋绷紧了,即已说明您的体型更趋丰腴健美,收到了良好的锻炼效果。

2. 健身锻炼后感觉。就是指健身者在参加了健身锻炼后,尤其是参加健身器械锻炼后,自己应感觉到所练部位的肌肉群有酸、胀、饱满、发热和外形明显扩张的反应。这种反应和感觉越强烈,就说明器械锻炼负荷对身体局部肌肉群的刺激越深,而身体局部的肌肉群通过锻炼后达到"饱和度"状态,就表明器械健身锻炼取得了佳效。对"饱和度"的反应目前还没有更为科学的定量方法来测定,故只有通过自我感觉的方法去体会。例如,初次参加杠铃健身锻炼的人,以适当的各类重量采用反握弯举丰腴健美上臂肱二头肌群,做三组动作即可达到"饱和度"状态。第一组做 12～15 次就可以出现肌肉的毛细血管充血扩张的感觉;第二组再做 10～12 次就会感到肌肉群有酸、胀、饱满的反应;第三组做 8～10 次即可达到肌肉群极度紧张、发硬,肌肉表面温度升高发热,肌肉群外形明显扩张、体积增大的良好效果。

二、定量评价

(一)测量评价

1. 体重的测量

体重是身体发育状况的基本指标。测量时,被测量者需穿背心和短裤,平稳地站在体重计上。测量误差不得超过 0.5 千克,因肌肉的比重较脂肪大,故肌肉丰腴健美者可能会超过正常体重标准。但有些脂肪过多的人,也往往会超过正常的体重标准,所以要参考脂肪厚度。

2. 脂肪厚度的测量

测量时,被测者直立,两臂自然下垂,测量者将其肩胛骨下角 5 厘米处皮肤和皮下脂肪与脊柱成 45°角捏起,用卡尺量得的数值即为脂肪厚度。一般正常人的脂肪厚度为 0.5 厘米～0.8 厘米,超过这个数值说明脂肪过多;反之,说明脂肪过少。对同样体重的人通过检测脂肪厚度,可确定体型是肌肉型、肥胖型或为消瘦型。当您采取健身锻炼措施后,若测得脂肪厚度逐渐趋于或低于正常水平,则说明健身锻炼的效果良好。

3. 身高的测量

身高是骨骼发育情况的主要指标。测量时,被测者不得穿鞋,足跟、骶部和两肩胛骨中间部位与身长计的立柱紧贴;两臂自然下垂,眼睛平视。测量误差不得超过 0.5 厘米。人的身高一般在清晨较高、傍晚较低。这是因为经过一天的活动和身体重力的作用,足弓变浅;脊柱椎体间隙变小,椎间盘变薄;脊柱也会弯曲一些。而经过一夜的休息,清晨时身高又复原了。所以,身高测量应在相同时间、相同条件下,用统一方法进行测量,以减少误差。

4. 颈围的测量

颈的围度可反映颈部肌肉的发育情况。测量时,被测者身体直立、眼睛平视、两臂自然下垂,口微开以减少颈部肌肉的紧张,测量者将皮尺水平置于颈后第七颈椎上缘,前面置于喉结下方,即颈部最细的部位,这样所测量的围度即为颈围。

5. 肩围的测量

肩的围度可反映肩部骨骼和肌肉的发育情况。测量时,被测者直立,两臂自然下垂;测量者将皮尺放在两腋前线顶点,水平围肩一周所测量的围度即为肩围。

6. 胸围的测量

胸的围度,反映着胸廓的大小和胸部肌肉与乳房的发育情况,是身体发育状况的重要指标。测量时,被测者身体直立,两臂自然下垂。皮尺前面放在乳头上缘(女子放在乳房上),皮尺后面置于肩胛骨下角处。先测量安静时的胸围度,再测深吸气时的胸围度,最后测深呼气时的胸围度。深吸气时与深呼气时的胸围之差称为呼吸差,可反映呼吸器官的功能。一般成人呼吸差为 6 厘米～8 厘米,经常参加锻炼者的呼吸差则可达 10 厘米以上。测量未成年女性时,测量者应将皮尺水平放在肩胛骨下角,前方放在乳峰上,测出胸廓一周的围度。同时,在测量胸围时应注意提醒被测者不要耸肩,呼气时不要弯腰。

7. 臂围的测量

臂的围度可反映上肢肌肉的发育情况。

上臂围的测量：应先测量上臂肌肉紧张时的围度，再测量肌肉放松时的围度。被测者单臂侧平举，掌心向上，用力握拳屈肘；测量者将皮尺放在肱二头肌最突出部位测量；然后上臂放松，自然下垂，在同一部位测量肌肉放松时的上臂围。二者之差称为臂围差。上臂肌肉越发达，收缩与放松时的围度差就越大。若将测量出的左右两上臂臂围值相比较，就可看出其左右两臂肌肉的发育是否均匀。

前臂围的测量：被测者两臂自然下垂，测量者应将皮尺放在前臂最粗部位测量出其围度。把测量出的左右两前臂臂围值相比较，也可看出其左右两臂肌肉的发育是否均匀。

8. 腰围的测量

腰的围度可反映出腰腹部肌肉的发育情况。测量时，被测量者应直立，两臂自然下垂，呼吸保持平稳，不要收腹；测量者将皮尺水平放在髂嵴以上 3～4 指处，也就是腰的最细部位。这样测出的围度即为腰围。

9. 臀围的测量

臀的围度可反映出髋部骨骼和肌肉的发育情况。测量时，被测者应两腿并拢直立，两臂自然下垂，测量者将皮尺水平放在髋部左右大转子骨的尖端，围臀一周所测得的围度即为臀围。

10. 腿围的测量

腿的围度可反映下肢肌肉的发育情况。

大腿围的测量：被测者两腿分开与肩同宽，两腿平均负担体重。测量者将皮尺放在后面臀下横纹处，水平测量大腿一周的围度即为大腿围。将测出的左右两大腿围度值相比较，可看出其左右大腿肌肉的发育是否均匀。

小腿围的测量：被测者两腿分开与肩同宽，两腿平均负担体重。测量者将皮尺放在小腿最粗的部位，测量一周的围度即为小腿围。将测量出的左右两小腿围度值相比较，可看出其左右两腿肌肉的发育是否均匀。

11. 脉搏的测量

脉搏是指动脉的搏动。脉搏频率，简称心率。测心率是评价心血管功能的一项重要指标。测量时，被测者坐着或平躺着，测量者以食指、中指和无名指的指端按住被测者腕部的挠动脉，以 10 秒钟为单位，连续测三个 10 秒钟，当其中两个 10 秒钟脉搏搏动次数相同，并与另一个 10 秒钟的搏动次数相差不超过一次时，以 10 秒钟搏动次数乘以 6 的所得数，即可认定为安静时每分钟脉搏次数。

在正常情况下，成年人安静时每分钟脉搏为 70 次左右。通过长期参加健身运动锻炼的健身者，安静时心跳缓慢，强而有力，脉搏次数也少，大致每分钟在 50 次左右，这是心脏机能加强和提高的表现。

12. 血压的测量

血压是指流动着的血液对血管的侧压。我们平时所讲的血压是指动脉血压。动脉血压分为收缩压(高压)和舒张压(低压)两种。测量前要先静坐 10 分钟,一般正常高压为 100～130 毫米水银柱,低压为 60～90 毫米水银柱。

13. 肺活量的测量

人体尽全力吸气后,再尽全力呼出的气体总量,称为肺活量。肺活量可以用肺活量计测试。测量前先做 1～2 次深呼吸,然后尽量吸气再尽量呼气。在呼气时不能做任何附加动作,要一次呼出。测三次,取其中的一次最大值。成年人的肺活量一般为 3500 毫升。如经常坚持参加健身运动中的有氧锻炼项目,肺活量可达 5000～6000 毫升。

(二)计算评价

根据测量所得到的数据,结合现代健身与健美运动对人体形态和机能等发展的要求通过下列计算方法来评价健身与健美锻炼的效果。

1. 标准体重的计算方法

男子标准体重(千克)=50+〔身高(厘米)-150〕×0.75+(年龄-21)÷5

女子标准体重(千克)=50+〔身高(厘米)-150〕×0.32+(年龄-21)÷5

2. 身高与体重关系指数的计算方法

$$指数=身高(厘米)-〔100+体重(千克)〕$$

评定标准为:男子标准指数为 5～8,女子标准指数为 3～5。若指数大于 15 时,则身体过于细长,肌肉无力;若指数小于 1 时,则身体过于肥胖。

3. 体格指数的计算方法

它是体重与身高之比和胸围与身高之比的总和,充分反映了人体纵轴、横轴和组织密度,与心肺和呼吸机能息息相关,是一个很好的评价体质、体格状况的指数。计算公式如下:

$$指数=\frac{体重(千克)+胸围(厘米)}{身高(厘米)}×100$$

评定标准为:男子指数在 85 以上为体格发育良好,指数在 84～84.9 为体格发育一般,指数在 84 以下为体格发育较差;女子指数在 82.5 以上为体格发育良好,指数在 81.5～82.4 为体格发育一般,指数在 81.5 以下为体格发育较差。

4. 标准体型的计算方法

女子:

胸围长约等于臀围长;

腰围长比胸围长或臀围长小 25 厘米;

大腿围比腰围长小 25 厘米;

小腿围比大腿围长小 15 厘米;

上臂围长约两倍于手腕围长。

男子:

胸围长约等于臀围长;

腰围长比胸围长或臀围长小 13～18 厘米；

大腿围比腰围长小 20～25 厘米；

踝围长比小腿围长小 15～18 厘米；

上臂围长约两倍于手腕围长。

5．健美体型的计算方法

女子：

胸围长＝身高(厘米)×0.515；

胸底围长＝身高(厘米)×0.432；

腰围长＝身高(厘米)×0.340；

腹围长＝身高(厘米)×0.457；

臀围长＝身高(厘米)×0.542。

男子：

身长(厘米)∶胸围长(厘米)＝1.60～1.65；

胸围长(厘米)∶上臂围长(厘米)＝2.80～3.00；

胸围长(厘米)∶大腿围长(厘米)＝1.80～2.00；

胸围长(厘米)∶腰围长(厘米)＝1.50～1.55；

颈围长(厘米)＝上臂围长(厘米)＝小腿围长(厘米)。

6．全身肌肉群发达程度的计算方法

A＝〔(两上臂围＋两大腿围＋两小腿围＋胸围)÷2〕÷〔(两腕围＋两膝围＋两踝围)÷2〕

经计算 A 值越大，说明全身各部位肌肉群越发达，体态越丰腴健美。

7．全身肌肉群均衡发展的计算方法

通过对两上臂围差，两大腿围差和两小腿围差的计算，得出的差值越小越好。因为围度差值越小，就说明身体的各部位比例越趋于协调、匀称，肌肉的发展也越趋于均衡、饱满、健美。

8．营养指数的计算方法

人体的营养状况，常通过测定腹部和肩胛下皮下脂肪厚度的方法来评定。脂肪和身高、体重存在一定的相互关系，因此，人们往往用由体重、身高等形态发育指标派生出的营养指标来间接地反映人体的充实度、营养状况和体型特点。计算公式如下：

$$(\sqrt[3]{10 \times 体重(千克)} / \frac{1}{2} 身高(厘米)) \times 1000$$

评定标准为：指数在 100 以上为营养状况优，指数在 95～99 为营养状况良，指数在 90～94 为营养状况中，指数在 85～89 为营养状况较差，指数在 84 以下为营养状况差。

9．合理运动负荷心率的计算方法

通过实验发现，能强身健体的合理运动负荷是本人最大运动心率值的 85％～65％，也称为靶心率或叫做目标心率(是指能获得锻炼效果并能确保安全的心率)。计算方法为：

最大运动心率＝220－年龄；

合理运动负荷心率的上限＝最大运动心率×85％；

合理运动负荷心率的下限＝最大运动心率×65％；

比如,年龄为40岁的人,他的最大运动心率为220－40＝180(次/分)。那么,合理运动负荷心率:上限应为180×85％＝153(次/分);下限应为180×65％＝117(次/分)。这就是说,他锻炼时的心率在153～117次/分之间,表明运动负荷是合理的。高于或低于此范围,就要适当减小或增大运动负荷,把运动心率调整到这个范围。

10. 心脏功能的计算方法

(1) 40岁以下青年人心脏功能的计算方法

测评前先测安静时脉搏数的稳定值,接着在30秒钟内做20次原地下蹲起立动作(要求下蹲起立必须深蹲,臀部靠近脚跟,两手不得摆动),以脉搏次数上升的百分比,作为评价心脏功能的指标。计算公式如下:

$$上升值(\%) = \frac{蹲起后脉搏次数 - 安静时脉搏次数}{安静时脉搏次数}$$

评定标准为:上升值达到25％以下为优;上升值达到26％～50％为良;上升值达到75％为及格;上升值达到75％以上为差。

(2) 40岁以上中年人心脏功能的计算方法

测评前先测安静时脉搏数的稳定值,接着在60秒钟时间内上四层楼,立即测脉搏次数。

评定标准为:心率在100次/分以下为好;心率在101～120次/分为较好;心率在121～140次/分为一般;心率在141次/分以上为差。

(3) 60岁以上老年人心脏功能的计算方法

先静卧10分钟,测量仰卧1分钟的脉搏次数,然后慢慢起立,再测量起立后的脉搏次数。计算公式如下:

$$差数 = 起立后脉搏数 - 仰卧时脉搏数$$

评定标准为:差数在10以内为好;差数在11～16以内为较好;差数在17～20以内为一般;差数在21以上为差。

(三) 查表评价

您要想知道自己参加健身与健美锻炼时体重是否过重、体脂厚度和心率等情况,只要您逐项对照一下表中的数据,再按判断标准计算,就可以大体上心中有数了。

(四) 达标评价

达标评价是指同既定的近期和远期目标或同身材相类似的优秀健身与健美运动员进行比较,看看自己是否达到或接近体态健美和体能素质的理想标准,以便客观准确地评价锻炼成效。

第三节　实现健身与健美锻炼的目标

一、健身与健美锻炼者水平的划分

（一）初级水平：你是一名健身运动或健美运动爱好者，但你以前从未接受过健身与健美教育和参加过任何健身与健美运动的专门学习或训练。

（二）中级水平：你是一名健身运动或健美运动参与者，你过去曾断断续续地接受过健身与健美教育和参加过专门的健身与健美训练，或你一直坚持参加每周至少 3～4 次的定期业余健身运动与健美运动训练。

（三）高级水平：你是一名业余健身（健身先生或健身小姐），或健美运动员（健美先生或健美小姐），你接受过正规的健身与健美教育和参加过系统的竞技健身与健美训练或你每年参加一次省级以上健身或健美竞赛，并且是以健身运动与健美运动作为自己生活方式的人。

二、健身与健美锻炼实现的目标

（一）男子初级健身健美锻炼者体能标准表（表 5 - 1）

表 5 - 1　男子初级健身健美锻炼者体能标准表

项　目 分　数	50 米 （秒）	1000 米 （分秒）	立定跳远 （米）	推铅球 （米）	单杠引体向上 （次）
40	7″7	4′15″	2.17	6.60	10
35	7″9	4′20″	2.13	6.30	9
30	8″1	4′25″	2.09	6.00	8
25	8″3	4′30″	2.05	5.70	7
20	8″5	4′35″	2.01	5.40	6
15	8″7	4′40″	1.97	5.10	5
10	8″9	4′45″	1.93	4.80	4
5	9″1	4′50″	1.89	4.50	3
说　明	初级健身健美锻炼者每项成绩达到 40 分，即实现体能训练目标。				

（二）女子初级健身健美锻炼者体能标准表（表5－2）

表5－2　女子初级健身健美锻炼者体能标准表

项　目 分　数	50米 （秒）	800米 （分秒）	立定跳远 （米）	推铅球 （米）	一分钟仰卧起坐 （次）
40	9″2	4′10″	1.58	4.80	19
35	9″4	4′15″	1.54	4.60	17
30	9″6	4′20″	1.50	4.40	15
25	9″8	4′25″	1.46	4.20	13
20	10″0	4′30″	1.42	4.00	11
15	10″2	4′35″	1.38	3.80	9
10	10″4	4′40″	1.34	3.60	7
5	10″6	4′45″	1.30	3.40	5
说　明	初级健身健美锻炼者每项成绩达到40分，即实现体能训练目标。				

（三）男女初级健身健美锻炼者肌力增长值表（表5－3）

表5－3　男女初级健身健美锻炼者肌力增长值表

动作名称	力量增长值（千克）
坐姿颈前持铃向上推举	10±5
站姿双手持铃反握弯举	4±1
站姿持铃前、侧平举	4±1
平卧双手持铃推举	15±5
躬身双手持铃上拉	10±2
俯卧双臂屈伸	10±5
单杠引体向上	5±2
站姿双肩负重深蹲起	12±3
仰卧屈膝起身	15±5
备 注	1. 力量增长值：是指开始训练时所选择的最大重量的重复次数8RM，经过3个月训练后所得到的实际增长值。如站姿推举动作，开始练习重量是20千克推举8次，现在增长为30千克推举8次，其最大增长值为10。 2. RM：是指某一部位肌群在疲劳前能举起某一指定次数的最大负荷。

（四）男女初级健身健美锻炼者身体形态增长值表（表5－4）

表5－4　男女初级健身健美锻炼者身体形态增长值表

身 体 形 态 名 称	形 态 增 长 值
体　　　重（千克）	2.5±1
颈　　　围（厘米）	2±1
肩　　　围（厘米）	5±2
胸　　　围（厘米）	7±3
上　臂　围（厘米）	3±1
前　臂　围（厘米）	1.5±0.5
臀　　　围（厘米）	3±1
大　腿　围（厘米）	3.5±1
小　腿　围（厘米）	1.5±0.5
备注	1.本表是参加初级健身健美锻炼3个月后身体形态正常增长值。 2.身体形态增长值是指通过力量的增长使身体各主要部位的形态和体重发生变化,其体重增加和围度增大。

（五）男子初级健身健美锻炼者专项力量标准表（表5－5）

表5－5　男子初级健身健美锻炼者专项力量标准表

级别＼项目标准	48～54 (kg)	55～61 (kg)	62～70 (kg)	71～77 (kg)	78～84 (kg)	85～93 (kg)
平卧双手持铃推举	71	78	85	92	98	105
站姿持铃向上推举	47	52	57	63	69	72
站姿双手持铃反握弯举	20	24	29	33	37	42
站姿双手持铃直腿硬拉	98	107	115	123	131	140
站姿双手肩负重深蹲起	85	93	101	109	117	126
备注	级别指健身健美锻炼者的体重;级别和标准的计量单位均为千克;达到全部标准者方可进入中级健身健美锻炼阶段。					

（六）女子初级健身健美锻炼者专项力量标准表（表5－6）

表5－6　女子初级健身健美锻炼者专项力量标准表

项目标准＼级别	48～54 （kg）	55～61 （kg）	62～70 （kg）
平卧双手持铃推举	40	44	48
站姿持铃向上推举	26	29	32
站姿双手持铃反握弯举	11	14	17
站姿双手持铃直腿硬拉	71	77	83
站姿双手肩负重深蹲起	61	67	73
备　　注	级别指健身健美锻炼者的体重;级别和标准的计量单位均为千克;达到全部标准者方可进入中级健身健美锻炼阶段。		

（七）男子初级健美训练者体型健美标准表（表5－7）

表5－7　男子初级健美训练者体型健美标准表

项目数据＼级别			60kg	65kg	70kg	75kg
颈　围			35	36	36	38
肩　围			110	113	115	118
胸围	常　态		96	101	101	103
	吸　气		103	105	109	109
大臂围	左	伸直	31	34	34	35
		弯屈	35	36	37	38
	右	伸直	32	33	34	35
		弯屈	36	37	38	39
小臂围	左		27	28	28	28
	右		27	28	28	29
腰　围			67	69	70	73
髋　围			70	71	73	75

续表

级别\项目数据		60kg	65kg	70kg	75kg
大腿围	左	51	52	54	55
	右	51	53	54	55
小腿围	左	34	35	35	36
	右	34	36	36	36
备 注		计量单位均为厘米。			

表 5-8 男子初级健美训练者体型健美标准表

级别\项目数据			80kg	85kg	90kg	90kg+
颈 围			38	38	39	39
肩 围			118	122	122	124
胸围	常 态		101	108	112	113
	吸 气		105	111	114	115
大臂围	左	伸直	34	36	38	39
		弯屈	37	38	40	41
	右	伸直	34	35	38	39
		弯屈	38	39	41	42
小臂围	左		27	29	29	31
	右		27	30	30	31
腰 围			75	75	77	80
髋 围			82	85	87	91
大腿围	左		56	58	59	60
	右		55	58	59	61
小腿围	左		38	39	40	40
	右		38	39	40	40
备 注			计量单位均为厘米。			

（八）女子初级健美训练者体型健美标准表（表5－9）

表5－9 女子初级健美训练者体型健美标准

级别\项目数据			46kg	49kg	52kg
颈 围			28	30	30
肩 围			91	95	96
胸围	常态		77	79	84
	吸气		80	81	86
大臂围	左	伸直	23	24	24
		弯屈	25	25	26
	右	伸直	24	25	24
		弯屈	25	26	26
小臂围	左		20	20	21
	右		21	21	21
腰 围			58	59	61
髋 围			65	72	77
大腿围	左		46	45	49
	右		47	45	49
小腿围	左		32	31	33
	右		32	31	33
备 注			计量单位均为厘米。		

表5－10 女子初级健身健美锻炼者体型健美标准

级别\项目数据		55kg	58kg	58kg＋
颈 围		31	31	32
肩 围		95	96	98
胸围	常态	83	84	88
	吸气	86	87	90

级别 项目数据			55kg	58kg	58kg＋
大臂围	左	伸直	24	25	25
		弯屈	25	27	27
	右	伸直	24	26	26
		弯屈	26	28	28
小臂围	左		22	23	23
	右		22	23	23
腰围			63	65	66
髋围			84	85	87
大腿围	左		49	52	52
	右		50	52	52
小腿围	左		33	34	35
	右		33	34	35
备注			计量单位均为厘米。		

（九）男子中级健身健美锻炼者体能标准表（表5－11）

表5－11　男子中级健身健美锻炼者体能训练标准表

项目 分数	50米 （秒）	1000米 （分秒）	立定跳远 （米）	推铅球 （米）	单杠引体向上 （次）
80	6″7	3′35″	2.49	9.00	15
75	6″8	3′40″	2.45	8.70	
70	6″9	3′45″	2.41	8.40	14
65	7″0	3′50″	2.37	8.10	
60	7″1	3′55″	2.33	7.80	13
55	7″2	4′00″	2.29	7.50	
50	7″3	4′05″	2.25	7.20	12
45	7″5	4′10″	2.21	6.90	11
说明	中级健身健美锻炼者每项成绩达到80分,即实现体能训练目标。				

(十)女子中级健身健美锻炼者体能标准表(表 5 - 12)

表 5 - 12　女子中级健身健美锻炼者体能标准表

项目 分数	50 米 (秒)	800 米 (分秒)	立定跳远 (米)	推铅球 (米)	一分钟仰卧起坐 (次)
80	8″2	3′30″	1.90	6.40	35
75	8″3	3′35″	1.86	6.20	33
70	8″4	3′40″	1.82	6.00	31
65	8″5	3′45″	1.78	5.80	29
60	8″6	3′50″	1.74	5.60	27
55	8″7	3′55″	1.70	5.40	25
50	8″8	4′00″	1.66	5.20	23
45	9″0	4′05″	1.62	5.00	21
说　明	中级健身健美锻炼者每项成绩达到 80 分,即实现体能训练目标。				

(十一)男子中级健身健美锻炼者专项力量标准表(表 5 - 13)

表 5 - 13　男子中级健身健美锻炼者专项力量标准表

级别 项目标准	48～54 (kg)	55～61 (kg)	62～70 (kg)	71～77 (kg)	78～84 (kg)	85～93 (kg)
平卧双手持铃推举	95	104	113	122	131	140
站姿持铃向上推举	62	69	76	84	92	96
站姿双手持铃反握弯举	26	32	39	44	49	56
站姿双手持铃直腿硬拉	131	142	153	164	175	186
站姿双肩负重深蹲起	113	124	135	145	156	168
备　　注	级别指健身健美锻炼者的体重;级别和标准的计量单位均为千克;达到全部标准者方可进入高级健身健美锻炼阶段。					

（十二）女子中级健身健美锻炼者专项力量标准表（表5－14）

表5－14　女子中级健身健美锻炼者专项力量标准表

项目标准 级别	48～54 (kg)	55～61 (kg)	62～70 (kg)
平卧双手持铃推举	53	58	65
站姿持铃向上推举	35	39	43
站姿双手持铃反握弯举	15	18	22
站姿双手持铃直腿硬拉	94	102	110
站姿双手肩负重深蹲起	82	89	97
备　注	级别指健身健美锻炼者的体重；级别和标准的计量单位均为千克；达到全部标准者方可进入高级健身健美锻炼阶段。		

（十三）男子中级健美训练者体型健美标准表（表5－15）

表5－15　男子中级健美训练者体型健美标准表

项目数据 级别			60kg	65kg	70kg	75kg
颈　围			36	37	38	39
肩　围			112	116	123	125
胸围	常　态		101	103	106	109
	吸　气		104	106	111	115
大臂围	左	伸直	34	36	37	38
		弯屈	38	39	40	41
	右	伸直	34	36	37	38
		弯屈	38	39	40	41
小臂围	左		28	29	30	30
	右		28	29	30	30
腰　围			65	68	71	71
髋　围			71	72	74	76
大腿围	左		53	54	55	59
	右		53	54	55	59
小腿围	左		36	36	38	39
	右		36	36	38	39
备　注			计量单位均为厘米。			

表 5－16　男子中级健身健美锻炼者体型健美标准表

级别 项目数据			80kg	85kg	90kg	90kg＋
颈　围			39	41	42	42
肩　围			122	124	127	130
胸围	常态		103	107	112	115
	吸气		106	114	119	121
大臂围	左	伸直	36	38	39	41
		弯屈	38	41	42	44
	右	伸直	36	38	39	41
		弯屈	39	41	42	44
小臂围	左		29	31	32	32
	右		29	31	32	32
腰　围			74	78	81	84
髋　围			83	85	87	92
大腿围	左		58	61	61	62
	右		58	61	61	62
小腿围	左		40	41	41	41
	右		40	41	41	41
备　注			计量单位均为厘米。			

（十四）女子中级健美训练者体型健美标准表（表 5－17）

表 5－17　女子中级健美训练者体型健美标准表

级别 项目数据		46kg	49kg	52kg
颈　围		30	31	32
肩　围		96	97	99
胸围	常态	82	84	85
	吸气	86	88	89

级别 项目数据			46kg	49kg	52kg
大臂围	左	伸直	25	26	27
		弯屈	28	28	31
	右	伸直	25	26	27
		弯屈	28	28	31
小臂围	左		22	23	23
	右		22	23	23
腰 围			59	60	63
髋 围			74	78	82
大腿围	左		48	49	51
	右		48	49	51
小腿围	左		33	34	34
	右		33	34	34
备 注			计量单位均为厘米。		

表 5－18 女子中级健美训练者体型健美标准表

级别 项目数据		55kg	58kg	58kg＋
颈 围		32	32	33
肩 围		98	100	104
胸围	常 态	85	86	91
	吸 气	87	89	94
大臂围	左 伸直	25	27	29
	左 弯屈	27	29	31
	右 伸直	25	27	29
	右 弯屈	27	29	31
小臂围	左	22	23	24
	右	22	23	24

续表

级别 项目数据		55kg	58kg	58kg+
腰 围		65	66	67
髋 围		86	87	90
大腿围	左	52	53	54
	右	52	53	54
小腿围	左	34	35	36
	右	34	35	36
备 注		计量单位均为厘米。		

（十五）男子高级健身健美锻炼者体能标准表（表5－19）

表5－19　男子高级健身健美锻炼者体能标准表

项目 分数	50米 （秒）	1000米 （分秒）	立定跳远 （米）	推铅球 （米）	单杠引体向上 （次）
100	6″3	3′15″	2.65	10.20	17
95	6″4	3′20″	2.61	9.90	17
90	6″5	3′25″	2.57	9.60	16
85	6″6	3′30″	2.53	9.30	15
说 明	高级健身健美锻炼者每项成绩达到100分,即实现体能训练目标。				

（十六）女子高级健身健美锻炼者体能标准表（表5－20）

表5－20　女子高级健身健美锻炼者体能标准表

项目 分数	50米 （秒）	800米 （分秒）	立定跳远 （米）	推铅球 （米）	一分钟仰卧起坐 （次）
100	7″8	3′10″	2.06	7.20	43
95	7″9	3′15″	2.02	7.00	41
90	8″0	3′20″	1.93	6.80	39
85	8″1	3′25″	1.94	6.60	37
说 明	高级健身健美锻炼者每项成绩达到100分,即实现体能训练目标。				

（十七）男子高级健身健美锻炼者专项力量标准表（表5－21）

表5－21　男子高级健身健美锻炼者专项力量标准表

级别 项目标准	48～54 (kg)	55～61 (kg)	62～70 (kg)	71～77 (kg)	78～84 (kg)	85～93 (kg)
平卧双手持铃推举	119	130	141	152	164	175
站姿持铃向上推举	77	86	95	105	115	120
站姿双手持铃反握弯举	32	40	49	55	61	70
站姿双手持铃直腿硬拉	164	177	191	205	219	232
站姿双肩负重深蹲起	141	155	169	181	195	210
备　注	级别指健身健美锻炼者的体重;级别和标准的计量单位均为千克。					

（十八）女子高级健身健美锻炼者专项力量标准表（表5－22）

表5－22　女子高级健身健美锻炼者专项力量标准表

级别 项目标准	48～54 (kg)	55～61 (kg)	62～70 (kg)
平卧双手持铃推举	66	72	82
站姿持铃向上推举	44	49	54
站姿双手持铃反握弯举	19	22	27
站姿双手持铃直腿硬拉	117	127	137
站姿双手肩负重深蹲起	103	111	121
备　注	级别指健身健美锻炼者的体重;级别和标准的计量单位均为千克。		

（十九）男子高级健美训练者体型健美标准表（表5－23）

表5－23 男子高级健美训练者体型健美标准表

项目数据 级别			60kg	65kg	70kg	75kg
颈 围			37	38	39	40
肩 围			113	119	124	127
胸围	常 态		102	103	108	110
	吸 气		105	110	114	116
大臂围	左	伸直	34	37	38	38
		弯屈	39	40	42	42
	右	伸直	34	37	38	38
		弯屈	39	40	42	42
小臂围	左		29	30	32	33
	右		29	30	32	33
腰 围			67	69	72	74
髋 围			80	83	85	88
大腿围	左		54	55	57	60
	右		54	55	57	60
小腿围	左		37	38	39	40
	右		37	38	39	40
备 注			计量单位均为厘米。			

表5－24 男子高级健身健美锻炼者体型健美标准表

项目数据 级别		80kg	85kg	90kg	90kg＋
颈 围		40	42	43	44
肩 围		125	130	133	136
胸围	常 态	108	111	115	117
	吸 气	119	119	121	123

项目数据＼级别			80kg	85kg	90kg	90kg＋
大臂围	左	伸直	39	40	41	42
		弯屈	42	43	44	45
	右	伸直	39	40	41	42
		弯屈	42	43	44	45
小臂围	左		31	33	34	35
	右		31	33	34	35
腰 围			76	80	82	85
髋 围			89	92	93	98
大腿围	左		60	62	64	65
	右		60	62	64	65
小腿围	左		41	42	42	43
	右		41	42	42	43
备 注			计量单位均为厘米。			

（二十）女子高级健美训练者体型健美标准表（表 5－25）

表 5－25　女子高级健美训练者体型健美标准表

项目数据＼级别			46kg	49kg	52kg
颈 围			32	33	34
肩 围			97	98	100
胸围	常态		85	87	89
	吸气		89	92	97
大臂围	左	伸直	26	26	27
		弯屈	29	28	31
	右	伸直	26	26	27
		弯屈	29	28	31

续表

级别 项目数据		46kg	49kg	52kg
小臂围	左	24	23	23
	右	24	23	23
腰　围		60	62	65
髋　围		77	80	84
大腿围	左	49	50	52
	右	49	50	52
小腿围	左	33	35	36
	右	33	35	36
备　注		计量单位均为厘米。		

表 5 - 26　女子高级健美训练者体型健美标准表

级别 项目数据			55kg	58kg	58kg＋
颈　围			33	34	35
肩　围			100	103	107
胸围	常态		90	92	94
	吸气		95	98	99
大臂围	左	伸直	28	30	33
		弯屈	31	33	35
	右	伸直	28	30	33
		弯屈	31	33	35
小臂围	左		24	25	26
	右		24	25	26
腰　围			66	67	68
髋　围			88	90	91
大腿围	左		53	55	56
	右		53	55	56
小腿围	左		35	36	37
	右		35	36	37
备　注			计量单位均为厘米。		

总之,测量是基础;对比是手段、方法;评价是目的、结果;而改进则是健身者努力的方向。所以,健身者参加正规的健身与健美运动锻炼后,可采用上述方法随时检查,定期复测,以便科学地评价健身与健美锻炼的效果和身心健康与体型、体态健美的程度。

 知识拓展

健美健身运动是一个追求健康和美的过程,许多人类社会有关美的概念,也应在健美健身运动中得到体现,这是健美健身应有的境界,所以许多美学的音乐的、表演的等等知识观念方法形式,都是我们应当重视和学习的。

 学以致用

1. 理解掌握健美运动的有关安全训练概念方法。
2. 了解运用健美运动的保护与帮助手段和方法。
3. 对健美运动健身效果的评价,如定性评价,定量评价。
4. 掌握各种状态的对照参考标准,提高训练效果。

第六章　健美运动常见损伤的预防与处理

应知导航

本章介绍了健美训练损伤与疾病发生的规律与原因;常见健美训练损伤;健美训练损伤的处治方法;常见健美训练疾病的防治方法;健美训练损伤的功能恢复;健美训练损伤的预防措施;健美安全训练避免风险因素的措施。俗曰:没什么别没钱,有什么别有病。在生活与训练中一定要预防为主,出现问题及时处理。

健美训练的项目特点决定了其必然要出现一定的损伤,这是每一位健美训练者必须面对的。对一般健美训练者来说,健美训练损伤,不仅使训练者不能参加正常的训练活动,妨碍训练技能和成绩的提高,缩短训练寿命,而且严重者还可造成身体致残。直接影响健美训练者的身心健康、学习和工作,妨碍健美训练的正常开展。因此,从一定意义上来说,健美训练损伤的预防比治疗更为重要。如果大家对预防训练损伤的意义有充分的认识,及时总结经验教训,掌握训练损伤发生的规律,采取有效的安全措施,具体做好各项预防工作,就能最大限度地避免训练损伤,或使训练损伤发生率降到最低限度,从而保证健美教学和健美训练工作的正常进行。

一、健美训练损伤与疾病发生的规律与原因

(一)健美训练损伤发生的规律

训练损伤与专项训练的技术要求有密切关系。因此,它有一定的规律,表现为不同的训练项目各有不同的创伤好发部位及专项多发病。例如,健美训练员的易伤部位为肩部、肘部、腰部、膝部及手腕部,受伤的性质多为拉伤、挫伤和劳损。

为什么会有这种规律呢? 主要决定于两个潜在的因素 :一是训练项目有特殊的技术要求;二是身体某些部位存在一定的生理解剖弱点。当这个两方面不相适应时,就必然会发生训练损伤。

（二）健美训练损伤发生的直接原因

1. 思想上未引起高度重视

健美训练者对健美训练创伤的严重性与预防的重要性从思想上重视不够,是发生创伤的一个重要思想因素。

2. 对预防训练损伤的意义认识不足

训练损伤的发生往往与教师、教练员和学生对预防训练损伤的意义认识不足有关,他们错误地认为"训练损伤不过是些小伤小病,关系不大,要提高训练技能和成绩,伤病是难免的","预防训练损伤是医务人员的事,与己无关"等等。在上述错误思想的影响下,许多人平时不重视安全教育,不积极采取各种行之有效的预防措施,在发生损伤以后,又不认真分析原因、总结经验教训,故使伤害事故不断发生。

3. 训练内容不系统,训练方法不科学

训练必须包括四个内容,即:一般身体训练,专项动作技术训练,体能训练、恢复训练、肌肉造型训练及道德品质的培养。从生理学的角度看,无论哪一种内容的训练都是条件反射的建立过程。在这个过程中,对于健美训练者来讲,专项技术训练不够,动作要领掌握不好,未形成复杂的、巩固的条件反射,存在的错误和缺点就多。错误的技术动作,往往违反身体结构和机能的特点以及训练时的力学原理,就容易造成伤害。当一般体能训练(包括力量、速度、耐力与灵敏等素质)不够时,表现为肌肉力量和弹性差,反应迟钝,关节灵活性和稳定性不够。与此同时,大强度的力量训练往往集中在少数肌肉群上,或者片面追求专项力量训练,这会引起肌肉群间相反功能力量平衡的转移。结果增强了主动肌,消弱了对抗肌,刺激了大肌肉群,忽视了小肌肉群,强化了伸肌,淡化了屈肌。这些都可成为损伤的原因。

另外,由于健美训练者道德品质培养不够,缺少勇敢顽强、坚毅果断、胜不骄败不馁的品质,缺少组织性纪律性及集体主义精神,甚至道德不好,故意伤人违规也可导致训练损伤的发生。

4. 健美训练课和教学比赛等活动组织得不严谨

技术水平低,动作上的失误,不合理地分配训练或教学比赛中的体力,这些是健美训练者发生创伤的主要因素。对准备活动重视不够,导致准备活动没有做或做得不充分,也是受伤的一个主要原因。或因身体处于疲劳状态、患病、有伤等,或大脑皮质训练中枢的兴奋与抑制扩散,造成肌肉不协调,动作僵硬、不熟练,也易引起损伤的发生。

缺乏医务监督致使个别有伤病或过度疲劳的练习者参加训练或教学比赛;在教学、训练中不遵守有关的训练原则(自觉性、直观性、系统性、循序渐进、个别对待和巩固性原则);缺乏保护或保护方法不当,以及组织方法上存在缺点和错误等都可导致各种损伤的发生。

5. 练习者的生理、心理状态不良

睡眠或休息不好,患病受伤或伤病初愈,以及疲劳时,身体机能会相对下降。实践证

131

明,疲惫的练习者,其力量、精确度和共济机能均显著下降;甚至训练技术纯熟的练习者,在疲劳时进行训练,也可能发生训练技术上的错误,引起严重损伤。由于疲劳或过度疲劳的影响,练习者的警觉性和注意力减退,机体反应迟缓,这也是造成创伤的因素。练习者的心理状态,与训练损伤的发生有着密切关系,如果练习者心情不好、情绪不高,对训练、教学、比赛缺乏自觉性和积极性,思想就不集中,也兴奋不起来,在这种情况下训练,必然容易受伤。有急躁情绪,急于求成;信心不足,缺乏勇气,胆怯犹豫;赛前过于紧张;在场上心慌意乱,凡此种种,均容易发生训练损伤。

6. 训练物质条件不理想

场地、器材、保护用具、服装不符合卫生要求,以及场地不平整,器材不安全、训练服不合体、训练鞋不合脚和不良气候等,均是发生健美训练损伤的重要原因和直接因素。

二、常见健美训练损伤

1. 开放性软组织损伤

开放性软组织损伤是伤口与外界相通的软组织损伤。它容易引起出血和感染。健美训练中最常见的是擦伤、切伤、刺伤和撕裂伤等。

(1)擦伤:它是皮肤受外力摩擦所致,使皮肤组织被擦破出血或组织液渗出,例如皮肤与器械表面磨擦引起的擦伤。

(2)撕裂伤:由于外力使组织撕裂的损伤,例如不小心在器械边缘碰撞皮肤而引起的撕裂伤等。

(3)刺伤和切伤:被利器所致的损伤,例如被钉子刺伤、铁器切伤等。

2. 闭合性软组织损伤

闭合性软组织损伤是伤口不与外界相通的软组织损伤,它包括关节韧带扭伤和肌肉、肌腱拉伤以及挫伤等。

(1)挫伤:是钝力直接作用于身体某部引起的闭合性损伤。如训练时互相冲撞,或被踢打,或身体某部碰在器械上,都可以导致发生局部和深层组织的挫伤。轻者可使皮下组织(如肌肉、韧带)挫伤,重者(如头、胸、腹部挫伤)常因某些器官的损伤,合并休克症状。

(2)肌肉拉伤:是在外力直接或间接作用下,使肌肉过度主动收缩或被拉长时,引起的拉伤。主要原因是准备活动不充分、身体训练水平不够、机体疲劳或负荷过度、技术上有缺点、气温过低等。

(3)关节韧带扭伤:这是间接外力所导致的闭合性损伤,是在外力作用下使关节发生超常范围的活动而造成的关节内外侧韧带损伤。轻者仅韧带纤维少量被撕裂,重者部分韧带纤维撕裂,严重者韧带纤维完全断裂,引起关节半脱位或完全脱位,同时合并关节内滑膜和软骨的损伤。其中,四肢关节较容易发生此类损伤。其原因主要是动作技术不正确、训练水平不够和训练场地有缺陷等。

（4）滑囊炎：滑囊又叫滑液囊，是由结缔组织构成的密闭小囊，囊内有滑液。其损伤原因有两种：一种是急性挫伤，使囊壁受损伤而发生炎症，如健美训练者在跪倒时膝碰地引起髌骨前滑囊炎；另一种是慢性损伤，由于局部活动过多，滑囊壁受到反复磨损，如健美训练者因训练安排不当，在训练或比赛中，膝关节长时间在一定范围内屈伸活动，使膝外侧的髂胫束不断地前后滑动，与股骨外髁反复摩擦，从而引起该部滑囊受伤。

（5）肌腱腱鞘炎：腱鞘又称腱滑液鞘，位于肌腱绕过关节和骨隆起的部位。由于肌肉反复收缩，使牵拉的肌腱与包裹的腱鞘不断摩擦，而引起肌腱腱鞘创伤性炎症，称之为肌腱腱鞘炎。又因为腱鞘腔道肿胀、狭窄，故也称之为狭窄性腱鞘炎。

（6）疲劳性骨膜炎：由于过多踏跳和后蹬跑，使小腿的屈趾肌群和胫后肌不断收缩，刺激和牵扯了其骨的附着部分，使该处骨膜和骨质的正常联系遭到破坏而发生的病变。例如，参加见健美训练的人，特别是青少年训练者，由于跑跳次数过多或过多支撑类动作练习，常可能发生小腿骨、前臂尺骨疼痛，这种现象叫疲劳性骨膜炎。

3. 骨折

骨折分类和原因：以皮肤或其他空腔器官分类，骨折可分为闭合性骨折、开放性骨折两大类。以骨折是否完全断裂分类，骨折可分为不完全性骨折（裂缝骨折）和完全性骨折（骨完全断裂成两块）两大类。然而在日常生活中骨折发生的原因主要有直接暴力、间接暴力和肌肉强烈收缩等引起。

骨折症状：当发生骨折时，其症状主要表现为：局部症状有疼痛、肿胀和皮下瘀血、功能障碍、畸形、压痛和震痛、假关节活动及骨摩擦音。轻的骨折无明显的全身症状，严重骨折常伴有出血和神经损伤，因此容易产生休克、发烧、口渴、大便秘结等全身症状。

骨折固定原则：当发生骨折后，为使骨折部位尽快的康复，需尽早的对损伤部位进行固定，以免损伤程度的加深。然而，在骨折固定过程中，需遵循以下原则：

（1）如有休克，则先抗休克，后处理骨折。

（2）如有伤口出血，应先止血，再包扎伤口。

（3）在没有把握或条件不充分的情况下，禁止任何试图整复动作。

（4）就地固定。在固定前，不要无故移动伤员和伤肢。

（5）夹板不要直接接触皮肤，夹板要用绷带缠住或用软纸包上。

（6）固定用的夹板长度和宽度要与骨折肢体相称。

（7）固定的松紧度要合适，不要过松或过紧。

伤后训练：损伤后，为使伤部尽早的康复，应进行伤后的训练。但是，骨折后愈合期的不同，其训练的方法是不同的，一般原则如下：

骨折初期（血肿肉芽期）：局部练习应以肌肉主动收缩为主。

骨折中期（纤维支架连接期）：局部练习应以伤肢上下关节自动伸屈训练为主。

骨折后期(骨痂形成期):此期练习应以伤肢上下关节自动向各方向训练为主,同时要加强肌肉力量练习,并逐步开始负重练习。

三、健美训练损伤的处治方法

（一）闭合性软组织损伤的处理原则

软组织损伤的病理变化与修复过程:根据软组织损伤的病理变化,在修复过程不同时期的特点是:

1. 急性损伤:人体组织受到较大强度的力作用时,可使细胞遭到破坏,发生组织断裂或撕裂,小血管破裂出血等。当出血停止后,即出现反应性炎症及水肿。伤后4～6小时,血肿和渗出液开始凝结,形成凝块。一天左右的时间,从伤处周围长出肉芽组织,它向凝块中伸入,逐渐将凝块吸收,同时渗出的白血细胞将坏死组织清除。通过改善伤员的全身和局部状况,可以提高组织的再生能力,有利于损伤组织完全再生修复和减少瘢痕。

2. 慢性损伤(劳损):病理发展可分为三个阶段:早期、中期、晚期。

（1）早期:由于局部长期负荷过度,引起神经调节机能障碍,使组织内部合成与分解之间失去平衡,组织中糖、类脂和蛋白质的化学结构发生改变,但组织在形态上尚无明显改变。

（2）中期:由于组织中糖、类脂和蛋白质的化学结构长时间遭到破坏,组织细胞营养失调,发生类脂性变、玻璃样变等变化和纤维组织的增生。从外表上检查,可发现组织弹性差,有硬结,局部发硬和变厚等。

（3）晚期:由于局部小血管发生类脂样变,影响血液循环,造成局部缺血,组织温度下降。若血管损害严重,或产生血栓,血流被阻断,还可引起局部组织坏死。此时期伤员除疼痛加重外,还有局部发凉感觉。

（二）软组织损伤的处理原则

根据软组织损伤的病理变化与修复过程的特点,在不同时期的处理原则是:

1. 急性损伤:早期24～48小时内,可用制动、止血、防肿、镇痛等方法以减轻炎症。中期,主要是改善伤部的血液和淋巴循环,促进组织的新陈代谢,使瘀血与渗出液迅速吸收,加速再生修复,防止粘连形成。在后期,主要是增强和恢复肌肉、关节的功能,如有瘢痕硬结、粘连形成,应设法使之软化、分离,以便促进功能的恢复。

2. 慢性损伤:慢性损伤的处理原则主要是改善伤部血液环,促进组织的新陈代谢,合理安排局部的负担量。治疗方法与急性损伤的中后期大致相同。但功能训练和医治要紧密结合。在各种疗法中,以按摩和局部注射肾上腺皮质激素类药物的效果较好。

（三）常见软组织损伤的防治

扭伤,它是由于韧带被撕裂所导致的损伤。韧带撕裂时会随之出现痛楚、肿胀、变色或不能负重等现象。通常未经X光检查难以分辨骨折与扭伤。受伤后应使用RICES(即R—制动、I—冷敷、C—加压、E—抬高、S—固定)的原则予以处理。如果痛楚或肿胀严重,不要让伤者走路,将肢体用夹板固定及安排送往就近医院。

拉伤,它是由于肌肉或其肌腱被撕裂后所造成的损伤,通常被称为肌肉拉伤。情况轻者可能只涉及少量肌肉纤维,而严重者可能会使整条肌肉或肌腱变得衰弱。一般来说,伤处会出现局部肌肉脆弱及肿胀。痛楚通常会抑制该部分肌肉的收缩。受伤后 12 至 24 小时后可能出现瘀痕及变色。受伤后应使用 RICES 原则予以处理。

四、其他防治方法

按摩疗法

（一）按摩疗法的作用

按摩疗法对人体的作用,主要体现在以下几个方面:

1. 对神经系统的作用:可以反射性地改善和调节中枢神经系统的机能,消除疲劳。

2. 对训练系统的作用:使肌肉内毛细血管开放数量增多,加强局部的血液供给,改善营养状况,因而能防治患病肢体的萎缩。

3. 对循环系统的作用:因血管扩张和血流阻力减小,静脉回流加速,从而减轻了心脏的负担。而且按摩的机械作用能加速淋巴液的流动,促进淋巴循环,对消除局部水肿具有良好的效果。

（二）治疗按摩基本手法

治疗按摩的手法很多,日常生活中常见的主要有推摩、擦摩、揉、揉捏、搓、按压、叩打、抖动、运拉等手法。

拔罐疗法

拔罐疗法对机体的主要功能是消除瘀血、祛风湿、舒筋活血等。在治疗过程中,它的操作方法和注意事项如下。

（一）操作方法

1. 火罐的选择:根据拔罐的部位选择适合的火罐。如面积大、肌肉厚的地方,宜用大罐或中罐;面积小、肌肉薄的地方,宜用小罐。

2. 点火方法:投火法(将火投入拔火罐内)、闪火法(火点着后,用夹子夹住火在拔火罐内闪动,等氧气烧完后将火取出)。

3. 留罐时间:以罐大小及吸力强弱而定。大的吸力强的,可拔 3～5 分钟;小的、吸力弱的,可拔 10～20 分钟。

4. 起罐方法:起罐时,一手压罐口;边的皮肤,加手将罐搬斜,使空气进入罐内,罐就自然脱落。

（二）注意事项

1. 年老体弱、皮肤过敏、浮肿、出血性疾病的病人,孕妇的下腹部及下腰部以及皮肤损伤的部位,均不宜拔罐。

2. 拔罐时,病员应取舒适体位,不要移动,以免火罐脱落,并要注意保暖,避免风吹、着凉。

3. 不要烧烫罐口,以免发生烫伤。

4. 罐子拔上后,如患者感觉局部紧而疼,或烧灼痛,应把罐子取下,检查是否烫伤或皮肤过敏。

5. 拔罐过程中,如患者出现头晕、恶心、面色苍白,应立即起罐,并按晕针处理。

冷热疗法

（一）冷敷法

冷敷能使血管收缩,减轻局部充血,降低组织温度,抑制神经的感觉,有止血、退热、镇痛的作用。在急性损伤发生后,应及早施行冷敷,越早越好。

（二）热敷法

热敷能使局部血管扩张,改善血液和淋巴循环,提高新陈代谢,缓解肌肉痉挛,因而有利于伤处瘀血和渗出液的吸收,有利于受伤组织的再生与修复,有消肿、止痛、解痉、减少粘连和促进愈合的作用。受伤24小时后,当红热消退、出血停止时,即可采用热敷治疗。

药物疗法

药物治疗的方法很多,归类于药物特性,主要有外用中药、中药注射剂和内服中药、西药等三大类。功能主要是退热、消肿、止痛、活血化瘀、舒筋通络、祛风湿等。具体的使用应在医生指导下进行。

健美训练损伤后的康复问题:

1. 尽量保持全身训练和未损伤部位的训练(如上肢受伤练下肢,下肢受伤练上肢),以免伤后训练水平、机能状态、健康情况下降。

2. 对已伤部位要根据伤情合理安排训练内容和局部负担量。安排时,要注意循序渐进和个别对待。急性损伤的早期,伤区可暂不活动,以便促使急性症状消退。对慢性损伤与劳损者施行合理的伤后训练是最适宜的。

3. 加强功能训练,如加强伤部有关肌肉的力量练习和关节功能练习,是伤后训练的重要内容,其目的在于发展伤部周围肌肉的负担能力,提高组织结构的适应性,恢复关节、肌肉的正常功能。

4. 加强伤后训练的医务监督。在每次训练前,应做好准备活动,对伤部要使用保护支持带(如护膝、护踝、护腕),或用胶布、绷带固定支持,以加强伤部的稳固性,防止再度受伤。

五、常见健美训练疾病的防治方法

热病

人体以四种方式散热,包括传导、辐射、对流和蒸发。蒸发和对流为最常用的两种方法。对流是身体热量被周围的空气所带走,当气温低于皮肤湿度时,对流才可能发生,汗水经皮肤蒸发使身体得以散热,以上是训练时的主要散热方法。因此,在高气温下训练,你的体能水平必须有很好应付高温下训练的能力。一般在高温下训练,其适应期最少为三十天。而且,在高温下训练时,不可能期望每次训练都有良好的表现。高温下训练,心脏负荷会倍增,血液流向皮肤以降温,而肌肉所获得的血液会随之减少。因此,穿着必须尽量宽松和能吸汗为主。浅色衣服更会将热力反射。一般正常训练情况下不一定需要补充含电解质的饮料。训练前或结束后应尽量补充水分。在高温下训练,其常见的热病种类有:

1. 热痉挛:其症状有肌肉发生痉挛现象,严重出汗和皮肤又冷又湿。其急救方法是在发生痉挛的肌肉上施加压力,给予学员水分补充。

2. 热衰竭:其症状包括大量出虚汗、皮肤冰冷、苍白及汗湿、脉搏快而浅,但只有轻微恶心、头痛及痉挛等现象。它的急救方法是立即安排学员到较凉快的地方,躺卧休息,严重时须见医生。

3. 热中暑:其症状是病发前不出汗、体温骤升、心跳快,出现点状瘀血,失去理性,通常还会昏迷。它的急救方法是立即进行抢救,将学员移到较凉快的地方,用冰块或海绵予以降温。立即寻求医疗援助。

过度训练

(一)过度训练原因及症状

过度训练的主要原因是因为训练方法不当。例如比赛过多、比赛之间缺乏足够的休息、病后身体衰弱、过早参加紧张的训练、生活制度遭到破坏、劳逸结合不好和身体尚未恢复就参加大训练量训练等原因。其主要的症状表现为:

1. 轻微:表现出不愿意参加训练、睡眠不好、食欲减退、头昏、无力、记忆力减退、训练能力降低和训练成绩下降等情况。少数人还可能有心情烦躁和容易激动的情况。

2. 后期:表现出失眠、头痛、活动时容易疲乏和出汗、体重持续下降等情况。

(二)防治措施

1. 早期:调整训练计划,减少训练量,改变训练的内容和方式,注意休息,增加睡眠。

2. 后期:必要时应停止训练,调整生活制度,进行温水浴,恢复按摩和医疗体育。

3. 病愈后恢复训练时,要逐步增加训练量。

4. 预防的主要方法是合理安排训练。训练期间,进行自我监督,系统填写训练日记。

肌肉痉挛

发生肌肉痉挛的原因主要是因寒冷的刺激、大量排汗和肌肉收缩失调等引起。它的主要病症表现有局部肌肉痉挛、疼痛难忍、痉挛处肌肉坚硬,而且一时不易缓解等。对肌肉痉挛的防治方法有:

1.牵引痉挛的肌肉。

2.可配合局部按摩,采用重手法,促使缓解。

3.加强训练,做好准备活动,注意保暖,补充盐分。下水前要用冷水淋湿身体,并在低水温下游泳时间不要过长。疲劳和饥饿时,不宜进行剧烈训练。

运动成瘾

运动成瘾者对自己的训练安排及方式过分地牵挂。他们一天要训练很多次,生怕漏掉,即使是在生病或受伤的时候。虽然健美训练鼓励每日进行以养成终身习惯,但运动成瘾者往往每日把健美训练放在优先于其他活动的突出地位,甚至淡漠对家庭、社会和工作的责任。这种运动强迫症已近乎病态。健美训练的热情是一种宝贵的财富,但必须要和良好的判断力与严格有规律的训练协调在一起,防止不切实际的蛮练,否则就容易损害身体。

训练过度,是健美爱好者参加健美训练过程中遇到的最普遍的一个问题。练习者,往往过高估计自己接受负荷重量的能力,训练的运动量太大使身体疲备不堪;在肌肉疲劳尚未消除之前,又开始新的训练。这种过度的训练是不能提高肌力和"长块"的。实际上,这也是影响训练效果最普遍的原因。比如,不少参加健美训练的人,往往认为加大运动量就能取得更大的效果。正是这种错误思想,导致不少人每周训练6~7天,每天训练3~4个小时。事实上,健美训练的积极效果(如肌肉的发达、体型的丰腴健美和身体增重长壮等)正是在休息阶段实现的。训练时间过长或课次太频,会使机体得不到充分的时间来恢复和补充在长时间训练中所消耗的能源物资。要记住,每周训练3次效果比较好,而每周训练6次效果并不会加倍。相反,训练过度造成受伤的危险却可能同步增长。训练就像吃饭、喝水一样,不是多多益善,重要的是"适度"。所以,健美训练者更应循序渐进地施用超负荷刺激,让肌肉得到充分恢复后,再进行新的训练。同一个肌肉群的训练间隔至少用48小时,这正是大肌肉群的疲劳消除和能源恢复所需的时间,两次训练间隔若超过96小时,训练效果很可能消退殆尽。因此,大肌肉群采用隔日训练是比较理想的选择。腹肌的能量恢复的较快,在一般情况下可天天训练。另外,凡是每次采用健美器械全身性训练者,一次训练课很难把身体各个部位的肌肉都练到,这时往往要采用身体分部训练法,把全身分为2~3个部位,每周练4~6次,每次练一个部分,如此交替进行,既可使各个部位的肌肉群都得到训练,还可以得到充分的"轮休",以消除疲劳。健美训练者必须要明白一个道理,就是"训练过度比训练不足更糟糕"。

躯体性神经机能症

好多女性由于极度渴望"瘦美"的体形而患上躯体性神经机能症,进一步发展下去可能导致神经性厌食症,男子则是由于过分追求"发达的肌肉"而患此症。

对"躯体性神经机能症"的防治方法是:"心理疏导、明白道理,要跟自己比较"。俗话说"人比人,气死人!"由于每个人的体质、体型、体态和身体素质的不同,在开始训练时,应抱着跟自己比较而不是要跟别人比较的宗旨,也就是说要"纵向"(自己训练前后的效果)比较,而不是要"横向"(自己和别人训练前后的效果)比较。这是因为,有些先天体质和素质比较强的人,力量素质好,心肺和消化系统功能比较强,恢复能力也强,参加健美训练后,进步自然比较快;而一个先天性体质和素质比较弱的人,不但恢复能力比较差,能做的动作也比较少,强度也一时不能适应,因此进步比较慢。但决不能因此而灰心,一定要克服攀比的"心理"。因为参加健美训练的目的,就是要克服和弥补自己先天的不足。

六、健美训练损伤的功能恢复

功能恢复训练是指健美训练者遭受损伤后进行有利于恢复或改善功能的身体活动。对训练者来说,除严重的扭伤需要休息治疗外,一般的损伤是不必绝对停止身体练习的。而且,通过适当的、有目的的身体练习和功能训练,对于损伤的迅速愈合和促进功能的恢复有着积极的作用。

功能恢复训练的目的:

1. 保持训练者已经获得的良好身体状态,使其一旦伤愈便能立即投入到正常的健美训练中去。

2. 防止因停止训练而引起的各种疾病。这是因为个体在长期的健美训练中建立起来的各种条件反射性联系,一旦突然停止训练便可能遭到破坏,进而产生严重的机能紊乱,如神经衰弱、胃扩张、胃肠道机能紊乱(功能性腹泻)等,即出现所谓的"停训综合症"。

3 训练者伤后进行适当的训练,可加强关节的稳定性,改善伤部组织的代谢与营养,加速损伤的愈合,促进功能、形态和结构的统一。

4. 通过伤后的功能恢复训练,可以使机体能量代谢趋于平衡,防止体重的增加,缩短伤愈后恢复训练所需的时间。

功能恢复训练的原则:

1. 伤后的功能恢复训练以不加重损伤、不影响损伤的愈合为前提。应尽量不停止全身的和局部的活动。而且,伤部肌肉的训练开始得愈早愈好。

2. 在进行功能恢复训练时,要根据自己的年龄、损伤的部位和特点来选择伤后训练的手段和内容,安排好局部和全身的训练时间和活动量。

3. 功能恢复训练时的活动量的安排,必须遵守循序渐进的原则。特别是在进行损伤愈合过程中的局部训练时,其动作的幅度、频率、持续时间、负荷量的大小等都应逐渐增加。否则,会加重损伤或影响损伤的愈合,甚至会使损伤久治不愈而成陈旧性损伤。

4. 功能恢复训练应注意局部专门练习与全面身体活动相结合。在损伤初期,由于局部肿胀充血、疼痛和功能障碍等,这时以全面身体活动为主,在不加重局部肿胀和疼痛的前提下,进行适当的局部活动。随着时间的推移,损伤逐渐好转或趋向愈合,局部活动的量和时间可逐渐增加。

功能恢复训练的重要标志：

在重新恢复健美竞技状态的过程中，功能恢复占有非常重要的位置。为了完全恢复竞技状态，进行适当的功能恢复是不可缺少的。

健美训练受伤之后为了减轻炎症、肿胀及疼痛首先要采用制动、冷敷、加压、抬高和固定的方法。其后要进行外科治疗（手术、石膏固定等）。为了促进血液循环，从疼痛较轻、伤情较稳定的部位开始进行温热疗法，与此同时也就是功能恢复过程的开始。

功能恢复中最为重要的是不能强行，应该在无痛感的情况下逐渐加强练习。有痛感就意味着负荷过大，会推迟恢复的时间。

功能恢复把"疼痛"作为重要的指标，按柔韧性、肌肉力量、速度、协调能力、全身耐力的顺序逐步进行，在最短的时间内完成功能恢复。做到：无疼痛（疼痛减轻）即是功能恢复训练的开始，这是开始功能恢复训练的重要标志。

功能恢复训练的内容与方法：

1．主动运动：是由患者自己主动完成的一种训练，它包括静力练习、动力练习和等动练习。

静力练习时肌肉的收缩方式属于等长收缩，练习时只是肌肉保持在一个固定的长度上，关节不活动。

动力练习时，关节要产生活动，收缩时肌肉缩短，其产生的活动属于等张运动。

等动练习是利用一种特殊的器械"等动练习器"所进行的一种肌肉练习法。练习时肌肉以最大的力量，做全幅度的收缩运动。该练习依靠器械的作用，将运动的速度限制在适宜的水平上，使肌肉在运动的过程中保持高度的张力，从而获得更好的锻炼效果，它兼有等长与等张收缩两者的优点。

2．被动运动：适用于伤后的各类功能障碍。通过各种被动活动，使痉挛的肌肉得到放松、挛缩的肌肉、韧带和关节囊得到牵伸，增大关节的活动度，恢复关节功能。

3．渐进抗阻运动：该练习可以增进肌肉力量和耐久力，抗阻练习可以增加关节的活动范围与柔软性，对伤愈后从事正常的健美训练时防止损伤也有益处。

七、健美训练损伤的预防措施

为了减少健美训练教学与训练中伤害事故的发生，在日常训练、教学和比赛中应采取以下预防措施。

（一）做好思想教育工作

积极开展预防训练损伤的宣传教育工作。在训练过程中，要不断提高各级人员对预防训练损伤意义的认识水平，要坚持系统性、循序渐进以及个别对待等基本的训练原则。

（二）加强身体全面训练，提高机体对训练的适应能力

要注意加强易伤部位及相应薄弱部位的训练，提高机体的机能水平，尤为重要的是要加强易伤部位的力量练习，积极预防损伤。只有在训练中根据劣势原则专门安排薄弱环节如对抗肌、小肌肉群、屈肌的训练，使劣势环节、薄弱部位得到加强，训练质量提高，受伤才能避免。

（三）加强医务监督工作

建立和健全自我监督制度，教会训练员自我监督。在训练前、训练中和训练后，初学者要随时注意自己的身体反应（如头晕、疲乏感等），注意训练器官的局部反应（如肌肉酸痛、僵硬、关节疼痛等），当反应不良时，要及时调整训练量。练习者伤后初愈恢复训练时，应遵守医生意见，与医生密切配合，随时注意自己训练后的身体反应，特别应注意训练器官的局部反应，建立健全自我监督制度。

（四）掌握正确的健美技术和训练方法

造成比赛和训练中的创伤的一个重要原因是训练员的技术错误或技术掌握不熟练。只有在不断磨练技术和掌握合理的训练方法的基础上，才能进行实战，才能避免健美训练的创伤。要认真做好准备活动，训练内容和训练量要根据所要做的活动的性质、训练员个别情况及气象条件而定，要合理安排训练量，尤其要注意训练器官的局部负担和伤后的训练安排：防止局部负担过重。

（五）加强训练中的保护与自我保护

建立健全必要的保护练习者的规章制度，减少或避免意外事故的发生。对健美训练者而言，在不影响动作技术发挥的原则下要注意保护易伤部位，如肩部、肘部、腰部、膝部和手腕部等。健美训练者还必须学会使用各种保护器具，可根据训练项目的易伤部位选择，也可在损伤症状不重还可训练时使用。

（六）注意器械、设备的卫生要求

建立健全场地器械和保护用品的定期卫生安全检查制度，对已损坏的场地、器械应及时维修，维修前一律禁止使用。禁止穿不合适的服装（包括鞋）参加训练。

总之，只要我们充分加以注意并且采取上述必要的措施，是完全可以将健美训练的损伤降低到最低限度的。

八、健美安全训练避免风险因素的措施

从理论上讲，人们可以选择的健美训练动作不下百种，但如何选择应小心谨慎，因为不是所有的健美训练动作对所有的人都适合。大多数的健美训练动作对人是安全的，但有些训练动作却应该小心选用或避免使用，其原因在于这些动作具有"高风险性"，容易使人受伤，有时对人造成的伤害超过了给人带来的好处。还有一些训练动作严重违背人体力学原理，非常危险，大多数人都不应该去尝试。我们暂且称这类训练动作为"风险动

作"。所以,健美训练应当是个人化或处方化的,有些训练动作别人能做你也可以做,有些训练动作则别人能做却并不一定适合你做。

调查表明,在我国很多社会上的健身房缺乏经过严格培训的健美教练员。严格地说,从消费者安全出发,接受过一般的在职培训、拥有诱人的体型等条件对于健美训练指导职业资格来说,还是不全面的。只有那些持有体育专业大学学历,在人体解剖学、生理学、人体运动学、运动预防和治疗、运动生理学以及教育学、课程学、教学法等方面有 4～8 年学习和研究经历的人,并通过考试取得任教的资格,才有资格担任健美训练指导的工作。这些人可以是体育教师、健身指导员、运动医学专家或康复理疗师。只有那些懂行的专业健美指导人员才能够鉴别出各种"风险动作",采取有针对性的替代措施以确保健美训练者的安全。也只有那些缺乏知识的所谓"教练"才会不顾一切地推荐自己擅长的训练动作,并坚信"我一直都在从事这项运动训练,也从来没有受过伤"。其实,这种"榜样"往往是极不科学的。在选择和从事健美训练的问题上,"小心无大错"才是明智之举。

健美训练过程中存在的"风险"因素。

（一）慢性损伤

健美训练的风险主要是运动损伤。从运动损伤的发生过程和性质来看,可以分为"慢性损伤"和"急性损伤"两种。

慢性损伤通常是由于持续地重复某个动作而导致的,如健美训练中的某些动作。其特点是每一次损伤都发生在局部且非常微小,人要么没有感觉,要么感觉很轻微。这类损伤在其他一些专业文献中常被称作"重复动作综合症"、"过度劳损综合症"等。无论叫什么名称,均是指因重复动作而导致的损伤。再简单的动作,例如手臂向后绕环(掌心向下),如果每周做 3 天,每天做 40 次,并持续 10～20 年,也会危害关节的完整性,造成"磨损"或"撕裂"。这种损伤,人们在年轻时往往不在意,只有到了四五十岁,才意识到腱鞘炎、滑囊炎和关节炎等由于摩擦而造成的肌腱、韧带、关节和骨的病症。有些人晚年时积累性损伤发展到很严重的地步,却依然不清楚致伤的原因,以为是身体老化的结果。由于这种损伤"无形"且没有多少"感觉",练习者就会以为自己所做的练习动作没有风险,从而放松警惕。

现实是很多过去我们认为是衰老而造成的肌肉骨骼系统的病变,如今经常出现在年轻运动员身上,其中椎间盘退化最为常见。所以,许多从事"高风险动作"的职业健美运动员其实是在"透支"自己的身体健康。

（二）急性损伤

急性损伤主要是指在健美训练过程中突发的应激伤、拉伤或扭伤,其特征是损伤发生的即刻或运动持续一段时间后会出现难以忍受的疼痛感。例如,脚尖着地或屈膝时伴随膝部的扭转会破坏膝关节的整体性,造成膝内韧带撕裂和软骨损伤;此时,练习者往往能立即觉察出所谓的"风险动作",主要是指这种可能引起急性损伤的动作。

（三）训练的重复次数

某些训练动作如果只是偶尔做一次的话，对大多数人来说是安全的；但如果反复做，就会变得相当危险。因此，风险动作的重复次数是衡量健美训练安全的重要指标，风险动作重复次数的增加就意味着训练动作安全性的减少。从事有风险的训练动作，也许一次就造成急性损伤，也许重复多次也没有发生什么事情，这就好像是在赌博。例如，"直腿仰卧起坐"这个动作是违反人体结构的，做多了有可能导致腰肌劳损。有的人以这种姿势练习了许多次而没有出现腰背痛，就以为该动作是安全的。这种情况，借用一句俗话，就叫"生活在借来的时间里"，迟早是要还债的。慢性损伤会发生在人的每一次违反人体生理运动规律或正常关节结构的重复性动作中。尽管我们无法完全避免身体所有的磨损，而且也知道"有得必有失"的道理，但我们必须通过减少"风险动作"来降低磨损；因为不这样做的话，健美训练给人带来的好处最终也将失去。当然，一些容易引发慢性损伤的"风险动作"也还是有健美训练价值的，如果重复次数不多或偶尔做一做，倒也无妨。例如，"俯卧挺身"这个练习动作，如果感觉舒服，用它作为腹肌力量练习之后的腰背肌肉的静态伸展和放松动作则是可以的。但切记，即便是在感觉舒服的情况下，重复的过度拉伸练习也是十分危险的。

避免训练风险动作应采取的措施：

某些常见的练习动作看起来没有什么风险，但误做或滥做就可能造成潜在的危害。为达到健美训练的目的，只有经过专业人员的测评并在他们的指导下，才可以去做某个风险动作；否则，就应非常谨慎地选择比较安全的替代性练习。大多数危险动作是可以避免的，关键在有没有得到正确的指导。避免训练风险动作应采取的措施有：

不要过度弯曲膝和颈部。

不要过度拉伸膝、颈或腰背部。

不要给膝施加扭力或侧力。

避免训练时屏住呼吸（强抵抗力训练除外）。

避免拉伸原本就长而弱的肌肉，同时也要避免缩短原本就短而强的肌肉。

避免可能损伤韧带和关节囊的过度拉伸关节练习。

避免外力拉伸颈部，避免突发外力。需要别人帮助拉伸时，要特别小心。

避免给椎间盘施加猛烈的压力。例如，同时伸展、扭转脊柱，绕躯干和颈部以及举双腿。

避免易导致关节和软骨损伤的练习。例如，掌心向下绕手臂练习。

避免对脊柱急速、用力的过度伸展和弯曲。

如果你做的训练动作需要你经常违背人体力学原理，先要确定肌肉和关节是否能承受。

 **知识拓展**

许多医学的知识在健美健身训练中有着至关重要的作用,如中医的很多理念方法手段。拓宽知识领域,健美健身锻炼的结果应是四肢发达,头脑亦发达。

 学以致用

1. 简述预防健美训练损伤的重要意义。
2. 简述健美训练损伤发生的原因。
3. 简述人体不同部位常见的训练损伤。
4. 简述按摩、拔罐、冷热敷、药物等疗法的功能。
5. 简述热病、过度训练、肌肉痉挛等训练疾病的防治方法。
6. 简述健美训练损伤的功能恢复训练程序。
7. 简述健美训练损伤的预防措施。
8. 简述健美安全训练避免风险动作的措施。

第七章　健美健身运动的营养与饮食

应知导航

　　本章介绍了健康饮食;营养与健康;食物与营养;健康食谱等,营养学相关的许多基础知识。俗曰:女人靠睡,男人靠吃。其实天下饮食男女,一睡一吃,都是非常重要的事。好好学点营养学知识,对于健康和训练益处多多。

第一节　健康饮食

　　在日常生活中,合理的营养是生命的能源。它是增进健康、控制体重、缩减脂肪、增长肌肉和改变人体体形的主要因素。饮食和营养对健身健美运动的影响极大,了解和掌握饮食营养知识,对其训练会起到极好的推动作用。健康饮食最重要的就是饮食的平衡,只有平衡膳食才能起到事半功倍的效果。

一、平衡膳食

　　平衡膳食是指营养素种类和搭配比较平衡、合理,适合用膳者的生理需要。平衡膳食能为人体提供充足的热能,满足人们生活、工作的需要。提供充足的优质蛋白质,满足机体生长发育、组织更新与修补的需要。提供充足的维生素和无机盐,用来调节生理功能、构成身体组织、维持正常代谢、增进机体健康。提供适量的纤维素,维持正常的排泄和预防某些疾病。饮食中各种营养素的比例要适宜,充分发挥其功效。所以,平衡的膳食要做到:

　　1. 满足人体对营养素的需要。

　　2. 合理分配餐次与进食量。

145

3. 促进消化和吸收。

4. 引起食欲。

5. 达到饱腹。

6. 按季节变换烹调食物。

7. 符合用膳人的饮食习惯。

8. 注意卫生。

此外,平衡膳食中还应包括机体对营养素的需要量和各种食物的比重等内容。如健美运动员对营养素每日的需要量为:蛋白质约占总热量的 25%;碳水化合物约占总热量的 55%;脂肪约占总热量的 30%;维生素和无机盐按不同的运动量提供足够的量度。食物的比重:粮食类每日约占膳食总重量的 29%;动物肉类和豆类每日约占膳食总重量的 35%;蔬菜每日约占膳食总重量的 34%;其他食物根据具体情况适当配置。

二、膳食计划制订

制订膳食计划时,首先应根据用膳者的年龄、训练强度、健康状况、经济条件、食物烹调技术及食物供应情况等,以营养素的供给标准为基础,来定出每人每日所需的总热量和营养素的数量,然后,确定每人每日进食数量,确定主食与副食,最后合理配膳。具体的步骤:

1. 确定每人每日热能和营养素的供给量。

2. 确定每日主食的数量。

3. 确定每日副食的数量。

4. 膳食的合理调配。

第二节　营养与健康

一、营养的概念

人类为了生存和生活的必须摄取食物,维持生长发育、正常的物质代谢和生理机能及各种生命活动,摄取、消化、吸收和利用食物中的养料以维持生命活动的整个过程称为营养。

二、营养素的作用

营养中对机体有生理功效的成分称为营养素。其主要功能是维护机体健康,提供生长、发育和劳动时所需要的各种营养成分。人体所需要的营养素约有几十种。概括为七大类：蛋白质、脂肪、糖、矿物质、维生素、水和食物纤维。它们各有其独特的营养功效，但在机体的代谢中又紧密联系，缺一不可。

（一）蛋白质

蛋白质能起到修补被破坏的肌纤维的作用，同时又是肌肉组织增生的主要来源。经过科学实验，发现蛋白质在体内除了起到增长肌肉纤维的作用外，还有各种不同的作用。在进行强度训练后，需要补充额外的蛋白质，才能保证肌肉的增长。从事健美运动的人按每 kg 体重每天至少摄入 2 克蛋白质。把每天所需要摄入的蛋白质分 5～6 次，每次至少摄入 30 克左右。你不可能一下子摄入太多的蛋白质，因为几小时后，多余的蛋白质就会被排出。摄入的蛋白质需要经过 2～4 小时才能被消化，然后再被吸收带肌肉中去。如果蛋白质在体内储存 8 小时的话，那么前 4 小时，被消化的蛋白质就陆续地被肌肉吸收，而后 4 小时蛋白质又会被从肌肉中排出去。所以，蛋白质不能在肌肉中储存起来，必须不断地按时补充，这就是为什么要把每天所摄入的蛋白质分成 5～6 次补充，每隔 3 小时左右摄入规定量的蛋白质。当然，过量地摄入蛋白质在生理上也可能带来麻烦，尤其是负责排泄过剩蛋白质的肾会增加负担。

从理论上讲，健美运动员需要增加蛋白质，因为它是增长肌肉的主要营养素。但是人体蛋白质的基本材料是氨基酸。当进行大强度训练时，氨基酸被用作燃料发出能量，同时大量的肌纤维被破坏，就要求摄入更多的蛋白质，以补偿被用作能量所消耗的氨基酸。因此，当完成大强度的训练后，摄入大量高质量的蛋白质是非常重要的。

（二）过量蛋白质带来的危害

我们知道蛋白质是由碳、氢、氧、氮四种元素组成，它的基本单位为氨基酸。在健美训练中，有不少运动员误认为，为了要尽快发达肌肉块，就在食谱中大量增加蛋白质，以致过多地摄入。过量的蛋白质，不但对增长肌肉和提高肌肉功能没有帮助，相反给体内的正常代谢和健康带来了很大的危害。

1. 过量地摄入蛋白质时，伴随着也摄入了大量的饱和脂肪和胆固醇，以致引起肥胖和高血压等疾病。

2. 过量地摄入蛋白质会加重肝和肾的负担，因为肝和肾是引起蛋白质代谢和排泄的主要器官，如蛋白质过量就会诱发肾病。

3. 引起体内脱水，因过多的蛋白质代谢所产生的胺，需要以尿液形式经肾脏排出。

4. 体内多余的蛋白质经机体的作用，可合成为脂肪，而导致肥胖。

5. 过量的蛋白质摄入，会增加尿钙的分泌，使骨密度疏松而容易骨折。

6. 蛋白质的代谢产物是属于酸性的，因此，过量的蛋白质使血液酸化，易引起疲劳，使运动能力下降。

7. 过多的蛋白质积聚在肠道内会产生大量的胺，对身体有害。因此，各种营养素和运动营养品都必须按照人体日常所需要的摄入量定时地摄入，才会起到事半功倍的效果。

8. 摄入过多的蛋白质,会引起尿酸增多,而引发痛风症。

因此,我们必须准确地认识蛋白质对增长肌肉和促进人体健康的作用,要保持均衡和定时、定量地摄入才能获得最好的效果。

（三）氨基酸

氨基酸对人体的生理作用:

1. 它是人体所需浓缩的低脂蛋白质和蛋白质的基本原料。

2. 当在剧烈运动时,它会被用作燃料产生能量。

3. 它能促进和刺激体内新陈代谢作用,并引起产生蛋白质的合成作用。它又能刺激体内荷尔蒙,消除多余的脂肪。

4. 它有助于人体蛋白质的基本组织的合成和肌肉的组成。它还具有体内完成无数的生物化学和生理的功能。

5. 它是增进脑功能的主要媒介。

我们要获得高质量的氨基酸是不容易的。例如:在 100 克的瘦牛肉中,含有 23 克的氨基酸,31 克的脂肪。在 100 克的猪腰中,含有 23 克的氨基酸,29 克的脂肪。在瘦火腿中,只含有 12 克的氨基酸,却含有 70 克的脂肪。即使去掉皮的鸡或火鸡中,也都含有脂肪。只有鱼和水生贝类中,含有相当数量的氨基酸,却不含脂肪。因此,在一般食物中,不可能摄取全部的氨基酸,它总会夹入较多的脂肪和热能。所以,在健美运动员的食谱中,增加服用"补充运动营养品"的氨基酸来补充体内所需就显得非常重要。

但是过多的摄入氨基酸会导致胺的毒素的患害,它会使蛋白质的副产品返回到肌肉中去,反而会引起疲劳。所以,一定要按剂量服用,在服用氨基酸时可以和高蛋白粉饮料同时服用,这样效果会更好些。在服用氨基酸时,也可同时服维生素 B_6,因为它有促进合成蛋白质新陈代谢的基本辅助作用。

（四）碳水化合物

碳水化合物是一种糖原,它储藏在人体的肝脏和肌肉内。肝脏储存的糖原,它是为在能量需要时,转化为葡萄糖溶解在血液中,然后有规律地提供出来。

健美运动员摄入的碳水化合物主要是为了产生锻炼时所需要的热能。碳水化合物又是控制体重的主要营养素,由于蛋白质的摄入是固定的,如果你想增加、减轻或保持体重,就必须调整碳水化合物的摄入量。碳水化合物有两种:

"单纯的"碳水化合物:主要来自糖、米、面粉、土豆、木薯和水果等。

"复合的"碳水化合物:来自蔬菜、水果、果仁和谷物等。

碳水化合物是人体活动能量的主要来源,它和氨基酸一样,在人体内能产生很多的功能。碳水化合物是根据肌肉块和体内的新陈代谢来决定它的需要量,一般按每 kg 摄入 5～7 克的碳水化合物。如果精力很好,体脂在增长,说明碳水化合物摄入太多了。

（五）脂肪

在日常食物中,大多含有脂肪,脂肪也是人体机能所需要的。但脂肪的摄入只能适量或降低到最低限度,摄入过多或超过所需的量,都会对人体带来害处。

对健美运动员来说,在常年中,严格避免摄入脂肪性食物,即使不参加比赛也要避免摄入含脂肪的食物。因此,在食物中,必须考虑那些食物含脂量最低。

例如:一般的肉类含有 60% 的脂肪,而鱼只有 6% 的脂肪,却含有 90% 的蛋白质,所以大多数鱼的含脂量都是较低的。

脂肪的主要作用:

1. 脂肪是提供人体基本的新陈代谢和人体活动的能量来源。

2. 它提供给人体血液中所必须的"可乳化维生素"。

3. 特殊脂肪酸是人体内细胞的基本成分。

（六）维生素和矿物质

维生素和矿物质都是属于微量元素,它们和水一样不能产生人体所需要的热能,也不是人体构成的物质,但是它们有很重要的生理功能作用。我们知道人体内的脂肪纤维是依赖生物化学的反作用对新陈代谢作用的提高和维持起着重要的作用,这些作用的反馈是依靠特殊的维生素和矿物质去帮助催化和推进它们的作用。因此,不论是每一个耐久力的产生还是肌肉的增长,都必须依靠维生素和矿物质来完成。

维生素和矿物质包含在日常大量的食物中,它们的日常需要量虽然很少,但却是不可缺少的。它们虽然不能促进人体内新陈代谢作用,却是人体化学的重要因素。同时它能增进人体抵抗疾病的能力,是维持人体健康所必需的。维生素有两种:

1. "水溶解维生素",它对促进新陈代谢的反应起到了辅助作用。它能调整体内热能、蛋白质和氨基酸的新陈代谢作用,它在体内最多能留存 24 小时。

2. "脂肪溶解维生素",它是产生荷尔蒙作用的重要因素,它能渗透到细胞薄膜中去,可以在体内储藏起来。脂肪溶解维生素包括维生素 A、E、D、K 等。其中维生素 E 是保持肌肉组织的重要因素,尤其是剧烈运动后更需要及时补充。

矿物质有两类:

1. 大量需要的矿物质:钙、磷、镁、钾、硫、钠、氯。

2. 小量需要的矿物质:铁、锌、硒、锰、钼、铜、碘、铬。

在日常饮食中摄入的矿物质,有利于肌肉收缩,保持肌肉组织和平衡血液。其他如钠、钙、镁和锌,能使肌肉产生张紧收缩的作用,这些都是非常重要的。

（七）水

水对人体的作用:

1. 水是人体中产生生物化学作用的重要因素。

2. 人的生命是依靠食物和氧气,它是通过水溶解的媒介传送到人体各个器官中去。

3. 人体内各器官中所产生的一切废物,都要通过水的媒介排出体外。

4. 水对调节和保持人体的体温起十分重要的作用。

5. 水对人体各个关节起到润滑作用。

虽然很多人认为水没有什么营养价值,但它是人体中不可缺少的一部分。水占人体体重的 40%～60%,肌肉中含有 75% 的水,在血液里也有将近 90% 的水,即使在脂肪内也含有少量的水。如果人体内没有足够的水,就会变成脱水状态。但是当体内出现缺水时,体内就会出现自我保持和自动平衡来进行调节。对健美运动员来说,肌肉中保留有适量的水分,就会使肌肉感到更丰满,肌肉线条更明显,而多余的水分就会排出体外。

三、营养与健康

由于年龄、性别、健康状况,以及劳动强度等的差别,人们对于营养素的需要量也不相同。如:营养不良的人,对传染病的抵抗能力就较弱,体力也较差,注意力也不易集中。同时,营养性水肿、软骨病、甲状腺肿大,贫血等营养缺乏的病症也会出现,对这部分人群就应注意加强营养。营养过剩的人,则会引起心脏病、高血压、动脉硬化、糖尿病等肥胖综合症,这部分人群则要注意对某些营养素的控制,以防止病情的加剧。

(一)营养的重要性

营养是维持人体生命活动的物质基础,人体的生长发育受遗传、营养、运动、环境和疾病等许多因素的影响。而营养是重要的因素之一。因为营养素是构成机体的物质保证。合理营养不仅能增进健康,并可作为防治疾病的手段。营养缺乏不仅使人衰弱,而且营养不良可引起营养缺乏病。另外,营养不良会导致抵抗力下降,容易感染疾病。营养还对机体的应激状态和伤病后的康复有重要影响,良好的营养能提高机体的应激能力,促进康复。

营养与生理机能:营养可从神经和体液两方面影响人体机能。生理机能的体液调节是靠体液中的激素、酶、矿物质和维生素等完成的。其中的矿物质与维生素需直接从食物中摄取,而激素与酶则需要蛋白质、脂肪、矿物质等营养素参与合成,这些营养素也需从食物中摄取。所以,营养的好坏对体液调节的物质基础有直接影响。如:蛋白质的质量优劣,可影响血液比重和肝脏中酶的活性,脂肪可影响雌性激素,高蛋白膳食和维生素 C 可促进肾上腺功能等。因此合理营养要求膳食必须符合个体生长发育和生理状况等特点,含有人体所需要的各种营养成分,且含量适当,不缺乏,也不过多,全面满足身体的需要,能维持正常的生理功能,促进生长发育和健康。

(二)合理营养的基本要求

1. 热量平衡

热量是维持人体一切活动的基础条件。热量不足,会导致人体机能下降,健康受损,而热量过多,则使体内脂肪增加,同样导致机能下降,对活动不利。因此,摄入的热量必须适当,摄入热量的多少应取决于消耗的热量的数量。影响运动员热量消耗的主要因素是运动强度、持续时间以及体重大小等。因此,练习者摄入热量应根据个体情况和活动情况而定。

2. 热源质比例适当

膳食中蛋白质、脂肪、碳水化合物含量的比例,对机体的代谢状况和工作能力有一定的影响,适当的比例有利于体内代谢过程。我们建议一般可采用12%：30%：58%的比例。参加健美锻炼的练习者需提高蛋白质的比例采用30%～35%：10%～15%：55%～60%。

3. 维生素和矿物质充足

参加健美运动的练习者对维生素和矿物质的需要量较多,一方面是由于运动时体内代谢加强,激素分泌与酶的活性增强,同时由于大量的排汗,使维生素和矿物质丢失较多。另一方面,体内充足的维生素和矿物质贮备,可改善机体工作能力,提高运动效果。

4. 食物要易于消化,有利于维持酸碱平衡

根据食物在体内代谢后对机体酸碱性的影响,可将食物分为酸性与碱性两大类。

食物中的钠、钾、钙、镁等金属元素,在体内氧化成碱性氧化物,含这些元素较多的食物称为碱性食物。如：蔬菜、水果、海带等。

食物中的磷、硫等非金属元素在体内代谢生成酸根,含这些元素较多的食物称为酸性食物。如：肉、蛋、大米等。

水果含有有机酸,但分解后均不显酸性,若摄入酸性食物过多,会对人体产生不良影响,如某些皮肤病、神经衰弱、疲劳、神经痛、高血压、和动脉硬化等疾病可能与此有关。

因此应合理选择食物,以保持体内适宜的酸碱度。由于剧烈运动可造成机体内酸性代谢产物堆积,使体内酸性指标偏高,根据实际情况摄入碱性食物,以利于体内酸碱平衡,并可增加碱储备,对运动能力有良好的作用。

5. 膳食制度合理

膳食制度包括进餐次数、时间和膳食分配。合理的膳食制度有利于食物消化吸收,保持良好的生理机能状态,这不仅有益于身体健康,而且对提高机体工作能力有良好的作用,一日各餐食物的热量和质量分配,应根据练习者一天活动的情况来安排,原则上是运动前的一餐食物量不要过多,易于消化,少含脂肪和纤维素。运动后一餐食物量可多一些,但晚餐不应过多,也不宜有难消化和刺激性大的食物。

6. 充足的水分

由于运动时大量的出汗,因此应适当补充水分,以免慢性缺水,保证机体正常工作。

151

第三节　食物与营养

很多人包括健美运动员,对营养很感兴趣,也很讲究,结果增长的是脂肪。我们选择营养是帮助肌肉增长的更快,而不是增长脂肪。有很多人非常注意饮食的质量。如:每天吃多少蛋白质、碳水化合物和脂肪以及维生素和矿物质。事实上,我们不需要考虑什么是"营养",我们要选择各种营养素的质量,因为不同的食物包括不同的营养成分。要吃各种各样的食物,每星期不吃三次同样的菜,蔬菜中有绿叶的、黄叶的,还有土豆、山芋或木薯等。要吃营养价值高的食物,同样的食物不同的放置方法和烹调方法,其营养价值也不同。

一、谷类

谷类是人类维持生命的主要食物,它包括大米、面粉、玉米、小米、荞麦和高粱等。这类食物是我国人民膳食中的主要供能物质,提供了 85% 的碳水化合物,50% 的植物性蛋白质,以及维生素 B 群,无机盐等。

谷类由于品种和加工方法的不同,以及种植地区和生长条件不同,其营养素含量有很大的差别,一般含蛋白质在 8%～12%,其中稻米和玉米中含量最低,平均约 8% 左右。由于谷粒外层的蛋白质含量较里层高,因此,精制的大米和面粉因去除过多的外皮,使蛋白质的含量较粗制的米和面要低。

谷类的脂肪含量较少,约 2%,玉米和小米中的含量略高,达 4%,且多为不饱和脂肪酸。谷粒的脂肪多集中在糊粉层和谷胚部分,如玉米胚的脂肪可高达 52%。

谷类中碳水化合物的含量最高,平均可达 70% 左右,其中大米和面粉中含量较其他谷类高,可达 75% 以上,其他谷类在 67%～70%。谷类的碳水化合物利用率比较高,约在 90% 以上,是供给人体热量最经济的来源。

维生素在谷类中主要是 B 族,其中维生素 B_1、B_2 和尼克酸较多。而且在小米和黄玉米中还含有少量的胡萝卜素和维生素 E,它们大部分集中在谷胚和谷皮中。在精制大米和面粉中,由于谷胚和谷皮被碾碎,使维生素含量明显的减少,有的可减少 30%。

无机盐的含量为 1.5% 左右,主要是磷和钙,此外还含有较多的镁。谷类的无机盐也大部分集中在谷皮和糊粉层。粗制的米和面,由于保留部分的麸皮,故无机盐的含量较精制的高。

二、豆类

豆类是一种蛋白质含量丰富,价格便宜且极为广泛的食物。在一些畜牧业不发达的国家,豆类是人们摄取蛋白质的主要来源。按照豆类所含的营养成分,可分为大豆类和除大豆以外的其他豆类。大豆类按其色泽可分为黄、青、黑、褐和双色大豆五类,其蛋白质的含量较高,脂肪中等,碳水化合物相对较少。其他豆类包括蚕豆、豌豆、绿豆和赤豆等,其碳水化合物含量较高,蛋白质中等,脂肪较少。豆类除作为蔬菜食用外,还可制成豆制品。如我国人民经常食用的豆腐、豆浆和豆芽。而且,某些豆类含有大量的油脂,是制作食用油的重要原料。

豆类的营养成分因品种和种类的不同而不同。蛋白质的含量以大豆最高,一般为 $35\% \sim 40\%$,其中,黑大豆达 50% 以上。有人计算,一斤黄豆的蛋白质含量相当于 2 斤多猪肉或 3 斤鸡蛋或 12 斤牛奶的含量。所以,黄豆被人们称为植物肉、绿色的乳牛等,其他豆类的蛋白质含量为 $20\% \sim 30\%$。

大豆类的脂肪含量为 $15\% \sim 20\%$,其中以黄豆和黑豆最高,因此常用作食用油脂的原料,其他豆类的含量约为 1%。

大豆的碳水化合物含量为 $20\% \sim 30\%$,其他豆类为 $50\% \sim 60\%$。

此外,豆类还含有丰富的钙、磷、铁和 B 族维生素,其中维生素 B_1 含量较高。豆芽中含有较多的维生素 C。在大豆及绿豆中,还含有少量的胡萝卜素。

豆类及豆制品的蛋白质,不仅含量高,且质量也较好。豆类蛋白质的氨基酸组成接近人体的需要,其组成比例类似于动物蛋白质,在谷类中较缺乏的赖氨酸,在豆类中含量却较高,所以,豆类宜与谷类搭配食用。

豆类中的脂肪,以不饱和脂肪酸居多,约达 86.1%。故黄豆和豆油,常被推荐为防治冠心病、高血压、动脉粥样硬化等疾病的理想食品。

豆类中的碳水化合物以纤维素和可溶性糖为多,几乎完全不含淀粉或含量极微。所以,豆类的碳水化合物在体内难以消化,其中有些在大肠内成为细菌的营养素来源。由于细菌在肠道内生产繁殖过程中产生过多的气体,因此会引起肠胀气。豆类在加工成豆腐或豆浆后,这些难以消化的成分大大减少,豆类的营养价值也随之明显提高。此外,豆类中含铁量较高,且容易消化吸收,是贫血病人的有益食品。豆类加工成豆腐后,因制作时使用盐卤,从而增加了钙、镁等无机盐的含量,这就更加适合于缺钙的患者食用。

三、蔬菜类

蔬菜的种类很多,其形状、味道各异,蔬菜食用的部位也各不相同,可以是根、茎、叶、花、果实、种子等。蔬菜因蛋白质、糖、脂肪等含量极少,故供应人体所需的热能极低,但却可提供不少的矿物质、维生素和纤维素,并对引起食欲和帮助消化起着很大的作用。

蔬菜按起结构及可食用部位不同,可分为叶菜类、根茎类、瓜茄类和鲜豆类等,其所含营养成分因种类不同各有差异。

1. 叶菜类:包括白菜、菠菜、油菜、卷心菜、韭菜、芹菜等,主要提供胡萝卜素、维生素

C 和 B。油菜、荠菜和菠菜含胡萝卜素及维生素 C 较丰富,无机盐的含量也较高。不过,叶菜类的蛋白质含量较少,平均为 2%;脂肪平均不超过 0.5%;碳水化合物不超过 5%。

2. 根茎类:包括萝卜、马铃薯、藕、地瓜、芋头、葱、蒜和竹笋等。其营养成分各不相同。马铃薯、芋头、藕和地瓜中含淀粉较高,约 15%～30%;胡萝卜含有较高的胡萝卜素,每百克可达 3.62 毫克,蛋白质和脂肪的含量普遍不高,其中马铃薯和芋头含蛋白质相对较高,约 2%。根茎类也含有钙、磷、铁等无机盐,但含量不高。

3. 瓜茄类:包括冬瓜、南瓜、丝瓜、葫芦、黄瓜、茄子、西红柿和辣椒等。瓜茄类的营养素含量较低,但辣椒中含有丰富的维生素,无论形状大小,颜色青红,均含有丰富的维生素 C 和胡萝卜素。如每百克辣椒可含维生素 C 185 毫克,较一般蔬菜高几倍。西红柿、南瓜和冬瓜等含维生素 C 和胡萝卜素也较高,每斤西红柿所含维生素 C 的量,相当于 2 斤香蕉或 2 斤半苹果或 3 斤梨。如每天吃 2～3 个西红柿就可满足一天中对维生素 C 的需要。此外,因西红柿本身含有氨基酸能保护维生素 C 不受破坏,故烹调时损失不多。

4. 鲜豆类:包括毛豆、豌豆、蚕豆、扁豆、豇豆和四季豆等。鲜豆中蛋白质、碳水化合物和无机盐的含量均较蔬菜高,且质量也较好,其中毛豆含量可达 20% 以上。此外,还含有丰富的维生素 C 和胡萝卜素。鲜豆中的铁也易被消化和吸收,所以是一种营养丰富的蔬菜。

四、水果类

水果的营养大致与蔬菜相同,也可供给我们适量的矿物质及足够的维生素。一般我们蔬菜的食用,除少数的凉拌外,多为熟食,然而经过烹煮的蔬菜其维生素 C 会大量流失,因此,在一日三餐之外多吃一些水果来补充维生素是很有必要的。

水果可分为鲜果类和干果类。其中鲜果类主要包括苹果、橘子、桃、梨、杏、葡萄、香蕉、菠萝等;干果类是新鲜水果加工制成的果干。如葡萄干、杏干、蜜枣、柿饼等。

新鲜水果的营养成分,主要含维生素和无机盐,尤其以维生素 C 为多。如新鲜大枣的维生素 C 高达 540 毫克/百克,酸枣达 830～1170 毫克/百克,而且人体利用率平均可达 86.3%。

红黄色的水果,如柑橘、杏、菠萝、柿子等均含有较多的胡萝卜素。葡萄、苹果、红枣中含有较高的碳水化合物。如葡萄中以葡萄糖为主,可直接被人体吸收利用,此外还有十几种氨基酸,是营养价值较高的果品。水果中还含有大量的钙、磷、铁、铜、锰等无机元素。水果中蛋白质的含量不到 1.5%。有的水果,如葡萄、杏、梨、柿子等不含脂肪或含量极低。

五、肉类

肉类食物可分为畜肉和禽肉两种。畜肉包括猪肉、羊肉、牛肉等;禽肉包括鸡肉、鸭肉、鹅肉等。它们不仅能提供人体所需要的蛋白质、脂肪、无机盐和维生素等,对人体组织的生长、建造与修补有着重要的作用,而且味道鲜美,营养丰富,可烹调成多种多样的菜肴,为人们所喜爱,所以肉类是食用价值很高的食品。

肉类营养成分可因动物种类、年龄、部位及肥瘦程度不同而有所差异。其蛋白质的含量一般为 10% ～20% 。以内脏的含量为最高,可达 21% 以上;其次是瘦肉,含量约17% 。其中牛肉较高,可达 23% 。

碳水化合物在肉类中含量较低,平均为 1% ～5% ,其中内脏器官相对较高。

维生素含量以动物的内脏,尤其是肝脏为最高,其中不仅含有丰富的 B 族维生素,还含有大量的维生素 A 。如羊肝可高达 29900 国际单位/百克。除此以外,动物肝脏还含有维生素 D、叶酸、维生素 C、尼克酸和维生素 B2 等,所以,动物肝脏是一种营养极为丰富的食品。肉类的肌肉组织中,维生素含量要少得多,但猪肉的维生素 B2 含量较高,可达0.53 毫克/百克,约是羊肉或牛肉的 7 倍左右。

瘦肉中无机盐总量为 0.6% ～1.1% ,一般瘦肉的含量较肥肉多,而内脏器官又较瘦肉中的多。肉类含钙量不多,仅为 6～13 毫克/百克,但磷较多,达 100～200 毫克/百克。动物肝脏和肾中含铁比较丰富,利用率也较高。如猪肝的铁含量为 25 毫克/百克,比肌肉组织多 15 倍,牛肝的铁含量为 9 毫克/百克,是肌肉组织的 10 倍左右。

六、水产类

水产类包括各种海鱼、河鱼及各种水中动植物。由于它是蛋白质、无机盐和维生素的良好来源,且食用时味道鲜美,故深受人们的喜爱。

鱼类中蛋白质含量约为 15% ～20% ,有人计算,一斤大黄鱼中所含有的蛋白质约等于 1.2 斤鸡蛋或 1.7 斤猪肉中的含量。其他水产动植物的蛋白质含量也较高,如对虾为20.6% 、河蟹 14.6% 、海带为 8.2% 、紫菜为 20.3% 。

鱼类的含脂量一般为 1% ～10% ,其他水产动物为 1% ～3% 。

维生素在鱼类中的含量普遍较低,如鱼类中几乎不含或极少维生素 C。但在鳝鱼和蟹中,维生素 B2 和尼克酸的含量较多,如鳝鱼中尼克酸可达 3.1 毫克/百克。在水产植物中,还含有较多的胡萝卜素。

海产类的无机盐比肉类含量高,一般为 1% ～2% ,主要有钙、磷、钾和碘等,尤其是钙、碘的含量更为丰富,如海带中就达 24 毫克/百克,虾皮中约达 2000 毫克/百克,是肉类含钙量的 100 倍以上,此外,还含有较为丰富的铁和铜。

碳水化合物的含量在鱼类中很低,一般不超过 5% ,但水产植物类含量较高,如海带可达 56.2% 。

七、蛋类

蛋类由于其营养价值很高,在日常膳食中同肉类和蔬菜类一样,占有重要的地位。

蛋类包括鸡蛋、鹅蛋、鸭蛋和其他禽类蛋。在人们的膳食中以鸡蛋为多。

蛋类的结构基本相似,主要有蛋壳、蛋清(蛋白)和蛋黄组成,蛋壳约占 10%,蛋清(蛋白)60%,蛋黄 30%。蛋类中主要营养素有蛋白质、脂肪、维生素和无机盐。

蛋类的蛋白质在蛋清或蛋白中都有,其含量为全蛋的 13%～15%,经过加工后,蛋白质的含量变化不大。

脂肪主要集中在蛋黄中,含量约为 11%～15%,蛋清中几乎不含脂肪,而蛋黄中胆固醇含量极高,是肥肉的 17 倍,牛奶的 120 倍。

蛋类的维生素主要集中在蛋黄中,其含量较为丰富的是维生素 A 和 D、B_2。

蛋类中还含有钙、磷、铁、钾、钠和硅等,是无机盐的良好来源。无机盐的含量蛋黄比蛋白要高,尤其蛋黄中铁的含量特别丰富。比如鸡蛋中的含量可达 7.2 毫克/百克。

八、奶类

奶类含的营养成分非常高,且易消化吸收,对人体的健康非常重要,是婴儿的主要食物,也是病人、体弱者的营养食品,故为人们所推崇。奶类主要包括人奶、牛奶、羊奶和马奶等。

奶类的含水量为 86%～90%,是食物中水含量最高的,因此,它的营养素含量相对就较低,但是,奶类除纤维素外,几乎含有人体需要的各种营养素。

奶类的蛋白质的含量一般为 2%～4%,其中,人奶为 1.5%,牛奶和羊奶为 3.5%～4%。

奶类的脂肪含量为 3%～4%,但也含有少量的胆固醇。如牛奶中含量为 13 毫克/百克。

碳水化合物的含量一般为 4%～6%,其中主要是乳糖。乳糖有调节胃酸、促进肠胃蠕动和消化腺分泌作用,还能助长乳酸杆菌的繁殖和抑制腐败菌的生长。

奶类中维生素的含量常受多种因素的影响,可因饮食条件、季节及加工方式的不同而有差异,一般它含有维生素 A、B_2、C、胡萝卜素等。

无机盐在奶类中含量也较丰富。如钙、磷、钾等。

第四节　健康食谱

一、健美运动员的基本食谱

有很多人认为健美运动员的营养和训练的比例应为 70∶30。其实不然,在健美训练中,营养、训练和心理上的促进因素都应该是 100%,因为这三者都是非常重要的。

通过一段时间的训练后,如果你感觉到训练效果不太理想,你就要检查消耗的热能和补充摄入热能的平衡问题。如果你想增加体重或增长肌肉,就需要多补充些热能,消耗少一些。如果是为了减轻体重,那么你的消耗就要比摄入多些,这就需要调整饮食结构和饮食制度。如果你每天消耗 3000 大卡,为了增长肌肉,就要增加 200～300 大卡。如果为了减轻体重,就按这个耗能指标或减少 200～300 大卡。在锻炼后,营养素的搭配比例应是 55% 的碳水化合物,30% 的蛋白质和 15% 的脂肪。

把一天中所需要的营养食物和热能分配到若干的进餐中去,将进食量根据需要进行合理的分配。但是一天中的第一餐(早餐)和训练后的一餐比较重要。因为早餐前一夜未进食,它就需要多吃一些。而训练后,体内需要补充的营养食物比一天中其他时间的用餐需要量更多。当然也不能忽视其他时间的用餐。

在每餐中都要包括蛋白质和碳水化合物,这些都是很重要的。因为蛋白质中的氨基酸被定时地摄入到肌肉中去,而碳水化合物所产生的胰岛素,又是体内各器官都需要的。

在训练后,补充碳水化合物可以刺激促进胰岛素,它对恢复体力有三个重要作用:

1. 胰岛素可引起碳水化合物所产生的糖原输送到肌肉中去,为下次训练储存足够的糖原。

2. 胰岛素能对氨基酸产生催化剂作用输送到肌肉中去,从而增长新的肌纤维。

3. 胰岛素可以平衡肾上腺的分解代谢作用,在肌肉强度收缩时,它释放到血液中去,可以延长训练的热情。

女子每天需要摄入碳水化合物是按每磅体重为 2～2.5 克,男子为 2.5～3.5 克,在训练后需补充的碳水化合物应占一天中碳水化合物摄入量的 25%。

同时建议水果不要吃的太多,因为水果中含大量的单糖,它容易导致脂肪的增长,一般每天吃 2～3 个水果就足够了。除了水果以外还需要补充大量的蔬菜来摄入碳水化合物。

切不可忘记,还需补充一定量的多种维生素和矿物质。如果在进行重量训练,就需补充更多维生素,尤其是维生素 C,它既可增强肌肉的收缩力,又能修补肌肉,促进韧带的恢复。

总之,每天的食谱要有利于增长肌肉,并缩减、防止脂肪增长。

二、增长肌肉的饮食方法

增长肌肉体积是一门基于大强度的力量训练与摄入合理均衡营养的艺术。训练与热量充足的饮食共同作用于肌肉才能促使它们恢复与生长。遗憾的是一些初练健美的人往往没有给饮食以足够的重视,他们以为仅仅依靠在健身房苦练就能取得进步。而大多数有经验的专业选手都深知健美运动是一个 24 小时的项目。除了训练,生活中的每个环节都会对训练效果产生影响。他们严格遵循饮食计划,一天几次进餐以保证肌肉能够获得增长所必需的营养物质。以下是增长肌肉体积的 4 个基本原则。

1. 杰出的蛋白质

蛋白质是肌纤维的重要组成部分,因此必须摄入充足的蛋白质食物,比如鸡肉、牛肉、鱼,还有低脂奶制品等。每磅(0.45kg)体重需要 1～1.5 克蛋白质,而且还必须是具有 8 种必需氨基酸的完全蛋白质。一个体重 200 磅(90kg)的健美练习者每天需要 200～300 克完全蛋白质以保证肌肉增长的要求。

2. 关键的碳水化合物

没有碳水化合物作为能量来源,苦练就成了一句空话。摄入碳水化合物会促进胰岛素的分泌,而胰岛素又是一种能够提高蛋白质吸收与防止肌蛋白损失的激素,这对增长肌肉是非常重要的。每 kg 体重需要 5～7 克碳水化合物来保证这个合成过程。一个体重 90kg 的运动员每天应摄入 500～700 克碳水化合物。

3. 迅速释放的营养物

要从每日摄入的食物中得到最好的营养保证,最好把一日三餐改为 5～6 餐。这样营养可不断地供给运动中或恢复生长中的肌肉。训练后摄入的食物应是能快速消化吸收的以碳水化合物为主的米、面、土豆,再配以含有蛋白质的奶制品,这些食物可迅速补充肌肉中的糖原。

4. 限制摄入的脂肪

每日摄入的脂肪量应该限制在每 kg 体重 0.7 克以内,而且这些脂肪应主要存在与自然的蛋白质食物中,比如鸡、鱼、瘦肉。对于健美运动员来说,蛋白质与碳水化合物是最需要的营养,而高脂肪饮食没有任何好处。

三、瘦身饮食方法

如今的社会是一个崇尚瘦身的社会,面对形形色色的减肥手段和窍门,有的人会茫然无措,有的人则饥不择食。可无论你的目的是什么,来源可靠的信息与谨慎的策略是减肥重要的前提。以下是集中在一起的既安全又行之有效的饮食减肥方法。

1. 减少 10％～15％ 的热量摄入

减肥与热量的关系,当你的支出大于摄入,体重就会下降。而有些人由于节食过度,降低了参加运动所需要的体能,更糟的后果是人体的代谢率会由于过度的节食而降低。只有适当的减少热量摄入才能够在减肥的同时维持运动能力。如果你平时一天摄入 3000 千卡热量,减到 2550～2700 千卡比较合理。

2. 用蔬菜代替部分粮食制品

如果你平时一顿饭吃一碗半米饭或面食,那么你平时用半碗蔬菜(绿菜花,白菜花,豆角或西葫芦)来代替那半碗粮食制品。同等数量的米饭含有约 100 千卡热量,而蔬菜只有 30 千卡,由于两者体积差不多,就不会有吃得少了的感觉。

3. 每天摄入热量不要一成不变

在总数量相同的前提下,把一星期的饮食分成大中小三种。比如一个人平均每天摄入 2700 千卡热量,他可以有两天只吃 2300 千卡,三天 2700 千卡,另外在周末两天吃 3100 千卡。这样做的好处是让你觉得节食不那么困难,有利于坚持下去。

4. 控制分量

过去 10 年中饮食经验的最大疏忽是什么?可能是碳水化合物的摄入量。由于大家都知道脂肪是高热量的,所以对它很小心,取而代之的是大量的米饭、面条与土豆。运动确实需要碳水化合物,但是别忘了物极必反的道理。我们需要一点儿控制。

5. 在早餐前锻炼

早晨空腹进行中低强度的有氧代谢运动是消耗脂肪的最佳选择。原因是经过一夜的禁食,人体肌肉中的糖原含量很低,而促进脂肪消耗的酶却很活跃,此时进行有氧运动就会启动脂肪燃烧的阀门,增加减肥效果。而且当你锻炼完再吃早餐时,血液中的糖原补充会吸收利用掉许多热量,从而进一步减少了热量转化为脂肪贮存的机会。

6. 欺骗你的身体

人类在漫长的进化过程中,为了避免因灾荒而饿死,逐渐形成了贮存体内脂肪的功能,尤其是在发现自身脂肪的摄入量明显减少的情况下,这一功能即刻启动。这对减肥是十分不利的。因此我们要在减肥时给身体一个并不"饥荒"的信号,方法是每星期吃一顿高脂肪的食物。另外,当你渴望吃零食时,用烤玉米片代替油炸薯片,用低脂乳酪冰代替高能冰激凌。

7. 使用体重秤

浴室里的体重秤使我们能密切注视减肥的成效,前提是你知道怎样使用它。人的体重在一天中的起伏很大,每天也会有变化,你最好在一个固定的时间秤量体重。

8. 不要舍弃你最喜欢的食物

支撑减肥的两个重要因素是时间与耐心。由于你不能指望一夜过后出现奇迹,所以把减肥过程变得易于忍受是很重要的。而把你最喜欢的食物合理地包括在"可吃"的内容之中是一个好方法,当然,前提必须是适量的。

9. 少吃多餐

在总摄入量不变的前提下把一天所吃的食物分成 5 小顿,甚至 6～7 顿是有助于减肥的一个策略。每天吃 5～6 顿比一日三餐不仅更有利于避免饥饿感与进食过量,而且还有利于减少患心脏病的机会。因为一旦到十分饥饿时才进食,通常会选择那些高脂高糖的食物来解馋。即使是少吃多餐,也要注意合理地选择食物。最好的搭配是用低脂的鱼或鸡肉与富含食物纤维与纤维素的蔬菜组合,再加上未经过精加工的粗粮制品。如果没有条件一日多餐,也可在三餐之间补充些流质食物作为点心,比如酸奶或冲饮的蛋白质类食物。但要注意,汽水与啤酒不能算在内,因为它们不但不会让你充饥,反而会促进食欲,而且本身热量也不低。

10. 选择去脂乳制品

食物中的脂肪是导致体脂上升的主要原因之一。简单的解决办法是用去脂或低脂牛奶、酸奶、奶酪品代替全脂乳制品。两片低脂奶酪含 133 千卡热量,而去脂的只有 70 千卡。

11. 增加蛋白质摄入

当摄入总量减少时身体对蛋白质的需要随之增加,以防止肌肉损失及代谢率下降。平时每 kg 体重每天需要 2 克蛋白质,在节食减肥时需要 2.4 克。

12. 把身体灌满水

虽然听起来有点不可思议,但实践表明,水确实有助于消除体内脂肪。与之相反,人体如果处于缺水状态则会促进脂肪储存。原因是肾脏需要水来帮助过滤排除身体代谢产生的废物。从另一个角度来说,缺水的身体看上去更胖,因为盐分在水分不足时会堆积起来,显得皮下脂肪更厚。这也是健美运动员在比赛前几天基本不吃含盐食品,而且大量喝水的原因。

13. 服用中草药

对有些人来说,在体内消化吸收较快的碳水化合物食品,如白面、白米饭、面条与糖会引起血糖水平的大起大落,导致摄入更多的糖类热量。而人参与葫芦巴等中草药可以防止这种情况出现。饭前 40 分钟服用 1 克西洋参能够改变身体对碳水化合物的反应。而葫芦巴是有名的血糖稳定药,每天服用 1 克就能把血糖稳定下来。

14. 经常测量

对减肥者来说,缩减身体各部位的围度比降低体重更重要。每 10 天应该用皮尺测量双臂、双腿、腰围与臀围并记录下来。如果数字在逐渐变小,说明你正在向目标前进。

15. 运动前进食缓释碳水化合物

红薯、麦片、黑麦面包及酸奶是锻炼前一餐的最好内容,因为这些食物释放碳水化合物较慢,从而保证你在运动中得到稳定的能量供应,练的时间更长,消耗的热量更多。

16. 不必追求无脂饮食

虽然油腻的高脂食物是减肥饮食的大敌,但是如果走到极端,在饮食中排斥一切脂肪也不对。身体需要一定数量的脂肪来正常运转,因此瘦肉和鸡蛋(一个蛋黄加四个蛋白的比例)是必须的。百分之百无脂饮食还会降低身体的雄性激素水平,从而降低了代谢率。

17. 避免丰盛晚餐

显然,身体停止活动后摄入的热量更易转化为脂肪储存起来,而且有研究表明,消化食物所消耗的热量在早晨与中午要高于晚上。

18. 吃辛辣调料

红辣椒中含有提高人体代谢率的辣椒素。虽然吃辣椒不会带来奇迹,但积少成多也会有些作用。从食物店可以买到提炼的辣椒素,让你吃得多些而不觉太辣。

知识拓展

关于营养学的知识很多,我们要利用现代科技的成果,同时也要牢记自然的理念,许多天然的食物,仍然是我们食谱中的首选。生活中我们有许多误区,因而,要知识拓展,多学点各方面的科学知识。

学以致用

1. 何谓平衡膳食。
2. 简述营养的概念。
3. 简述七大营养素。
4. 谈谈瘦身饮食方法。

健　美

第八章　健美运动竞赛组织与规则

应知导航

　　本章介绍了健美健身运动竞赛组织与要求;健美健身运动竞赛常用规则和裁判法;校园健美健身竞赛和活动的组织与实施。学到这里,你对于健美健身运动可以说是入门了,希望您坚持参加健美健身锻炼,欣赏健美健身运动,拥有和保持健康健美的形体,健康快乐,健美人生。

第一节　健美健身运动竞赛组织与要求

一、健美比赛、健身比赛、形体比赛和体育健身模特赛事介绍

（一）健美比赛

1. 健美比赛依据性别、年龄分成六个组别,即:青年男子组、成年男子组、成年女子组、男子元老组、女子元老组和男、女混合双人组。

青年男子组【21 周岁以下(含 21 周岁)】

成年男子组【21 周岁以上至 50 周岁(不含 50 周岁)】

成年女子组【45 周岁(含 45 周岁)以下】

男子元老组【50 周岁以上(含 50 周岁)】

女子元老组【45 周岁以上】

注:年龄组别以出生年、月、日为准

男、女混合双人组

2. 健美比赛级别

青年男子组

60kg 级【体重小于或等于 60kg】

65kg 级【体重大于 60kg，小于或等于 65kg】

70kg 级【体重大于 65kg，小于或等于 70kg】

75kg 级【体重大于 70kg，小于或等于 75kg】

75kg 以上级【体重大于 75kg】

成年男子组

60kg 级【体重小于或等于 60kg】

65kg 级【体重大于 60kg，小于或等于 65kg】

70kg 级【体重大于 65kg，小于或等于 70kg】

75kg 级【体重大于 70kg，小于或等于 75kg】

80kg 级【体重大于 75kg，小于或等于 80kg】

85kg 级【体重大于 80kg，小于或等于 85kg】

90kg 级【体重大于 85kg，小于或等于 90kg】

90kg 以上级【体重大于 90kg】

成年女子组

46kg 级【体重小于或等于 46kg】

49kg 级【体重大于 46kg，小于或等于 49kg】

52kg 级【体重大于 49kg，小于或等于 52kg】

55kg 级【体重大于 52kg，小于或等于 55kg】

58kg 级【体重大于 55kg，小于或等于 58kg】

58kg 以上级【体重大于 58kg】

(二) 健身比赛

健身比赛设健身小姐和健身先生两个组别。

健身小姐 A 组：身高低于或等于 164 厘米；B 组：身高 164 厘米以上。

健身先生 A 组：身高低于或等于 178 厘米；B 组：身高 178 厘米以上。

(三) 形体比赛

形体比赛设女子形体和男子形体两个组别。

女子形体 A 组：身高低于或等于 163 厘米；B 组：身高 163 厘米以上。

男子形体 A 组：身高低于或等于 175 厘米；B 组：身高 175 厘米以上。

(四) 体育健身模特比赛

体育健身模特比赛设女子体育健身模特和男子体育健身模特两个组别。

女子体育健身模特 A 组：身高 162～168 厘米(含)；B 组：身高 168 厘米以上。

男子体育健身模特 A 组：身高 173～178 厘米(含)；B 组：身高 178 厘米以上。

二、比赛场地

（一）比赛场地的要求

1．赛台

健美比赛、健身比赛、形体比赛、体育健身模特比赛均应在赛台上进行。赛台的长度不得少于 16.0 米,宽度不得少于 10.0 米,台面距离地面高度为 0.8～1.0 米。赛台应搭建在剧院或体育场馆内。

健美比赛时,赛台上可设置造型表演台。表演台长度不得少于 9.0 米,宽度不得少于 1.2 米,高度不得高于 0.3 米。

赛台上必须设有相应竞赛项目的规定行走路线及定点造型位置的标志。

赛台和表演台上必须铺有浅色地毯。

2．背景

赛台应采用不炫目的深色背景。

赛台背景的高度不得低于 6.0 米,宽度不得少于 15.0 米。

赛台背景上必须显示主办单位的会徽和赛事名称。

赛台背景上可以显示赛会的会徽。

3．音响

音响系统应保证能够高质量地播放音乐。

为播音员、主持人提供话筒(至少有两个无线话筒)。

4．灯光

赛台光照必须均匀。

赛台和背幕不得有重影。

使用暖色灯光,光照度不得低于 4500LUX。

5．裁判员工作席位

裁判员工作席位前无任何遮挡物。

裁判员和统计员的工作席位必须与观众席分隔。

裁判工作桌位于赛台中央的正前方,距赛台前沿不得少于 6.0 米,工作桌上应依次放置双面显示的裁判员席位号。

后备替补裁判员的席位应安排在临场裁判员的后面或一端。

统计员的席位应位于裁判员席位的一端,且靠近比赛主持人的地方。

6．媒体工作区

媒体工作区域应设置在不影响裁判员与观众投向赛场视线的地方。

7．运动员热身区

在检录区域内应为运动员提供更衣室。

在检录区域内必须配置供运动员赛前热身活动的器材，以及化妆镜。

热身活动区域和后场至前场通道必须铺设地毯。

8．量具

在体重称量室和运动员的住地必须配置相同式样的标准磅秤(弹簧秤除外)。

在身高丈量室和运动员的住地必须配置相同式样的标准身高量具。

三、比赛服装

（一）比赛服装及色泽要求

1．健美比赛

男运动员应穿着单色、无光泽、清洁的健美赛裤。三角赛裤必须覆盖住臀部的三分之二，三角赛裤侧面长度不得小于2.0厘米。三角赛裤上任何部位均不得使用衬垫和附加饰物。

女运动员应穿着单色、无光泽、清洁的比基尼赛服(后交叉式)。赛服必须能够展现腹部及背部肌肉，赛服必须覆盖住臀部的三分之二。赛服任何部分均不得使用衬垫和附加饰物。

比赛时不得穿着鞋、袜。

比赛时不得佩带眼镜、手表、镯类、项链、耳环、假发，及人造指甲等装饰物、装饰品。

比赛中严禁使用道具。

预选赛、预赛中，头发可垂到肩上，但不得遮住肩部和上背部的肌肉。

决赛中，头发可以做发型。

男女运动员比赛服装的规定也适用于混双比赛，但其服装颜色必须一致。

2．健身比赛

健身小姐形体比赛轮

运动员应穿着比基尼赛服(后交叉式)，赛服必须覆盖住臀部的二分之一。

赛服的颜色不限，可适度使用衬垫和装饰物。

穿高跟皮(凉)鞋：鞋前掌厚度不超过2.0厘米，后跟高度不少于10.0厘米、不超过12.0厘米，鞋跟直径不超过3.0厘米。

禁止穿坡跟式高跟鞋。

禁止穿袜。

不允许在身体上贴闪光片、亮片(或喷涂亮粉)。

允许佩戴发型装饰品，但大小须适度。

健身先生形体比赛轮

穿着不透明、无花纹、无光泽的纯黑色紧身平角短裤。

短裤侧面长度不少于15.0厘米,且必须覆盖臀部。

短裤上不得有任何装饰物。

禁止穿鞋、袜。

健身小姐、健身先生运动特长表演轮的服装式样、颜色和是否穿鞋不限。

女子晚装、男子正装展示轮的服装款样、颜色和鞋的款式、颜色不限。

3.形体比赛

女子形体

第一轮着比基尼赛服(后交叉式)。赛服必须由纯黑色、不透明、无花纹、无光泽的布质材料制成。可以适度使用衬垫。

第二轮着连体式泳装,泳装的款式、颜色、材料不限。可以适度使用衬垫和装饰物。

第三轮着比基尼赛服(后交叉式)。赛服颜色、材料不限。可以适度使用衬垫和装饰物。

比基尼赛服和连体式泳装都须覆盖住臀部的二分之一以及整个前部。

比赛穿高跟鞋。鞋前掌厚度不能大于0.6厘米;后跟高度不少于8.0厘米,不超过12.0厘米;鞋跟直径不超过2.0厘米。

禁止穿坡跟式高跟鞋。除第一轮要求高跟皮鞋的颜色必须是黑色且包住脚趾和脚跟外,其他轮次鞋的颜色与款式不限。

禁止穿袜。

男子形体

第一轮着纯黑色健美三角赛裤。

第二轮着健身先生形体轮赛裤。

第三轮着连体齐膝紧身服,赛服颜色不限。

禁止穿鞋袜。

4.体育健身模特比赛

女子体育健身模特

第一轮穿着连体式泳装,款式、颜色、材料不限,连体式泳装须覆盖住臀部的二分之一以及整个前部。

穿高跟皮(凉)鞋:鞋前掌厚度不超过2.0厘米,后跟高度不少于10.0厘米、不超过12.0厘米,鞋跟直径不超过3.0厘米。

禁止穿袜。

第二轮穿着运动装,运动装款式、颜色、材料不限。可使用与表演风格相符的运动器材。

第三轮晚装展示的服装式样、颜色和鞋的款式、颜色不限。

男子体育健身模特

第一轮着纯黑色紧身平角短裤,短裤侧面长度不少于 30 厘米。

禁止穿鞋、袜。

第二轮穿着运动装,运动装款式、颜色、材料不限。可使用与表演风格相符的运动器材。

第三轮正装展示的服装式样、颜色和鞋的款式、颜色不限。

四、竞赛相关规定

1. 着色

允许使用人工色剂,但不得有任何勾画。

允许擦抹植物油、护肤霜或保湿霜,但用量必须适度。

2. 健美比赛称量体重与级别调整

称量体重

称量体重的时间:运动员必须在比赛前一天规定的时间内称量体重。未能在规定时间内称量体重的运动员不得参加比赛。

称量体重时,必须穿着比赛服装,比赛服装经裁判长检查合格后,方可进行体重的称量。

称量体重的顺序为:先女后男,先轻后重。

运动员体重与原报名级别不符时,允许在 30 分钟内反复多次称量,若在规定时间内仍未达到规定体重,则取消该运动员该级别的比赛资格。

调整级别

称量体重时,运动员的体重超过原报名级别时,若本人自愿,可申请参加上一级别的比赛,但不得越级参赛。

称量体重时,运动员的体重与原报名级别相符时,不得提出改变级别比赛的申请。

3. 健身、形体、体育健身模特丈量身高与组别调整

丈量身高

运动员必须在比赛的前一天规定的时间内丈量身高,未能在规定时间内丈量身高的运动员不得参加比赛。

运动员丈量身高时,必须着形体比赛服装,赤足,比赛服装、比赛用鞋和道具等经裁判长检查合格后,方可进行身高的丈量。

丈量身高的顺序为:先女后男,先低后高。

调整组别

丈量身高时,运动员的身高与原报名组别不符时,若本人申请,可参加符合身高要求

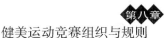

的组别的比赛。

丈量身高时,运动员的身高与原报名组别相符时,不得提出改变组别比赛的申请。

抽签

参赛顺序签号牌应在称量体重、丈量身高合格后,由运动员本人抽取。

比赛时,运动员应将签号牌牢固地佩戴在赛裤的左上方(混双运动员号码相同),无签号牌的运动员不得参加比赛。

签号牌用硬质白色树脂或塑料等材料制作,呈圆形,直径10.0厘米,号码用黑体阿拉伯数字显示。

4．其他规定

运动员在赛台上不得咀嚼食物。

健美比赛中,运动员不得佩戴任何饰品。

健身、形体和体育健身模特比赛中,运动员可带结婚戒指或小耳钉以及头发饰品,除此之外不得佩戴任何其他饰品。

5．裁判长权力

裁判长有权取消着妆和服装不符合规定的运动员的比赛资格。

五、比赛阶段

1．预选赛：健美、健身、形体和体育健身模特每项每一级(组)别参赛的运动员超过15名时,须先进行预选赛,选出15名运动员进入预赛。

2．预赛：健美、健身、形体和体育健身模特每项每一级(组)别参赛的运动员超过8名但不超过15名(含15名)时,参赛运动员将进行预赛和决赛两个阶段的比赛,通过预赛,前8名运动员入围决赛。

3．决赛：健美、健身、形体和体育健身模特每项每一级(组)别参加比赛的运动员不超过8名(含8名)时,参赛运动员直接进入决赛。

六、评分和名次排定办法

1．裁判员评分方法

预选赛：预选赛时,每名裁判员应在评分表中以"×"号的方式选出每一级(组)别的15名运动员入围预赛。

预赛：预赛时,每名裁判员应对参加比赛的每一级(组)别的15名运动员评出第1名至第15名的名次分,不得有相同的名次分。

健美比赛中的规定动作的评分方法、健身比赛中的形体轮与运动特长表演轮的评分方法、形体比赛中的连体式泳装形体轮的评分方法以及体育健身模特比赛中的形体轮与

运动服装或运动器材表演轮的评分方法均相同。

决赛：决赛时，每名裁判员应对参加健美、健身、形体、体育健身模特决赛的每一级（组）别的8名运动员评出第1名至第8名的名次，不得有相同的名次分。

健美比赛中的自由造型与规定动作比赛评分方法、健身比赛中的形体轮与运动特长表演轮及晚（正）装展示轮评分方法、形体比赛中的自选比基尼形体轮评分方法以及体育健身模特比赛中的形体轮与运动服装或运动器材表演轮及晚（正）装展示轮评分方法均相同。

2．比赛名次的排定方法

预选赛：

预选赛时，统计所有临场评分裁判员选出的每一级（组）别各15名运动员，累计获得选择次数多的前15名的运动员进入预赛。如遇在第15名的排位上有2名或2名以上运动员的入选次数相等时，则须对涉及运动员进行复赛，直至选定。

预赛：

预赛时，按同一级（组）别每名运动员的累计排名分的多少选定参加决赛的运动员。累计排名分值少的前8名运动员入围决赛。

预赛时每名运动员累计排名分的方法为：当评分裁判员为11名或9名时，去掉2个最高分和2个最低分，将其余7名或5名裁判员的排名分相加；当评分裁判员为7名或5名时，去掉1个最高分和1个最低分，将其余5名或3名裁判员的排名分相加，即可产生每名运动员各轮次的累计排名分值，累计排名分值少者名次列前。

健美、形体：出现累计排名分值相等时，小分值多者名次列前。

健身：形体轮得分与运动特长轮得分之和按6∶4比例相加即为预赛积分，预赛积分少者名次列前。出现积分相等时，以形体比赛小分值多者名次列前。

体育健身模特：形体轮得分与运动服装或运动器材表演轮得分之和按6∶4比例相加即为预赛积分，预赛积分少者名次列前。出现积分相等时，以形体比赛小分值多者名次列前。

决赛：

决赛时，按每名运动员在各轮比赛中的排名分累计决赛排名分。每名运动员的最终名次排定由该运动员在预赛和决赛中得到的总排名分决定，总排名分值低者名次列前。

决赛时每名运动员各轮累计排名分的方法同预赛。

健美：将自选与作规定动作轮累计排名分相加即得决赛积分。将预赛累计排名分与决赛积分相加即得比赛总排名分。如遇总分相等时，以在决赛中规定动作小分值多者名次列前；再相等，以决赛中自选动作小分值多者名次列前；若再相等，则以预赛中小分值多者名次列前。不得出现并列名次。

健身：将形体、运动特长表演和晚装展示轮比赛累计排名分按5∶4∶1的比例相加即得决赛积分。将预赛积分与决赛积分相加即得比赛总排名分。如遇总排名分值相等时,依次以在决赛中的形体、运动特长、晚(正)装展示比赛小分值多者名次列前;再相等,则依次以预赛中形体、运动特长比赛小分值多者名次列前。不得出现并列名次。

形体:将预赛累计排名分与决赛累计排名分相加即得比赛总排名分。如遇总排名分相等,以在决赛中小分值多者名次列前;再相等,则以预赛中小分值多者名次列前。不得出现并列名次。

体育健身模特:将形体、运动服装或运动器材表演和晚装展示轮比赛累计排名分按4 : 4 :2的比例相加即得决赛积分。将预赛积分与决赛积分相加即得比赛总排名分。如遇总排名分值相等时,依次以在决赛中的形体、运动服装或运动器材表演、晚(正)装展示比赛小分值多者名次列前;再相等,则依次以预赛中形体、运动服装或运动器材比赛小分值多者名次列前。不得出现并列名次。

第二节　健美健身运动竞赛常用规则和裁判法

一、男子健美比赛技术规定及评判依据

四分之一转体:

运动员自然站立,吸腹挺胸,头部正直,两眼平视前方,两臂自然下垂于体侧,身体各部位肌肉不得过度收缩,从前左后右四个方位展示体形。

评判依据:

(1)体形和谐,骨骼发育良好,宽肩,高胸,窄腰,直腿,身体中心线中正,头、四肢和躯干的比例协调。

(2)全身肌肉发展均衡,左右对称、前后对应,各部位肌肉发达,结实、饱满,围度大,轮廓显著、美观,线条清晰。

(3)皮肤光洁、色泽和谐,没有外科手术或其他疤痕、斑点、痤疮或纹身等。

七个规定动作及评判依据:

前展双肱二头肌(图8-1)

面向裁判员站立,吸腹成空腔,抬起两臂,弯屈肘部略高于肩,两手握拳,屈腕,用力收缩双肱二头肌及全身肌肉。

评判依据:

(1)肱二头肌的整体和肌肉尖峰发达。

(2)肱二头肌前后部分分界明显,长短适中。

(3)整体造型规范、美观。身体其他各部位肌群与肱二

图8-1

头肌发达相当、整体和谐。

前展双背阔肌(图 8－2)

面向裁判员站立,吸腹成空腔,两手握拳分开拇指叉按于腰部,用力扩展双背阔肌并收缩全身肌肉。

评判依据:

(1) 背阔肌宽、厚,形状美观。

(2) 背阔肌构建出的"V"字形状均衡协调。

(3) 胸、腹、大腿肌群形态清晰,与背阔肌互为关联,体格整体与局部协调,整体造型规范、美观。

图 8－2

侧展胸部(图 8－3)

侧向(以右侧为例)裁判员站立,右腿弯屈,前脚掌着地,吸腹挺胸,左手握住右手腕,屈肘,用力收缩胸部及全身肌肉。

评判依据:

(1) 胸大肌宽阔、厚实,形状美观。

(2) 胸、肩关联处切迹明显。

(3) 肩部、肱二头肌、大腿、小腿肌群发达,与胸部比例适宜。造型规范、美观。

图 8－3

后展双肱二头肌(图 8－4)

背向裁判员站立,一腿屈膝后移,前脚掌着地,抬起两臂,弯屈肘部略高于肩,两手握拳,屈腕,用力收缩双肱二头肌及全身肌肉。

评判依据:

(1) 肱二头肌凸起显著,轮廓清晰,长短适宜,与肱肌、肱三头肌、三角肌间切迹明显,形态美观。

(2) 颈部、三角肌、肱二头肌、肱三头肌、前臂肌肉、斜方肌、大小圆肌、冈下肌、骶棘肌、腹外斜肌、背阔肌、臀肌、股二头肌和小腿肌肉高度发达,均衡。

(3) 肌肉密度、分离度及清晰程度高,整体造型富于雕塑美感。

图 8－4

后展双背阔肌图 8－5

背向裁判员站立，一腿屈膝后移，前脚掌着地，吸腹含胸，两手握拳分开拇指叉按于腰部，用力扩展背阔肌并收缩全身肌肉。

评判依据：

（1）背阔肌宽、厚，下缘清晰，形状美观。

（2）肩、臂、斜方肌、腰背筋膜、骶脊肌、臀肌、腘绳肌群及小腿肌群发达，线条清晰，形态完美，与背阔肌高度对应。

（3）显凸脊柱两侧肌肉均衡发展及肌肉的密度和轮廓清晰。整体均衡，造型规范、美观。

图 8－5

侧展肱三头肌（图 8－6）

侧向（以右侧为例）裁判员站立，左腿屈膝后移，前脚掌着地，右臂垂于体侧，左手经体后握住右手（腕），用力收缩肱三头肌及全身肌肉。

评判依据：

（1）肱三头肌发达、清晰，形状美观。

（2）肩、肱二头肌、前臂肌群、胸、腹、大腿、小腿肌群侧面观肌肉发达，轮廓清晰，富于质感。

（3）整体和谐，造型规范、美观。

前展腹部和腿部（图 8－7）

面向裁判员站立，一腿前伸，身体重心置于后腿，双手置于头后，屈膝，用力压缩腹部、收缩腿部及全身肌肉。

图 8－6

评判依据：

（1）腹直肌发达，块垒清晰、突出，腹外斜肌形成的体块明显。

（2）大腿肌肉发达、肌肉沟纹清晰，大腿内、外侧饱满。

（3）身体各部位肌群发展均衡，整体造型规范、美观。

二、女子健美比赛技术规则及评判依据

四分之一转体：

运动员自然站立，吸腹挺胸，头部正直，两眼平视前方，

图 8－7

两臂自然下垂于体侧，身体各部位肌肉不得过度收缩，从前左后右四个方位展示体形。

评判依据：

（1）体形和谐，骨骼发育良好，宽肩，高胸，窄腰，直腿，身体中心线中正，头、四肢和躯干的比例协调。

（2）全身肌肉发展均衡，左右对称、前后对应，各部位肌肉发达，结实、饱满，轮廓显著、美观，线条清晰。

（3）皮肤光洁、色泽和谐，没有外科手术或其他疤痕、斑点、痤疮或纹身等。

（4）在赛台上站立时仪态端庄，行走时姿态优美。

图 8-8

五个规定动作及评判依据：

前展双肱二头肌图 8-8

面向裁判员站立，吸腹成空腔，抬起右臂，弯屈肘部略高于肩，两手握拳，屈腕，用力收缩肱双二头肌及全身肌肉。

评判依据：

（1）肱二头肌的整体和肌肉尖峰发达。

（2）肱二头肌前后部分分界明显，长短适中。

（3）整体造型规范、美观，身体其他各部位肌群与肱二头发达相当、整体和谐。

侧展胸部图 8-9

侧向（以右侧为例）裁判员站立，右腿弯屈，前脚掌着地，吸腹挺胸，左手握住右手腕，屈肘，用力收缩胸部及全身肌肉。

图 8-9

评判依据：

（1）胸大肌饱满，美观。

（2）胸、肩关联处切迹明显、圆润。

（3）肩部、肱二头肌、肋弯处及大腿、小腿肌群发达、轮廓清晰，与胸部比例适宜。整体造型规范、美观。

后展双肱二头肌图 8-10

背向裁判员站立，一腿屈膝后移，前脚掌着地，抬起两臂，弯屈肘部略高于肩，两手握拳，屈腕，用力收缩双肱二头肌及全身肌肉。

评判依据：

图 8-10

（1）肱二头肌凸起显著，长短适宜，轮廓清晰，与肱肌、肱三头肌、三角肌比例协调，形状美观。

（2）颈部、三角肌、肱二头肌、肱三头肌、前臂肌肉、斜方肌、大小圆肌、冈下肌、骶棘肌、腹外斜肌、背阔肌、臀肌、股二头肌和小腿肌肉发达，轮廓清晰，均衡。

（3）肌肉密度、分离度及清晰程度高，整体造型富于雕塑美感。

侧展肱三头肌图 8－11

侧向（以右侧为例）裁判员站立，左腿屈膝后移，前脚掌着地，右臂垂于体侧，左手经体后握住右手（腕），用力收缩肱三头肌及全身肌肉。

评判依据：

（1）肱三头肌发达，轮廓清晰、形状美观。

图 8－11

（2）肩部、肱二头肌、前臂肌群、胸、腹、大腿、小腿肌群侧面观轮廓清晰、富于质感。

（3）整体和谐，造型规范、美观。

前展腹部和腿部图 8－12

面向裁判员站立，一腿前伸，身体重心置于后腿，双手置于头后，屈膝，用力压缩腹部、收缩腿部及全身肌肉。

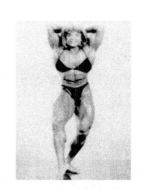

评判依据：

（1）腹直肌发达，块垒清晰、突出，腹外斜肌形成的体块明显。

（2）大腿肌肉发达、肌肉沟纹清晰，大腿内、外侧饱满、圆润。

（3）身体各部位肌群发展均衡，整体造型规范、美观。

图 8－12

三、男女混合双人比赛技术规则及评判依据

四分之一转体：

运动员自然站立，吸腹挺胸，头部正直，两眼平视前方，两臂自然下垂于体侧，身体各部位肌肉不得过度收缩，从前左后右四个方位展示体形。

评判依据：

（1）体形和谐，骨骼发育良好，宽肩，高胸，窄腰，直腿，身体中心线中正，头、四肢和躯

干的比例协调。

（2）全身肌肉发展均衡，左右对称、前后对应，各部位肌肉发达，结实、饱满，围度大，轮廓显著、美观，线条清晰。

（3）皮肤光洁、色泽和谐，没有外科手术或其他疤痕、斑点、痤疮或文身等。

五个规定动作：

男女混合双人比赛规定动作设置同女子健美比赛规定动作。即：前展双肱二头肌（图8－13）、侧展胸部（图8－14）、后展双肱二头肌（图8－15）、侧展肱三头肌（图8－16）和前展腹部和腿部（图8－17）五个动作。

图8－13

图8－14

图8－15

图8－16

图8－17

评判依据：

（1）将混合双人作为一个整体评价。

（2）男女体格及各部位肌群和谐、相配。

（3）男女各部位肌肉发达、清晰、相配。

（4）造型动作规范、流畅，配合默契、变化中蕴含统一。

（5）配对选手外表、气质和谐，整体感强。

附1.健美比赛自由造型要求

自由造型起始位置：自由造型比赛应在赛台中央以静止的造型动作开始。

自由造型方位要求：自由造型应从前后左右上下等方位展示身体各部位肌肉和体形。

动作数量：男子不得少于15个；女子不得少于20个；男女混合双人不少于20个。每个造型应有停顿，动作的连接应自然流畅。

自由造型比赛时间：男子个人为60秒；女子个人为90秒；男、女混合双人为120秒。

自由造型音乐：参加预赛和决赛的运动员，须在预赛或决赛名单宣布后的30分钟内，将自由造型音乐光盘交给放音员。自备音乐必须录在光盘的开头，无自备音乐的运动员由大会提供备用音乐。大会提供集体不定位自由造型音乐。

附2.健美比赛内容

预选赛：

（1）运动员首先做4个向右转体动作。

（2）按签号顺序，依次以3～5名运动员为一组进行规定动作的比赛，规定动作为：前展双肱二头肌、侧展胸部、后展双肱二头肌、前展腹部和腿部。

预赛：

（1）介绍运动员。

（2）运动员呈单行并按签号排列，自然站立，做两次向后转体。

（3）比较评分。

根据裁判员提名，依次提请2～5名运动员面向提名裁判员进行规定动作展示。

决赛：

（1）参加决赛的运动员按签号入场，逐个介绍运动员之后退场。

（2）运动员按签号逐个入场，在音乐的伴奏下进行自由造型的比赛。

（3）运动员再次按签号顺序上台并列成一行，在统一指挥下进行规定动作的比赛。

（4）集体一分钟不定位自由造型表演。集体不定位自由造型应在规定动作比赛后立即进行。

四、健身、形体、体育健身模特比赛技术规定及评判依据

（一）健身

规定动作

基本站立：

正、背面站立：

运动员并脚站立，吸腹挺胸，头部正直，两眼平视，两臂自然下垂于体侧，全身各部位

肌肉不得过度收缩,从正、背面展示体形。

左、右侧面站立:

运动员侧面自然站立,吸腹挺胸,头部正直,两眼平视,全身各部位肌肉不得过度收缩,从左、右侧面展示体形。

行走与定位造型:

行走步态:运动员在规定的路线上行走时,必须采用自然步态。

定位造型:按规定路线行走,并在指定位置上依次做正背左右四个面的形体造型动作。

运动特长:

表演:运动员应从不同方位、以各种身体运动形式展示其体能、运动技能和综合运动能力。

道具:辅助表演的器具。分为可使用道具与不可使用道具两种。

可使用道具:为表演主题服务的、安全性高的轻、小型可随身携带或拿在手中的物品。

不可使用道具:与表演主题内容无关、存在安全隐患和有可能将物品材料遗落于赛台的物品。

赛台在使用前后必须保持干净。

禁止使用人工色剂或植物油。

表演时间限定为 90～120 秒。

女子晚装、男子正装展示:

运动员按规定的位置站立,并按规定的路线行走。

评判依据:

体型:正、背面呈"V"字形状,侧观身体"S"形曲线适度,性别特征明显,身体各部分比例匀称,富有美感。

肌肉:身体各部位肌肉发达适度、肌肉比例协调匀称、富有力度感,轮廓清晰,形状美观。

运动特长：

编排：整套动作的编排具有新颖性、独特性。

音乐：音乐的选配具有完整性、独特性。

表演：整套表演与音乐相融。主题突出，有激情，富有表现力。表演动作套路，应当充分体现运动员的综合运动能力，并包括力量性动作、柔韧性动作、协调性动作等。

力量性动作：如支撑分腿、并腿的各种造型，单臂俯卧撑等。

柔韧性动作：如高踢腿、横叉、竖叉等。

协调性动作：如各种移动、跳跃、技巧、翻转动作。

晚(正)装展示：

服装：服装应与运动员的形象相符，服饰须为晚(正)装服系。

形象：五官端正，化妆、发型、服饰与形象相融。

气质：高雅(阳刚)、大方。

仪态：仪容端庄、健康，步态、站姿优雅。

比赛内容

预选赛：

(1) 四分之一转体

集体或分行做连续四次向右的四分之一转体。

分组四分之一转体：按签号顺序依次以 3～5 名运动员为一组，进行连续四次向右的四分之一转体比赛。

(2) 行走与定位造型

按签号顺序在规定路线上行走，并在规定位置依次做正背左右四个面的形体造型动作。

预赛：

(1) 介绍运动员

(2) 四分之一转体

运动员按签号顺序呈单行站立，集体做四次连续向右的四分之一转体。

(3) 比较评分

根据裁判员提名，依次提请 2～5 名运动员面向提名裁判员，进行四次连续向右的四分之一转体。

(4) 行走与定位造型

按签号在规定路线上行走并在规定位置上依次做正背左右四个面的形体造型动作。

（5）按签号顺序逐一上场进行运动特长表演

决赛：

（1）介绍运动员

（2）四分之一转体：集体做四次连续向右的四分之一转体

（3）行走与定位造型

按签号在规定路线上行走并在规定位置上依次做正背左右四个面的形体造型动作。

（4）按签号顺序逐一上场进行运动特长表演

（5）晚（正）装展示

运动员按签号顺序在规定的位置站立，并按规定的路线行走进行晚（正）装展示。

（二）形体

规定动作（同健身比赛）

基本站立：

正、背面站立

左、右侧面站立

行走与定位造型：

行走步态

定位造型

评判依据：

体型：运动员性别特征突出，先天骨架匀称，头、躯干、四肢比例协调。

肌肉：身体各部肌肉结实、圆润、富有弹性，轮廓清晰、形状美观。

皮肤和肤色：皮肤紧实健康、光滑、有弹性、没有脂肪球及外科手术疤痕、斑点、痤疮或纹身等。着色干净而均匀。

形象：五官端正，容貌端庄。

仪态：仪容端庄、健康，步态、站姿优雅。阳光、自信，朝气蓬勃。

比赛内容（同健身比赛）

预选赛：

（1）四分之一转体

分组四分之一转体

（2）行走与定位造型

预赛：

（1）四分之一转体

（2）比较评分

（3）行走与定位造型

决赛：

（1）介绍运动员

（2）四分之一转体

（3）行走与定位造型

（三）体育健身模特

规定动作(同健身比赛)

基本站立：

正、背面站立

左、右侧面站立

行走与定位造型：

行走步态

定位造型

运动服装与运动器材

运动服装：运动员应从不同方位、以各种身体运动形式展示运动服装。

运动器材：运动员应从不同方位、以各种身体运动形式展示运动器材的功能与用途。

运动器材必须是为表演主题服务的,安全性高的、轻、小型或赛会指定的器材。

禁止使用与表演主题无关的,存在安全隐患的器材。

禁止使用有可能将材料遗落于赛台的装置,赛台在使用前后必须保持干净。

表演时限：表演时间限定为 60～90 秒。

晚(正)装展示(同健身比赛)。

评判依据：

体型：身体各部分比例匀称,运动体格特征鲜明。

肌肉轮廓：身体各部位肌肉发展均衡、轮廓清晰。

运动服装或运动器材

编排(同健身比赛)

音乐(同健身比赛)

表演：着运动服装且与表演风格统一。表演主题突出,健康时尚,动感,充满活力。

晚(正)装展示：

服装(同健身比赛)

形象(同健身比赛)

气质(同健身比赛)

仪态(同健身比赛)

比赛内容（同健身比赛）

预选赛：

（1）四分之一转体

分组四分之一转体。

（2）行走与定位造型

预赛：

（1）介绍运动员

（2）四分之一转体

（3）比较评分

（4）行走与定位造型

（5）按签号顺序逐一上场进行运动服装与运动器材的表演

决赛：

（1）介绍运动员

（2）四分之一转体

（3）行走与定位造型

（4）运动服装或运动器材：按签号顺序逐一上场进行运动服装或运动器材展示性表演

（5）晚（正）装展示

第三节　校园健美健身竞赛和活动的组织与实施

一、高校健美健身运动的开展

（一）大学生的加入能推动健美健身事业向更高层次发展

大学生是我们祖国的未来，建设国家的主力军，健美健身事业的发展同样需要他们的加入与参加。由于这一人群的特殊性，决定他们具有丰富的科学文化知识与较高的综合素质，接受新事物快，会很快走在各领域的最前沿。如吸引和引导他们参与到健美健身运动当中来，可以成为健美健身运动的生力军，能更好的普及和健美健身事业向更高的方向发展。

（二）大学期间是大学生身体肌肉发育和终身体育观念形成的最佳时期

大学生的年龄特征决定了大学期间是他们肌肉发育最敏感的时期，如果适时的抓住这一黄金时期，通过科学系统的健美健身锻炼，在身体形态及健康体质等方面，一定会取得非常显著的锻炼效果。这一时期也是大学生的人生观、世界观形成的重要时期，在进

181

行健美健身锻炼的同时,向他们灌输终身体育观念的思想,养成体育锻炼的良好习惯,使健美健身运动成为他们终身体育的一个项目,惠及一生。

(三)健美健身运动特点与大学生的兴趣和爱好相吻合

许多高校的体育课还是以传统的体育项目为主,如足球、篮球、排球、游泳、乒乓球等。随着人类社会的不断发展,这些传统的体育项目已远远不能满足大学生的要求。所以,一些高校根据实际情况开设一些较新的符合大学生特点和兴趣的时尚体育项目,如橄榄球等等。大学生正处于青春发育期,有着强烈的追求美的欲望,注重自己的形体美,而健美运动恰恰是能最有效地满足大学生这种需求的理想体育项目。

(四)大学课堂使大学生科学系统地学习健美运动

大学生的学生特点使他们可以更系统地学习掌握健美健身运动知识,健美健身运动进入高校校园一般都以正规的课堂教学方式进行,由教师制定出教学大纲、教学计划以及课堂教案,通过教学这一双边活动,使学生系统而科学的学习和锻炼,来掌握健美健身运动的知识、动作要领、练习方法等。这种方式与社会上的师徒式的学习相比,更有效果。

(五)高校的场馆条件与学生的在校时间,为学生健美锻炼提供良好的保证

高校一般都有一定数量的室内体育设施,可以根据学校的规模和条件建立健美房,既能满足健美健身运动教学的需要,又能满足运动队的锻炼及学生的业余文体活动。而大学生由于生活在学校,校园就是他们的家,这为大学生进行系统的健美健身运动锻炼提供了充足的时间保证,可使健美健身运动成为他们体育生活中不可缺少的一部分,由于健美房多为室内,锻炼可以不受气候的影响,使学生的锻炼更有连续性。

二、高校健美健身运动的形式

(一)健美健身运动师资的选择和培养

学生可以选择较好的教师进行学习,好的教师可以起到较好的锻炼效果。但更重要的是教师必须努力工作,勤奋学习,提高自己的业务水平,注重在职进修,掌握先进的理念和技术,来培育英才。只有一批具有较高水平的师资力量,才能担当起在大学校园更好地推广健美健身运动的重任。

(二)健美运动场馆的建立

高校应当根据自己的实际情况,建立适合大学生锻炼的健美运动场馆。所建立的健美运动场馆应有健美健身专业的特点,具有相当的活动面积,以利于健美健身课程的开展,便于学生的课外锻炼活动,安排专业教师进行辅导。尽量对大学生免费开放,鼓励他们来进行健美健身运动的锻炼。如为了管理的需要,可以适当收费,但一定要考虑大学生的特点以及承受能力。

(三)健美健身运动组织的成立

高校可以成立大学生健美健身协会或健美健身俱乐部,定期组织学生进行各种各样

的健美健身活动,如健美健身讲座、大学生之间的交流、健美健身的表演等,通过各种活动扩大健美健身运动在学校的影响,使之成为大学校园文化生活的重要组成部分,真正把健美健身运动在高校校园里推广普及开来,丰富大学生的校园体育文化生活。

（四）健美健身竞赛的组织

通过广泛普及的大学生健美健身锻炼,必定有一些学生会非常热衷于此,有一些学生会达到相当的健美健身水平,可以组织较优秀的大学生运动员参加各级健美健身竞赛。如举行班级的竞赛,系里的竞赛,学院的竞赛,全校的竞赛。真正具有相当健美健身运动水平的大学生运动员,可以参加市里、省里,甚至全国的竞赛。有条件时,也可以举行全国大学生健美健身比赛。这样,可以更有效的扩大健美健身运动在高校中的影响,调动大学生的健美健身锻炼积极性,促进健美健身运动在高校校园更好的开展。

三、高校健美健身俱乐部的组织与活动

（一）俱乐部的组织

1. 俱乐部的宗旨

健美健身,娱乐身心;丰富生活,陶冶情操。

2. 俱乐部的形象

健康加健美;力量与时尚;激情和个性;参与和提高。

3. 俱乐部的活动

建立必要的固定赛事和活动制度,每学期或每年定期进行。有了固定的赛事制度等俱乐部的活动,才会使同学有参加的动力和参与的条件,会员和参与者才会不断增加。俱乐部应以制度化、日常性的活动为主,并不断地调整与改进。临时的非固定的活动,也是俱乐部的重要工作,俱乐部也应该认真组织,以便扩大影响,锻炼能力。

4. 俱乐部的必要部门和负责人

（1）俱乐部主任：负责统筹、协调各部门工作。

（2）宣传推广部：负责网站建设,宣传发布信息,讨论和点评,组织推广赛事和活动。

（3）对外联络部：负责联络协调校内外各相关部门,筹集赞助经费,发展会员。

（4）活动组织部：负责固定赛事和活动的组织与执行,如俱乐部赛,表演活动,培训,讲座,锻炼安排等。

（二）俱乐部赛事与活动的组织方法

1. 发布赛事与活动的通知,内容主要包括：

（1）赛事与活动名称、意义。

（2）赛事与活动的内容。

（3）赛事与活动的时间和地点。

（4）赛事与活动的办法与形式。

（5）赛事与活动的参加办法与形式。

（6）赛事与活动的报名办法和时间。

（7）赛事与活动日程表。

（8）赛事与活动的主办部门。

2. 竞赛规程的编排,内容主要包括:

（1）主办部门。

（2）协办和资助单位。

（3）赛事与活动的参加团体或个人。

（4）日期和地点。

（5）参加办法。

（6）竞赛办法。

（7）录取名次。

（8）评选办法。

（9）奖励办法。

（10）报到时间和地点。

附:组织部门及人员名单。

附:裁判员名单。

附:各参赛团体或个人名单。

附:竞赛与活动日程

 知识拓展

活到老,学到老。他山之石,可以攻玉。

 学以致用

1. 男子健美比赛技术规定及评判依据。

2. 女子健美比赛技术规则及评判依据。

3. 男女混合双人比赛技术规则及评判依据。

4. 健身、形体、体育健身模特比赛技术规定及评判依据。

5. 简述高校开展健美健身运动意义。

6. 简述高校如何推广健美健身运动。

第九章　大学生体质健康测试指导

应知导航

　　本章主要介绍《国家学生体质健康标准》的内容、标准、实施的意义,帮助大学生全面了解《国家学生体质健康标准》。测试是科学健身的第一步,掌握各项目正确的测试操作方法以及测试中的注意事项是所有测评人员、学生需要了解的内容。为了更好地解决测量评价后如何进行体育锻炼的问题,本章节提供给大学生身体锻炼的措施与方法以及在锻炼过程中对身体健康素质认识的误区和事实。

第一节　《国家学生体质健康标准》解读

一、什么是《国家学生体质健康标准》

　　《国家学生体质健康标准》是《学生体质健康标准(试行方案)》的进一步完善。2002年以来,各地认真组织推广试行《学生体质健康标准(试行方案)》,取得了丰富的经验,教育部、国家体育总局在认真总结试行工作的基础上,根据新的形势对其进行了修改和完善,将《学生体质健康标准(试行方案)》正式定名为《国家学生体质健康标准》(以下简称《标准》),并从 2007 年开始在全国各级各类学校全面实施。《标准》适用于全日制小学、初中、普通高中、中等职业学校和普通高等学校的在校学生。

　　《标准》是《国家体育锻炼标准》的有机组成部分,是《国家体育锻炼标准》在学校的具体实施,是国家对学生体质健康方面的基本要求,是促进学生体质健康发展、激励学生积极进行身体锻炼的教育手段,是学生体质健康的个体评价标准。《标准》的实施将对促进和激励学生积极参加体育活动,养成体育锻炼习惯,不断增强学生体质健康的水平起到重要作用。

二、《标准》名称含义诠释

　　《标准》的内涵是测量学生体质健康状况和锻炼效果的评价标准,是国家对不同年龄段学生体质健康方面的基本要求,是学生体质健康的个体评价标准。健康的概念包括身体健康、心理健康和社会适应。《标准》涵盖的是与学校体育密切相关的学生身体健康范畴。为了界定它的内涵,又避免与三维的健康概念混淆,故将"体质"作为"健康"的定语以示其内涵。

《标准》名称的外延涉及到它的激励和教育功能、反馈功能和指导锻炼功能。

1. 教育和激励功能:《标准》是促进学生体质健康发展、激励学生积极进行身体锻炼的教育手段。所选用的指标可以反映与身体健康关系密切的身体成分、心血管系统功能、肌肉的力量和耐力、以及关节和肌肉的柔韧性等要素的基本状况。《标准》的实施将使学生和社会能够对影响身体健康的主要因素有一个更加明确的认识和理解,引导人们去积极追求身体的健康状态,实现学校体育的目标。《标准》实施办法还规定,对达到合格以上等级的学生颁发证章,以激励学生对体育锻炼的内在积极性。

2. 反馈功能:《标准》是学生体质健康的个体评价标准,并规定了各校应将每年测试的数据按时上报至国家学生体质健康标准数据管理系统,该系统具有按各种要求进行统计、分析、检索的功能,并定期向社会公告。该系统为学生及其家长提供了在线查询和在线评估服务,向学生提供了个性化的身体健康诊断,使学生能够在准确地了解自己体质健康状况的基础上进行锻炼;该系统还可为各级政府机关、教育行政部门、学校提供详实的统计和分析数据,使之了解学生的体质健康状况,及时采取科学的干预措施。

3. 引导和锻炼功能:新的《标准》增加了一些简便易行,锻炼效果较好的项目,并提高了部分锻炼项目指标的权重,对引导学生进行体育锻炼具有较强的实效性;同时通过国家学生体质健康标准数据管理系统,学生还可以查询到针对性较强的运动处方,用于自身因地制宜的进行科学的体育锻炼,提高身体健康水平。

三、制定和实施《标准》的意义

《标准》测试是为了贯彻落实"健康第一"的指导思想,切实加强学校体育工作,促进学生积极参加体育锻炼,养成良好的锻炼习惯,提高体质健康水平。通过《标准》的测试,可以使学校和广大学生以及家长清楚地了解学生体质与健康的状况,还可以帮助学生监测自己体质与健康状况的变化程度。这些都有助于学生有的放矢地设定自己的锻炼目标,有针对性地选择锻炼策略,制订切实可行的锻炼计划,进而全面提高学生的体质健康水平。

四、《标准》的特点

《标准》有以下几方面的特点。

（一）突出"健康第一"的指导思想

评价指标的设置考虑了与身体健康状况关系密切的身体健康素质要素。

（二）增强了适应性

测试项目设置了必测类和选测类项目，选测项目由各地（市）进行选择，对个别体育场地要求较高的项目还设置了替代项目，从而使经济状况、场地器材设施各不相同的学校都能顺利实施，提高了《标准》测试的可行性和适用性。

（三）体现了激励和促进学生全面发展的作用，引导学生全面锻炼身体，增强学生强身健体的责任感

《标准》中规定的评价指标可进行定量和定性的评价，能帮助学生了解自身的体质健康状况，从而选择适当的方法和形式积极参与体育锻炼，以达到"达标争优、强健体魄"的目标。

五、《标准》的测试项目

根据《标准》要求，大学生需要进行的测试项目共六项，其中必测三个项目，选测三个项目，身高、体重、肺活量、1000 米跑（男）、800 米跑（女）或台阶试验，坐位体前屈、掷实心球、仰卧起坐（女）、引体向上（男）或握力，50 米跑、立定跳远、跳绳、篮球运球、足球运球或排球垫球。测试项目分为必测项目和选测项目（表 9 - 1）。选测项目每年由地（市）级教育行政部门、高等学校在测试前两个月确定并公布，选测项目原则上每年不得重复。

表 9 - 1　《标准》测试项目（大学生）

必测项目	选测项目	备注
身高	1000 米跑（男）、800 米跑（女）、台阶试验、	选测一项
体重	引体向上（男）、仰卧起坐（女）、坐位体前屈、掷实心球、握力	选测一项
肺活量	立定跳远、跳绳、篮球运球、足球运球、排球垫球、50 米跑	选测一项

六、《标准》的评价指标

《标准》从小学到大学都分别规定了相应的评价指标，这些指标是根据《标准》中项目的测试值进行评价的。有的是直接利用测试值进行查表评分，如立定跳远，有的需要进行计算，如肺活量体重指数和握力体重指数；此外，身高标准体重是根据所测得的身高和体重查表进行评分。

大学各年级的评价指标有五项：分别为必评项目和选评项目（表 9 - 2）。身高标准体重、肺活量体重指数两项为必评指标；选评指标有三项，分别是从 1000 米跑、800 米跑（女）、台阶试验中选评一项；从引体向上（男）、仰卧起坐（女）、坐位体前屈、掷实心球、握

力体重指数中选评一项;从立定跳远、跳绳、篮球运球、足球运球、排球垫球、50米跑中选评一项。

表9‒2 《标准》评价项目（大学生）

必测项目	选测项目	备　　注
身高标准体重	1000米跑（男）、800米跑（女）、台阶试验、	选评一项
	引体向上（男）、仰卧起坐（女）、坐位体前屈、掷实心球、握力体重指数	选评一项
肺活量体重指数	立定跳远、跳绳、篮球运球、足球运球、排球垫球、50米跑	选评一项

七、《标准》的评分方法及等级

根据《标准》要求,在具体评分时,各单项指标的评分表均采用百分制,并注明优秀、良好、及格和不及格的等级,可以直接查表得到某项指标学生测试成绩的得分。所测试项目的得分之和为最后总分。

各项评价分数的权重系数（表9‒3）为:身高标准体重10分;肺活量体重指数20分;1000米跑（男）、800米跑（女）、台阶试验任选一项进行评分30分;坐位体前屈、掷实心球、仰卧起坐（女）、引体向上（男）、握力体重指数任选一项进行评分20分;50米跑、立定跳远、跳绳、篮球运动、足球运动、排球垫球任选一项进行评分20分。

表9‒3 《标准》评价指标与权重系数（大学生）

评价指标	权重系数
身高标准体重	0.1
肺活量体重指数	0.2
1000米跑（男）、800米跑（女）、台阶试验、	0.3
引体向上（男）、仰卧起坐（女）、坐位体前屈、掷实心球、握力体重指数	0.2
立定跳远、跳绳、篮球运球、足球运球、排球垫球、50米跑	0.2

《标准》根据总分评定等级（表9‒4）,分别为优秀（90分及以上）、良好（75～89分）、及格（60～74分）、不及格（59分及以下）。

表 9－4　《标准》评定得分与等级对应（大学生）

得分	等级
90 分及以上	优秀
75～89 分	良好
60～74 分	及格
59 分及以下	不及格

八、《标准》各项测评指标的意义

（一）身高标准体重

身高标准体重是将身高和体重综合起来，以每厘米身高的体重分布，确定学生的体形匀称度，可反映学生是营养不良、正常体重，还是超重或肥胖。它通过身高与体重一定的比例关系，反映人体的围度、宽度和厚度以及人体的密度。身高标准体重是评价人体形态发育水平和营养状况及身体匀称度的重要指标，它可以间接地反映人体的身体成分。

> 身体成分是指人体总体重中脂肪成分和非脂肪成分的比例，它可以十分准确地评价人体胖瘦状况。通常用体脂百分比，即总体重中体脂的比例来表示。

（二）肺活量体重指数

肺活量是指一次最大吸气后再尽最大能力所呼出的气体量。是反映人体生长发育水平的重要机能指标之一。可以反映肺的容积和肺的扩张能力。肺活量的大小与身高、体重、胸围等因素有着密切的关系，因此，为了将学生身体发育的不同因素在肺脏机能的评价中得以体现，在《标准》测试中选用肺活量体重指数进行评价。

> 肺活量体重指数＝肺活量(毫升)／体重(kg)

《标准》规定计算肺活量体重指数时，肺活量的单位为毫升(ml)，测试时保留整数；体重的单位为千克(kg)，测试时保留 1 位小数，计算出指数后，舍去小数，用整数查表评分。例如肺活量指数为 58.6，按 58 查表评分。

（三）1000 米跑（男）、800 米跑（女）

1000 米跑（男）、800 米跑（女）用以评价学生心肺功能和耐力水平。耐力是指机体长时间进行肌肉活动并对抗疲劳的能力。对于没有参加过专业训练的学生来说,大学的1000米跑(男)、800米跑(女)既测试有氧耐力,也测试无氧耐力的水平。由于耐力是衡量人的体质健康状况和劳动工作能力的基本因素之一,是从事各项运动必不可少的一种运动素质,因此测试耐力水平对评价学生体质健康状况有着非常重要的意义。

《标准》中1000米跑(男)、800米跑(女)的测试和评价以分(min)、秒(s)为单位记录成绩,不计小数,然后进行查表评分。例如5分30秒8,按5分30秒查表评分。

(四)台阶试验

台阶试验是一项定量负荷机能试验,主要用以测定心血管系统的功能,也可以间接推断机体的耐力。该测试主要是通过观察定量负荷持续运动的时间、运动中心血管的反应及负荷后心率恢复速度的关系(台阶实验指数)来评定心血管系统机能水平。台阶试验指数值越大,则反映心血管系统的机能水平越高;反之则说明心血管系统的机能水平越低。《标准》所使用的评分表中台阶试验是整数,因此计算台阶试验指数时只保留整数进行评分。

(五)立定跳远

立定跳远主要是测量向前跳跃时下肢肌肉的爆发力。爆发力要求在最短时间内发挥最大的力量。爆发力的大小不仅取决于力量,而且取决于力量和速度的结合。腿部的爆发力以腿部的力量为基础。

《标准》中立定跳远的测试和评价以厘米(cm)为单位,保留整数,小数点后四舍五入。例如157.6厘米,按158厘米查表评分。

(六)握力体重指数

握力评价的是肌肉静力的最大力量状况,主要反映前臂和手部肌肉的力量,因其与其他肌群的力量有关,所以也是反映肌肉总体力量的一个指标。握力体重指数反映的是肌肉的相对力量,即每kg体重的握力。

$$握力体重指数 = 握力(kg) / 体重 \times 100$$

《标准》规定计算握力体重指数时,握力的单位为kg(kg),测试时保留1位小数,体重的单位为kg(kg),测试时保留1位小数。计算出指数后,舍去小数,用整数查表评分。例如,计算得到的指数为58.6,按58查表评分。

(七)仰卧起坐

仰卧起坐是测试肌肉力量和耐力的一个项目。在做仰卧起坐时主要是腹部肌群起作用,同时髋部肌肉也参与工作,因此这个测试既能评价腹部肌群的耐力,也能反映髋部肌肉的耐力。由于女生这两部分肌肉力量和耐力与其某些生理功能有密切的联系,因此将仰卧起坐单独列为女生的选项项目。

《标准》中规定仰卧起坐的测试和评价以次/分钟为单位,测试值直接查表评分。

(八)50米跑

50米跑是国际上通用的测试项目,通过较短距离的高强度跑来测试速度素质。速度素质的测试可以反映人体中枢神经系统的机能状况和神经与肌肉的调节机能,也可以综合地反映人体的爆发力、灵敏、反应、柔韧等素质。它是人们从事体育活动、学习运动技能所必须具备的身体基本素质,可在一定程度上反映机体运动的综合素质。

《标准》中50米跑的测试和评价以秒(s)为单位,保留1位小数,小数点后第二位数非"0"时则进1,例如9.01秒按9.1秒查表评分。

(九)坐位体前屈

坐位体前屈是反映人体柔韧性的测试项目,柔韧性是指人体完成动作时,关节、肌肉、肌腱和韧带的伸展能力。柔韧素质与健康的关系极为密切,柔韧性的提高,对增强身体的协调能力,更好地发挥力量、速度等素质,提高技术和技能,防止运动损伤等都有积极的作用。

《标准》中坐位体前屈的测试和评价以厘米(cm)为单位,保留1位小数,当手指伸过0点时记录为"+"值,即手指伸过脚尖;到不了0点时记录为"-"值,即伸不到脚尖。然后根据测试值查表评分。

(十)引体向上

引体向上是反映男生肩臂最大力量和力量耐力的典型指标。近20年来,我国男生肩臂最大力量和力量耐力出现了明显下降。将该项纳入学生体质健康标准的指标体系,旨在增加学生参加锻炼和测评的选择性,促进学生积极参与锻炼。《标准》中规定引体向上的测试和评价以次为单位,测试值直接查表评分。

(十一)掷实心球

掷实心球是测试学生上肢肌肉爆发力的素质指标。研究表明:男子17岁以前,女子15岁以前力量素质增长较快,男子25岁左右,女子20岁左右可达到最高水平。因此在体育教学和课外体育活动中应有针对性地增加学生投掷能力的训练和锻炼,以有效促进学生上肢爆发力的发展。《标准》中掷实心球的测试和评价以厘米(cm)为单位,保留整数,小数点后四舍五入。例如158.4厘米,按158厘米查表评分。

(十二)跳绳

跳绳是综合反映学生跳跃能力和上下肢协调配合能力的项目,同时也能在一定程度上体现力量、协调、灵敏等多项素质的水平,属于反映综合身体素质和运动能力的测评项目。《标准》中规定跳绳的测试和评价以次为单位,测试值直接查表评分。

(十三)篮球运动、足球运动、排球垫球

篮球、足球、排球在学生中开展非常广泛,这三个指标属于反映综合身体素质和运动能力的指标。其所反映的运动能力,是人体在运动中掌握和有效地完成专门动作的能力,是由知识、技术、技能和智力构成的一种个性身心品质的综合体。在指标体系中加入该类项目的测量和评价,旨在促进学生提高全面锻炼身体能力,并增加不同地区和学校项目选择的灵活性。

九、《标准》测试与评价的理念

1.《标准》从身体形态、身体机能、身体素质、运动能力等方面综合评定学生的体质健康状况,是促进学生体质健康发展、激励学生积极进行身体锻炼的教育手段,是学生体质健康的个体评价标准。测试和评价较为全面地涉及身体成分、心肺系统功能、肌肉的力量和耐力以及身体的柔韧性等方面。

2.《标准》测试和评价标准根据年龄、性别不同而有所差异。

3.《标准》测试和评价的结果可作为设定锻炼目标的依据和自我评价的基点。

4.对于《标准》测试和评价的结果,更应着眼于纵向比较,发现自己的提高与不足,使学生真正关注自己健康,从而积极地进行身体锻炼。

第二节 《国家学生体质健康标准》测试操作方法

在实施《标准》的过程中,掌握各项目正确的测试方法是所有测评人员、学生需要了解的内容。测试工作必然和所使用的测试仪器有一定的关系,现在测试器材多种多样,有全手工操作的,也有电子仪器。手工操作与电子仪器的操作流程不完全相同。如使用带有 IC 卡的测试仪器就可以减少测试人员的记录和计算工作。但无论使用何种仪器,对测试人员的基本的操作要求是一致的,对于不同的测试器材,可参考相应测试器材的说明书。

(一)身高体重

1. 测试目的

测试学生身高,与体重测试相配合,评定学生的身体匀称度,评价学生生长发育的水平及营养状况。

2. 测试方法

测试时,受试者赤足,立正姿势站在身高体重计的底板上(上肢自然下垂,足跟并拢,足尖分开约呈 60°角)。如图 9－1,图 9－2,足跟、骶骨部及两肩胛区与立柱相接触,躯干自然挺直,头部正直,耳屏上缘与眼眶下缘呈水平位,站稳后屏息不动,水平压板自动轻轻沿立柱下滑,轻压于受试者头顶。

图 9－1

图 9－2

3. 注意事项

(1) 严格掌握"三点靠立柱"、"两点呈水平"的测量姿势；

(2) 头发蓬松者要压实,头顶的发辫、发结要放开；

(3) 测量身高体重前,受试者应避免进行剧烈体育活动和体力劳动。

(二)肺活量

1. 测试目的

测试学生的肺通气功能。

2. 测试方法

如图 9－3,使用干燥的一次性口嘴(非一次性口嘴则每换测试对象需消毒一次)。如图 9－4,受试者进行一两次较平日深一些的呼吸动作后,更深的吸一口气,然后屏住气向吹嘴处以中等速度和力度慢慢呼出至不能再呼为止,测试中不得中途二次吸气。液晶屏上最终显示的数字即为肺活量毫升值。每位受试者测三次,每次间隔 15 秒,记录三次数值,测试仪器自动选取最大值作为测试结果。

图 9－3

图 9－4

3. 注意事项

（1）吹气筒的导管必须在上方，以免口水或杂物堵住气道；

（2）导气管存放时不能弯折。

（三）800 米跑（女）或 1000 米跑（男）

1. 测试目的

测试学生耐力素质的发展水平，特别是心血管呼吸系统的机能及肌肉耐力。

2. 测试方法

受试者至少两人一组进行测试，站立式起跑。当听到口令后开始起跑。发令员在发出口令同时要摆动发令旗，计时员视旗动开表计时，受试者躯干部到达终点线的垂直面停表。

3. 注意事项

（1）受试者在跑完后应继续缓慢走动，不要立刻停下，以免发生意外。

（2）受试者不得穿皮鞋、塑料凉鞋、钉鞋参加测试。

（四）台阶试验

1. 测试目的

测试学生在定量负荷后心率变化情况，评价学生的心血管机能。

2. 测试方法

男生用 40 厘米的台阶；女生用 35 厘米的台阶。测试前让受试者做轻度的准备活动，主要是活动下肢关节。上、下台阶的频率是 30 次/分，因而节拍器的节律为 120 次/分（每上、下一次是四动）。受试者按节拍器的节律完成试验。如图 9-5，受试者从预备姿势开始，如图 9-6，被测试者一只脚踏在台阶上；如图 9-7，踏台腿伸直成台上站立；如图 9-8，先踏台的脚先下地；如图 9-9，还原成预备姿势。用 2 秒上、下一次的速度（按节拍器的节律来做）连续做 3 分钟。做完后，保持静止休息状态，测量运动结束后的 1 分钟至 1 分半钟、2 分钟至 2 分半钟、3 分钟至 3 分半钟的 3 次脉搏数。

台阶脉搏评定指数 ＝ 踏台上、下运动的持续时间（秒）×100/2×（3 次测定脉搏的和）

图 9-5　　　　图 9-6　　　　图 9-7　　　　图 9-8　　　　图 9-9

3. 注意事项

（1）心脏有病的学生不能参加测试；

（2）上、下台阶时，膝、髋关节都应伸直；

（3）受试者不可自己测量脉搏；

（4）当受试者跟不上节奏时应及时提醒，如果三次跟不上节奏应停止测试，以免发生伤害事故；

（5）如果受试者不能完成 3 分钟的负荷运动，以实际上、下台阶的持续时间进行计算，计算公式和方法同上。

（五）立定跳远

1. 测试目的

测试学生下肢爆发力及身体协调能力的发展水平。

2. 测试方法

受试者两脚自然分开站立，站在起跳线后，脚尖不得踩线。两脚原地同时起跳，不得有垫步或连跳动作。丈量起跳线后缘至最近着地点后缘的垂直距离。每人试跳三次，记录其中成绩最好的一次。

3. 注意事项

（1）发现犯规时，此次成绩无效；

（2）可以赤足，但不得穿钉鞋、皮鞋、塑料凉鞋参加测试。

（六）握力

1. 测试目的

测试学生上肢肌肉力量的发展水平。

2. 测试方法

如图 9－10，受试者两脚自然分开成直立姿势，两臂自然下垂。一手持握力计全力紧握（此时握力计不能接触受试者的衣服和身体）。用有力手握三次。取最大值，以 kg 为单位。

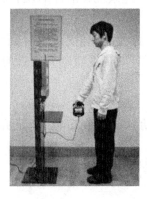

图 9－10

3. 注意事项

保持手臂自然下垂姿势,手心向内,不能触及衣服和身体。

（七）仰卧起坐

1. 测试目的

测试学生的腹肌耐力。

2. 测试方法

如图 9 – 11,受试者仰卧于垫上,两腿稍分开,屈膝呈 90°角左右,两手指交叉贴于脑后。另一同伴压住其踝关节,以固定下肢。图 9 – 12,受试者坐起时两肘触及或超过双膝为完成一次。仰卧时两肩胛必须触垫。测试人员发出"开始"口令的同时开表计时,记录1 分钟内完成次数。1 分钟到时,受试者虽已坐起但肘关节未达到双膝者不计该次数。

图 9 – 11　　　　　　　　　　　　　　图 9 – 12

3. 注意事项

（1）如发现受试者借用肘部撑垫或臀部起落的力量起坐时,该次不计数。

（2）测试过程中,观测人员应向受试者报数。

（八）50 米跑

1. 测试目的

测试学生速度、灵敏素质及神经系统灵活性的发展水平。

2. 测试方法

受试者至少两人一组测试。站立起跑,受试者听到"跑"的口令后开始起跑。发令员在发出口令同时要摆动发令旗。计时员视旗动开表计时,受试者躯干部到达终点线的垂直面停表。

3. 注意事项

（1）受试者测试最好穿运动鞋或平底布鞋,赤足亦可。但不得穿钉鞋、皮鞋、塑料凉鞋;

（2）发现有抢跑者,要当即召回重跑;

（3）如遇风时一律顺风跑。

（九）坐位体前屈

1. 测试目的

测量学生在静止状态下的躯干、腰、髋等关节可能达到的活动幅度,主要反映这些部位的关节、韧带和肌肉的伸展性和弹性及学生身体柔韧素质的发展水平。

2. 测试方法

如图 9‑13,受试者坐在仪器上两腿伸直,两脚平蹬测试纵板,两脚分开约 10～15 厘米,上体前屈,两臂伸直向前,用两手中指尖逐渐向前推动游标,直到不能前推为止。测试计的脚蹬纵板内沿平面为 0 点,向内为负值,向前为正值。测试两次,取最好成绩。

图 9‑13

3. 注意事项

（1）身体前屈,两臂向前推游标时两腿不能弯曲;

（2）受试者应匀速向前推动游标,不得突然发力。

（十）引体向上

1. 测试目的

测试学生的上肢肌肉力量的发展水平。

2. 测试方法

受试者跳起双手正握杠,两手与肩同宽成直臂悬垂。静止后,两臂同时用力引体(身体不能有附加动作),上拉到下颌超过横杠上缘为完成一次。

3. 注意事项

（1）受试者应双手正握单杠,待身体静止后开始测试;

（2）引体向上时,身体不得做大的摆动,也不得借助其他附加动作撑起;

（3）两次引体向上的间隔时间超过 10 秒停止测试。

（十一）掷实心球

1. 测试目的

测试学生的上肢爆发力。

2. 测试方法

大学各年级测试球重为 2 千克。测试时受试者站在起掷线后,两脚前后或左右开立,身体面对投掷方向,双手举球至头上方稍后仰,原地用力把球投向前方掷出。如两脚前后开立投掷,当球出手的同时后脚可向前迈出一步,但不得踩线。每人投掷三次,记录其中成绩最好的一次。为了准确丈量成绩,应有专人负责观察实心球的着地点。

3. 注意事项

(1)受试者需要原地投掷,不得助跑;

(2)实心球需要从头上方掷出;

(3)受试者两脚前后开立投掷,当实心球出手的同时后脚可向前迈出一步,但不得踩线;

(4)发现踩线等犯规时,则此成绩无效。

(十二)跳绳

1. 测试目的

测试学生的下肢爆发力和身体协调能力。各种长度的跳绳若干条。

2. 测试方法

受试者将绳的长短调至适宜长度,听到开始信号后开始跳绳,动作规格为正摇双脚跳绳,每跳跃一次且摇绳一回环(一周圈),计为一次。听到结束信号后停止,测试员报数并记录受试者在1分钟内的跳绳次数。

3. 注意事项

(1)参加跳绳测试时,应由教师计数;

(2)测试过程中跳绳拌脚,除该次不计数外,应继续进行。

第三节 大学生体质健康与体育锻炼方法

《标准》通过测试身高、体重,并用身高体重指标来评价学生的身体形态,其目的是引导学生形成正确的身体形态观:过瘦、过胖对健康都不利,关键是保持匀称。科学化、规范化的形体练习有助于形体的改变和完善,尤其是在长度和围度方面。体育锻炼可加快全身血液循环,使新陈代谢更为旺盛,从而改善肌肉和骨骼系统的营养。对于已经发育的男女大学生要注意区别对待。针对女生,应重视胸部和腹背部肌肉及臀肌锻炼,促进胸部发育,减少腹部及臀部脂肪的堆积;而对于男生则应重视身体各部位的肌肉锻炼,促使肌肉发达。

一、控制体重的措施与方法

(一)膳食控制法

利用膳食控制体重时,需注意要使每天摄取的热能低于消耗的热能,使热能负平衡。

节食也要适可而止,以免妨碍蛋白质、维生素、钙和铁等微量元素的摄入。更为主要的是,积极参与体育活动,改变不良生活习惯,如改变睡懒觉,吃饭狼吞虎咽,以车代步等行为习惯。

（二）运动控制法

通过体育锻炼来降低体重,应做到以下几点：

1. 选择适宜的运动方式。如耐力性的项目;运动量大、激烈的对抗性项目;自己感兴趣的跳绳、爬山、滑冰、滑雪、划船等。另外,在锻炼时要尽量使四肢和躯干的肌肉参与运动,避免只有局部小肌肉群参与运动。

2. 选择适宜的锻炼次数和时间。每周要有三次以上锻炼次数。每次运动持续时间应保持在半小时以上,一小时以内。对于体重超重的人,每天早晨和下午各锻炼一次,比每天只进行一次较长时间锻炼所消耗的热量更多。锻炼时间一般选择在下午 4～5 点钟,大多数人身体的基础代谢都处于较低水平,这时锻炼不但能较多消耗身体热量,同时还可以提高身体 20 分钟至数小时的基础代谢率,使热量得到进一步消耗。

3. 运动强度是决定降低体重的关键。

在开始锻炼时,应以小强度长时间的锻炼方式为宜。当体重有所下降,体质健康水平得到一定程度提高后,运动量再加大些,时间再长些,逐步增加运动强度,这样才能消耗体内更多的热量。

4. 锻炼与饮食控制相结合。要做到这一点,自己应具有坚强的控制力和毅力,思想重视,认真当成一件事去做,相信是可以做到的。

二、增加体重的措施与方法

1. 检查身体。当发现一段时间体重过轻时,应立即到医院检查身体,看是否患有慢性消耗性疾病,如结核病、慢性腹泻、内分泌疾病等,都会出现体重增长缓慢或下降的现象。

2. 增加活动量,打破旧的代谢平衡。身体消瘦的人,体质常常也较弱,开始锻炼时,先选择一两项自己感兴趣、运动量较小的全身性活动内容,这样有利于坚持下去,使身体各部分的肌肉初步、均匀发达,促进各个内脏器官的健康发育。锻炼一阶段后,可以从事一些专门性练习,即徒手和轻器械力量练习。

3. 全面增加营养。适宜的营养是保持体能和健康的关键,对于增强体能和保持健康状态具有重要的作用,它可以促进人体生长发育和修复机体组织,还可以满足人们每日身体活动所需的能量。

4. 尽量少食用咖啡、茶、可口可乐等含咖啡因的饮料和食物,以及其他导致基础代谢增加的药物。

5. 保证休息,精神放松。人在睡眠时会分泌"生长激素",新陈代谢也处于最低水平,消耗能量最小,充足的睡眠是健康成长的重要保证。

三、提高心肺系统机能的措施与方法

发展与提高心肺系统功能比较有效的运动主要以有氧运动为主。有氧运动是指运动时人体需氧量和摄氧量达到动态平衡的运动。做有氧运动时,体内不产生乳酸堆积,心率和呼吸保持在稳定的状态,因而持续运动时间长、安全性高、脂肪消耗多,有利于改善心血管系统的功能。有氧运动的种类繁多,主要分为户外的有氧运动和室内的有氧运动。户外运动常见种类有步行、跑步、骑车、游泳、健身操、室外攀岩、徒步穿越、篮球、足球、滑冰、滑雪等运动。室内运动常见的有各种有氧舞蹈、室内瑜伽、舍宾、普拉提等运动项目;健身器材主要有跑步机、登山器、划船器、健身车、椭圆机等一些中低运动强度且持续时间较长的功能器械。

1.运动前预热。每次运动前需要有个热身过程即准备活动,活动关节、韧带,伸拉四肢、腰背肌肉。然后从低强度运动开始,逐步进入适当强度的运动状态。

2.接近而不超过"靶心率"。在运动时,可随时数一下脉搏,心率控制在150次/分钟以下,运动强度就是合适的,当然这是指健康的运动者,体弱多病者不在此列。如果运动时的心率只有70～80次/分钟,离靶心率相差甚远,就说明还没有达到有氧运动的锻炼标准。

3.自我感觉。自我感觉是掌握运动量和运动强度的重要指标,包括轻度呼吸急促、感到有点心跳、周身微热、面色微红、少量排汗,这表明运动适量;如果有明显的心慌、气短、心口发热、头晕、大汗、疲惫不堪,表明运动超限。

4.持续时间。一般健康者每次有氧运动时间不应少于20分钟,可长至1～2小时,主要根据个人体质情况而定。每周可进行3～5次有氧运动,次数太少难以达到锻炼目的。

5.后发症状。即运动过后的不适感觉,也是衡量运动量是否适宜的尺度。一般人在运动后,可有周身轻度不适、疲倦、肌肉酸痛等感觉,休息后很快会消失,这是正常现象。如果症状明显,感觉疲惫不堪、肌肉疼痛,而且一两天不能消失,这说明中间代谢产物在细胞和血循环中堆积过多。这是无氧运动的后果,下次运动应适当减量。

6.循序渐进。运动强度应从低强度向中等强度逐渐过渡;持续时间应逐渐加长;运动次数应由少增多。体弱者或有慢性疾患的人,更要掌握运动的尺度。最好在运动前去看医生,全面检查身体,由医生根据个人情况,开出具体的有氧运动处方,再依方进行锻炼。

四、增强肌肉力量和肌肉耐力的措施与方法

负重抗阻练习是增强肌肉力量的基本手段,通过不断增加肌肉克服阻力大小的力量

练习,就可以发展肌肉的力量。不论性别和年龄的差异,只要每周进行适当的力量练习,都可以增加肌肉组织,促进健康。

（一）以健身和保持形体为目的

力量训练和有氧训练相结合,每周 2～3 次力量练习,3～4 次有氧练习。采用 40%～50% 重量的中低强度,以增强肌肉弹性。身体每个部位练习 2 组,每组 15～20 次,腰腹的练习次数应多些。

（二）以增强体重,增强体质为目的

以力量练习为主,有氧练习为辅。每周至少进行 3 次力量练习,隔天为宜,有氧练习作为力量练习前的热身。力量练习采用 50%～70% 重量的中等强度,以增加对肌肉的刺激。每组做到接近极限的次数,每个部位每周练习 2 次,每次各部位练习 10～15 次,重复 2～3 组。

（三）以减轻体重,减少脂肪为目的

以有氧练习为主和适当的力量练习,力量练习每周 3 次,采用"低强度、多次数"的方法,腰、腹、臀等部位每周力量练习 3 次,其余部位为 1 次。25～30 次一组,重复 2～3 组。应注意的是,每周体重下降应控制在 1～2 斤的范围内。

五、发展柔韧性的措施与方法

发展身体的柔韧性有两种伸展练习方式:一种是动力性伸展练习,另一种是静力性伸展练习。适宜发展大学生柔韧性的体育项目有跆拳道、武术、毽球及各种球类运动。适宜发展大学生柔韧性的体育锻炼手段有立位提前屈、俯撑收腿、坐位压腿、压肩、反"V"字形走、握踝走等。

科学安排发展身体柔韧性的基本要求是:

1. 做柔韧性练习之前一定要做热身活动,以身体感到微微出汗为宜;

2. 每周应进行 3～5 次的柔韧练习,做到低强度、长时间和多次数;

3. 柔韧性练习的强度应逐渐增加,做到"酸加、痛减、麻停";

4. 要循序渐进地安排柔韧性练习时间。在练习起始阶段,对每一项内容要重复 3 次,每次使肌肉和关节保持静止 10 秒钟即可,经过一段时间的练习后,重复次数和保持时间可以逐渐增加到 3 次以上和 30 秒钟;

5. 柔韧性练习应兼顾到身体各关节、肌肉柔韧性的全面发展。

六、身体锻炼中常见的误区和事实

（一）常见控制体重的误区和事实

误区 1:节食是降低体重唯一有效的方法。

事实:对于经常饮食过量的人来说,节食是减体重的必须手段,但对大多数饮食正常的人来说，仅仅通过节食降低体重是不合适的。因为节食会导致肌肉萎缩，而肌肉是"燃烧"体内多余脂肪有效的"火炉"。足够强壮的肌肉是大量消耗脂肪的基本前提，只有在肌肉工作时，脂肪才能被大量消耗掉。节食的结果是肌肉同脂肪一起消耗，而通过运动降低体重，在消耗脂肪的同时，肌肉组织却能够得到明显的增强。

误区2：超重和肥胖的主要原因就是吃得太多。

事实：调查研究的结果表明，导致超重或肥胖的第一位因素是缺乏运动，其次才是饮食过度。从事经常性的体育活动不仅是最理想的"健康保险"，还是治疗肥胖的绝佳良方。

误区3：超重主要是体内多余的水分造成的，限制饮水可以完全、有效地减轻体重。

事实：无论什么原因都不应限制每天的饮水量。水是身体各器官、系统保持正常工作的物质条件。超重部分大约有80%是脂肪而不是水。特别是在节食的过程中，身体通过分解食物而获得的水分减少，所以更需要通过直接饮水来补充体内的水分。减少体重而限制饮水，将会给身体带来非常严重的危害。

误区4：体重过轻不是坏事，身体纤细才是美。

事实：体重过重和过轻都不好，体重过轻既是一种症状，也是一种疾病，对人体健康有着多方面的危害。体重过轻的人不仅易疲劳，体力差，兴奋性低，常有"力不从心"的感觉，而且抵抗力弱，免疫力差，耐寒抗病能力低，对环境变化的适应能力不强。显然，体重过轻与肥胖一样，既不是健康的标准，也不是人体健美的象征，而是身心健康的大敌。

（二）心肺系统锻炼的误区和事实

误区1：要提高心肺系统的机能水平，必须每天都锻炼。

事实：在开始锻炼时，没有必要每天都安排锻炼，每天锻炼会增加发生运动损伤的危险，最好的安排是隔天锻炼，让身体有足够的恢复。当心肺系统机能达到一定的水平后，就可以每天锻炼，因为通过长时间的锻炼后，致伤的危险因素已经大大降低。

误区2：作为锻炼有氧耐力的手段，慢跑比走要好。

事实：对于发展有氧耐力，健身操和其他锻炼手段一样都能获得理想的效果，所不同的是，为了同其他运动获得同样的效果，需要走更长的距离、花更多的时间。

误区3：我的心肺系统机能已经"达标"没有必要再进行练习了。

事实：每个人都可以从经常性的运动中获得收益，锻炼和测试绝不是为还没有"达标"的同学准备的，锻炼不仅可以保持你目前良好的身体健康素质，还能进一步强化你社会、心理、情感和精神方面的健康。

（三）肌肉力量、肌肉耐力练习的误区和事实

误区1：力量练习使锻炼者显得僵硬。

事实：力量练习实际上可以改善柔韧性。在每次练习前、后应做适当的伸展运动，而

且每次练习关节的活动范围应尽可能大。

误区2：力量练习使女子男性化。

事实：女子每周3～4次的力量练习不可能使肌肉块增大，练习采用中等的力量负荷和重复次数，只会改善练习者的女性外表特征。

误区3：力量练习可使脂肪转化为肌肉，当停止力量练习后，肌肉将变成脂肪。

事实：脂肪和肌肉是不同的组织，不能相互转化，脂肪不能变成肌肉，肌肉也不能转化为脂肪。当锻炼者消耗掉的热量比摄入多时，脂肪细胞缩小。力量练习增加肌肉的体积有助于控制脂肪细胞体积增大。当停止练习后，肌肉因不运动而体积减少；又因摄入过多、耗能减少而脂肪细胞增大。

（四）发展柔韧性的误区和事实

误区1：肌肉的伸展练习是最好的准备活动内容。

事实：肌肉的伸展练习只是准备活动的一个组成部分，为了防止损伤和肌肉疼痛，在做肌肉的伸展练习前，一定要进行大肌肉群参与的运动5～10分钟，如快走和慢跑，使身体微微出汗。当体温升高后才可进行肌肉的伸展练习。

误区2：柔韧性越强越好。

事实：柔韧性越强，关节的稳定性越差，过度的柔韧性有时会因为关节稳定性的下降而引起损伤。因此，可以采用发展肌肉力量的方法来弥补因韧带松弛而导致的关节稳定性下降。

误区3：年龄的增长是导致柔韧性下降的主要原因。

事实：柔韧性下降与缺乏锻炼有关，而年龄的增长并非起决定作用。随着年龄的增长，人体的柔性逐渐下降，韧性不断增强，这是人体生长的自然规律。但是如果坚持锻炼，仍然可以保持较高的柔韧性，坚持锻炼是发展和保持柔韧性的决定因素。

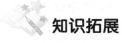 **知识拓展**

一、如何预防运动猝死

（一）超负荷运动会使心脏循环系统不堪重负

据专家分析，发生运动猝死的原因有两个：一是运动者患有潜在心血管疾病，二是参加超负荷运动导致心脏缺血。专家建议普通人群在参加活动时应量力而行，最好在进行大运动量活动或比赛前做一次身体检查。另一方面，开展运动的组织方也应该对报名者进行医学监督，比如询问运动史、对心肺功能进行基本检查等，以保证运动的安全性。

二、运动前心血管监测可防止运动猝死

据了解,心脏猝死包括安静型和运动型两种,其中81%的猝死是安静型的,即由于突发冠心病和肺栓塞而导致的。专家认为,除了心脏疾病导致的猝死外,运动过量也是发生猝死的一个重要原因。比如一个平时只能跑几千米的人,一口气跑几十公里,就属于超负荷运动了。这时他的心脏循环系统会不堪重负,需要的血液量和氧气量会突然增加,而供给量却相对减少,在这种血、氧供不应求的状态下,跑步者的心脏会出现急性缺血,继而出现心脏骤停和脑血流中断。

长跑运动员在跑步前都需要一系列的医学监督,如饮食起居、体重、运动量增加强度等,以保证运动中的安全性。而普通人群在参加长跑运动时,更应该注意医学监督,最好在运动前进医院做个身体检查。另外,如果在跑步中感觉身体不适,就马上停下来,千万别硬撑着。

美国灾难性运动伤害研究中心最新的监测结果表明,1983—1993年,有160例死亡事故并不是由运动创伤造成的。每年在每百万运动员中,发生死亡的情况是1.16至14.50人。其中中学女生死亡率最低,而大学男生死亡率最高。心血管损伤导致的死亡占总数的74%,而其他与心脏无关的死因占22%,包括高温、横纹肌溶解和连续气喘。在田径项目和越野跑中,共有17例死亡事故,其中大部分是中学生。他们还研究了在1985—1995年美国158名运动员猝死原因,这也包括在上述的研究结果中:134例有心血管缺损,其中90%是男性,18%的死亡事故发生在田径运动员中。

三、猝死抢救按秒计算

据介绍,猝死的表现是突然昏迷、意识不清、脉搏消失、停止呼吸、听不到心跳、瞳孔放大、面色死灰。在常温下,心脏停跳3～5秒钟以上,病人即有头晕感觉,10～20秒钟时会发生晕厥,40秒钟后会发生惊厥抽搐,此时患者有可能瞳孔散大,60秒钟后患者会呼吸停止、大小便失禁,4分钟后脑细胞开始发生不可逆损害,10分钟后脑细胞可能死亡。所以,抢救猝死患者的关键是速度。据统计,在4分钟内进行现场心肺复苏,并且在8分钟内做到了进一步的心肺脑复苏,则94%的患者可以复苏成功并长期存活。另有人以12分钟为临界点,即12分钟内未进行心肺复苏抢救者,抢救成功的可能性几乎是零,在这里要说时间就是生命一点也不夸张。

当一个人突然出现非外因的昏厥、意识丧失或惊厥抽搐,且无心跳、无呼吸时,首先要意识到可能是心脏猝死。如果发作前病人曾喊胸痛或用手抓胸部且有痛苦状者应想到是此病。如果知道病人以前有冠心病,出现此类症状就更应该想到是心脏猝死。

猝死是可以预知的,一般在发病前,会感到短暂的心绞痛,或是觉得咽部哽咽、咽东西费劲,还有的人会伴有出汗,出现3～5分钟的胸闷。最常见的预兆就是浑身无力、头

晕、胸闷。然而,当这些情况出现在中、青年人身上的时候,如果他们不知道自己本身有心血管疾病,通常是意识不到的。大多数年轻人都认为自己体力好,即使身体过度透支也并不在意,偶尔身体不适只当是累的、歇歇就没事了,殊不知这也许就是发病的前兆。

四、如何帮助猝死患者

不懂或不熟悉现场急救且又没有经过心肺复苏技术培训的人遇到有人猝死怎么办?首先不要惊慌失措,应该冷静,要尽快弄清发生了什么事情,然后高声呼救,以使周围的人尽快赶过来,其中有懂心肺复苏的人可施行急救。急救时除口对口人工呼吸外,切忌不懂装懂,贸然进行人工胸外心脏按压等心肺复苏操作,这样容易使患者产生肋骨骨折、严重内出血或其他并发症。另外,如病人有假牙或假牙托,一定要将其取出。抢救的同时,其他人可以赶快打电话叫急救车。打电话应注意讲清患者所处的大体位置、方位名称,以及打电话者自己的姓名和电话号码。打完电话应派人到路口等待急救车的到来,以便尽快引导救护人员到达现场。

五、走跑运动中的伤病预防与处理

走跑运动是全民健身中比较普及的运动形式,虽然动作简单,但是同样会产生运动性损伤,如果得不到充分的重视,甚至会造成较为严重的身体损害,达不到健身的目的。

常见损伤有:

肚子疼:肚子疼产生的主要原因是在正式运动前未进行准备活动,因为心脏惰性大,不能适应运动负荷,引起呼吸肌紊乱"岔气",或是饭后、饮水后使肠系膜受到过分牵拉。

预防:减速,调节呼吸节奏,加深呼吸。同时用手按压,可减轻疼痛。

肌肉酸痛:小腿肌肉酸痛属于运动过程中的正常生理现象,肌肉收缩产生能量的同时,肌肉内发生一系列变化,三磷酸腺苷、磷酸肌酸、糖原分解放能,若强度过大,血液循环跟不上,氧气供应不足,乳酸堆积,刺激了神经系统,引起了疼痛。

处理:热水烫脚、按摩、洗腿。

肌肉痉挛:俗称腿抽筋,它是一种强直性肌肉收缩不能缓解放松的现象。冬季多发,天冷,未进行准备活动或小腿肌肉受到冷的刺激均会引起肌肉酸痛。

处理:保暖、牵引、按摩。

胸痛:走跑运动中呼吸不均,没有用鼻呼吸,冷气吸入肺,肺血管收缩,血液循环障碍,长时间挺胸跑,胸部持续紧张均会引起胸痛。

预防:走跑过程中用鼻呼吸,做好保暖工作。

跟腱炎:跟腱炎是指跟腱背侧深筋膜和腱组织之间的滑膜层及其结缔组织损伤,造成血液循环障碍,导致腱围及腱组织的损伤性炎症。由于走跑场地不平,过硬,会造成跟腱炎。

扁平足,足弓过高,后群肌肌力不足也是主要的发病原因。

预防:在鞋跟内加一层软垫,帮助减缓跟腱紧张。

足底筋膜炎:足底筋膜是一种坚韧及低延展性的纤维组织,它起到了维持足弓的正常弯度的作用,足底筋膜炎患者通常在早上起床或久坐后起来步行时疼痛最为剧烈,行走一段时间后会减轻,因此很多人不注意,继续跑步导致恶化,原因主要是:(1)扁平足。(2)小腿肌痉挛加重这种损伤。

处理:减少跑走的时间。冰敷,避免足趾上翘动作。

预防:做伸展运动,进行肌力练习。

尿色有变化:尿色颜色变深,属于正常生理;尿中出现白色浑浊,是因为体内供应能量的代谢旺盛,磷酸盐排泄增加;尿色变红或酱油色,尿中出现红血球、血红蛋白,肾血液循环障碍,毛细血管通透性增加,即运动性蛋白尿,这种损伤只有在强度较大时才会发生。

预防:降低运动强度。

六、运动后要养护皮肤

经常参加体育运动的人,由于机体的新陈代谢较快,皮肤容易老化,流汗过多,导致汗液中的酸性物质伤害表层肌肤,使皮肤过早老化。所以爱运动的人更要针对这些特点,掌握一些护理技巧,让皮肤光洁柔嫩。

保证水量运动时会大量出汗,要比平常消耗掉更多的水分,如果不及时补充水分,身体中就没有足够的水分来满足皮肤细胞的需要。身体每天至少需要8～10杯的水量,运动后最好喝不加咖啡或果汁的纯水,也可以随身带上一瓶水,随时补充水分,多喝水不仅有利于排汗排毒,更有利于皮肤的呼吸畅通。

运动后重养护每次运动后要清洁面部,抹上护肤霜,再将眼角、嘴角抹上一点油脂丰富的除皱霜,而且要持之以恒,只有长期坚持,才能避免皮肤过早老化。

另外,仅仅洗脸是远远不够的,必须洁肤,爽肤,再润肤,每个星期要做一次皮肤的彻底修护,首先去除脸部的死皮,正确地清洗脸部,再抹上适合的营养霜,这些工作不能凭兴趣而做,只要坚持下去就会看出效果。

运动后沐浴不仅可以洗去皮肤积存的污垢,促进血液循环,还能调节皮脂腺与汗腺的功能,使皮肤更光滑,运动时,皮脂腺分泌会特显旺盛,因此运动后要选择清爽浴液勤务时皂沐浴,才能使毛孔畅通。

四季际使用防晒霜经常运动的人终年使用防晒霜,由于阳光照射会使皮肤衰老,所以经常在户外进行体育运动,更要使用防晒品,杜绝皮肤与阳光过分接触。

补充碱性食物剧烈运动之后,常有皮肤失去光泽,肌肉发胀,关节酸痛的现象,这是因为体内的糖、脂肪、蛋白质被大量分解,在分解过程中产生乳酸,磷酸等物质,这些酸性

物质刺激人体组织器官,使人感到肌肉,关节酸胀,此时如果单纯食用富含酸性物质的肉、蛋、鱼等,会使体液更加酸性化,不利于疲劳更加酸性化,不利于疲劳的解除,所以,这时需要食用蔬菜、甘薯、柑橘、苹果之类的水果,它们可以消除体内过剩的酸,降低尿的酸度,增加尿酸的溶解度,减少酸在膀胱中形成结石的可能,专家认为运动后,应多吃些碱性的食物,如水果、蔬菜、豆制品等,才能保证身体的需要,尽快缓解运动后带给肌肤的疲劳。

 学以致用

1. 为什么要进行《国家学生体质健康标准》的测试?
2. 《国家学生体质健康标准》要求大学生测试哪些项目?为什么要选择这些测试项目?
3. 《国家学生体质健康标准》测试与评价的理念是什么?
4. 《国家学生体质健康标准》各项评价分数的权重系数和等级是如何分配的?
5. 常见控制体重的误区和事实是什么?
6. 提高心肺系统机能的措施与方法有哪些?

附 录

附录一：《国家学生体质健康标准》实施办法

一、《国家学生体质健康标准》(以下简称《标准》)的实施工作在教育部、国家体育总局的领导下，由各级教育行政部门管理，体育行政部门指导，学校组织实施。

二、《标准》的组织实施工作在校长领导下，由学校体育教研部门、教务部门、校医院(医务室)、学工部门、辅导员(班主任)协同配合共同组织实施。《标准》的测试应与学生的健康体检有机结合，避免重复测试。学生的《标准》测试成绩按评定等级记入《国家学生体质健康标准登记卡》，小学列入学生成长记录或学生素质报告书，初中以上学校列入学生档案(含电子档案)，作为学生毕业、升学的重要依据。对达到及格以上成绩的学生颁发证章。《标准》的实施工作记入教师的教学工作量。

三、学生《标准》测试成绩达到良好及以上者，方可参加三好学生、奖学金评选；成绩达到优秀者，方可获体育奖学分。《标准》成绩不及格者，在本学年度准予补测一次，补测仍不及格，则学年《标准》成绩为不及格。普通高中、中等职业学校和普通高等学校学生毕业时，《标准》测试的成绩达不到 50 分者按肄业处理。

四、因病或残疾学生，可向学校提交免予执行《标准》的申请，经医疗单位证明，体育教学部门核准后，可免予执行《标准》，并填写《免予执行〈国家学生体质健康标准〉申请表》，存入学生档案。对确实丧失运动能力、免予执行《标准》的残疾学生，仍可参加三好学生、奖学金、奖学分评选，毕业时《标准》成绩可记为满分，但不评定等级。

五、认真上好体育课、积极参加体育活动、每天锻炼时间达到一小时者，奖励 5 分，计入学年《标准》总成绩。

六、属下列情况之一者，其《标准》成绩记为不及格，该学年《标准》成绩最高记为59 分：

1. 评价指标中 400 米(50 米×8 往返跑)、1000 米跑(男)、800 米跑(女)、台阶试验的得分达不到及格者；

2. 体育课无故缺勤，一学年累计超过应出勤次数 1/10 者。

七、各地、各学校在实施《标准》时要树立"安全第一"的指导思想，健全各项安全保障制度，落实安全责任制，加强对场地、器材、设备的安全检查。要认真做好学生的体检工作，对生病学生实行缓测或免测。

八、全国各级各类学校每年均直接将本校各年级《标准》测试数据，通过中国学生体质健康网(网址中文域名：中国学生体质健康网,英文域名：www.csh.edu.cn),报送至教育部"国家学生体质健康标准数据管理系统",上报数据的时间为每年9月1日至12月31日,上报测试数据的工具软件,由学校在中国学生体质健康网上免费下载使用。

九、高职高专类学校参照有关要求执行。

十、教育部每年公布各省、自治区、直辖市实施《标准》的基本情况;每学年对教育部直属高校本科新生《标准》测试结果,按生源所在地进行统计,并以省、自治区、直辖市为单位进行公布。

十一、各地教育、体育行政部门对本地各级各类学校实施《标准》的情况,要认真检查监督。要将《标准》的实施情况纳入各级政府教育督导内容和评估指标体系,并作为对各级各类学校进行评优、表彰的基本依据。对弄虚作假、徇私舞弊者,给予通报批评,情节严重者,给予行政处分。

十二、为保证《标准》测试数据的科学性、准确性,各地、各学校招标、选用的《标准》测试器材必须是经国家认证认可监督管理委员会批准的相关认证机构认证合格的产品。

十三、本办法由教育部负责解释。

附录二：《国家学生体质健康标准》大学生评分表

表1 大学男生身高标准体重（身高单位：厘米；体重单位：kg）

身高段（厘米）	营养不良	较低体重	正常体重	超重	肥胖
	50分	60分	100分	60分	50分
144.0～144.9	<41.5	41.5～46.3	46.4～51.9	52.0～53.7	≥53.8
145.0～145.9	<41.8	41.8～46.7	46.8～52.6	52.7～54.5	≥54.6
146.0～146.9	<42.1	42.1～47.1	47.2～53.1	53.2～55.1	≥55.2
147.0～147.9	<42.4	42.4～47.5	47.6～53.7	53.8～55.7	≥55.8
148.0～148.9	<42.6	42.6～47.9	48.0～54.2	54.3～56.3	≥56.4
149.0～149.9	<42.9	42.9～48.3	48.4～54.8	54.9～56.6	≥56.7
150.0～150.9	<43.2	43.2～48.8	48.9～55.4	55.5～57.6	≥57.7
151.0～151.9	<43.5	43.5～49.2	49.3～56.0	56.1～58.2	≥58.3
152.0～152.9	<43.9	43.9～49.7	49.8～56.5	56.6～58.7	≥58.8
153.0～153.9	<44.2	44.2～50.1	50.2～57.0	57.1～59.3	≥59.4
154.0～154.9	<44.7	44.7～50.6	50.7～57.5	57.6～59.8	≥59.9
155.0～155.9	<45.2	45.2～51.1	51.2～58.0	58.1～60.7	≥60.8
156.0～156.9	<45.6	45.6～51.6	51.7～58.7	58.8～61.0	≥61.1
157.0～157.9	<46.1	46.1～52.1	52.2～59.2	59.3～61.5	≥61.6
158.0～158.9	<46.6	46.6～52.6	52.7～59.8	59.9～62.2	≥62.3
159.0～159.9	<46.9	46.9～53.1	53.2～60.3	60.4～62.7	≥62.8
160.0～160.9	<47.4	47.4～53.6	53.7～60.9	61.0～63.4	≥63.5
161.0～161.9	<48.1	48.1～54.3	54.4～61.6	61.7～64.1	≥64.2
162.0～162.9	<48.5	48.5～54.8	54.9～62.2	62.3～64.8	≥64.9
163.0～163.9	<49.0	49.0～55.3	55.4～62.8	62.9～65.3	≥65.4
164.0～164.9	<49.5	49.5～55.9	56.0～63.4	63.5～65.9	≥66.0
165.0～165.9	<49.9	49.9～56.4	56.5～64.1	64.2～66.6	≥66.7
166.0～166.9	<50.4	50.4～56.9	57.0～64.6	64.7～67.0	≥67.1

续表

身高段(厘米)	营养不良 50分	较低体重 60分	正常体重 100分	超重 60分	肥胖 50分
167.0～167.9	＜50.8	50.8～57.3	57.4～65.0	65.1～67.5	≥67.6
168.0～168.9	＜51.1	51.1～57.7	57.8～65.5	65.6～68.1	≥68.2
169.0～169.9	＜51.6	51.6～58.2	58.3～66.0	66.1～68.6	≥68.7
170.0～170.9	＜52.1	52.1～58.7	58.8～66.5	66.6～69.1	≥69.2
171.0～171.9	＜52.5	52.5～59.2	59.3～67.2	67.3～69.8	≥69.9
172.0～172.9	＜53.0	53.0～59.8	59.9～67.8	67.9～70.4	≥70.5
173.0～173.9	＜53.5	53.5～60.3	60.4～68.4	68.5～71.1	≥71.2
174.0～174.9	＜53.8	53.8～61.0	61.1～69.3	69.4～72.0	≥72.1
175.0～175.9	＜54.5	54.5～61.5	61.6～69.9	70.0～72.7	≥72.8
176.0～176.9	＜55.3	55.3～62.2	62.3～70.9	71.0～73.8	≥73.9
177.0～177.9	＜55.8	55.8～62.7	62.8～71.6	71.7～74.5	≥74.6
178.0～178.9	＜56.2	56.2～63.3	63.4～72.3	72.4～75.3	≥75.4
179.0～179.9	＜56.7	56.7～63.8	63.9～72.8	72.9～75.8	≥75.9
180.0～180.9	＜57.1	57.1～64.3	64.4～73.5	73.6～76.5	≥76.6
181.0～181.9	＜57.7	57.7～64.9	65.0～74.2	74.3～77.3	≥77.4
182.0～182.9	＜58.2	58.2～65.6	65.7～74.9	75.0～77.8	≥77.9
183.0～183.9	＜58.8	58.8～66.2	66.3～75.7	75.8～78.8	≥78.9
184.0～184.9	＜59.3	59.3～66.8	66.9～76.3	76.4～79.4	≥79.5
185.0～185.9	＜59.9	59.9～67.4	67.5～77.0	77.1～80.2	≥80.3
186.0～186.9	＜60.4	60.4～68.1	68.2～77.8	77.9～81.1	≥81.2
187.0～187.9	＜60.9	60.9～68.7	68.8～78.6	78.7～81.9	≥82.0
188.0～188.9	＜61.4	61.4～69.2	69.3～79.3	79.4～82.6	≥82.7
189.0～189.9	＜61.8	61.8～69.8	69.9～79.9	80.0～83.2	≥83.3
190.0～190.9	＜62.4	62.4～70.4	70.5～80.5	80.6～83.6	≥83.7

注：身高低于表中所列出的最低身高段的下限值时，身高每低1厘米，实测体重需加上0.5kg，实测身高需加上1厘米，再查表确定分值。身高高于表中所列出的最高身高段时，身高每高1厘米，其实测体重需减去0.9kg，实测身高需减去1厘米，再查表确定分值。

表2 大学女生身高标准体重(身高单位:厘米;体重单位:kg)

身高段(厘米)	营养不良	较低体重	正常体重	超重	肥胖
	50分	60分	100分	60分	50分
140.0～140.9	<36.5	36.5～42.4	42.5～50.6	50.7～53.3	≥53.4
141.0～141.9	<36.6	36.6～42.9	43.0～51.3	51.4～54.1	≥54.2
142.0～142.9	<36.8	36.8～43.2	43.3～51.9	52.0～54.7	≥54.8
143.0～143.9	<37.0	37.0～43.5	43.6～52.3	52.4～55.2	≥55.3
144.0～144.9	<37.2	37.2～43.7	43.8～52.7	52.8～55.6	≥55.7
145.0～145.9	<37.5	37.5～44.0	44.1～53.1	53.2～56.1	≥56.2
146.0～146.9	<37.9	37.9～44.4	44.5～53.7	53.8～56.7	≥56.8
147.0～147.9	<38.5	38.5～45.0	45.1～54.3	54.4～57.3	≥57.4
148.0～148.9	<39.1	39.1～45.7	45.8～55.0	55.1～58.0	≥58.1
149.0～149.9	<39.5	39.5～46.2	46.3～55.6	55.7～58.7	≥58.8
150.0～150.9	<39.9	39.9～46.6	46.7～56.2	56.3～59.3	≥59.4
151.0～151.9	<40.3	40.3～47.1	47.2～56.7	56.8～59.8	≥59.9
152.0～152.9	<40.8	40.8～47.6	47.7～57.4	57.5～60.5	≥60.6
153.0～153.9	<41.4	41.4～48.2	48.3～57.9	58.0～61.1	≥61.2
154.0～154.9	<41.9	41.9～48.8	48.9～58.6	58.7～61.9	≥62.0
155.0～155.9	<42.3	42.3～49.1	49.2～59.1	59.2～62.4	≥62.5
156.0～156.9	<42.9	42.9～49.7	49.8～59.7	59.8～63.0	≥63.1
157.0～157.9	<43.5	43.5～50.3	50.4～60.4	60.5～63.6	≥63.7
158.0～158.9	<44.0	44.0～50.8	50.9～61.2	61.3～64.5	≥64.6
159.0～159.9	<44.5	44.5～51.4	51.5～61.7	61.8～65.1	≥65.2
160.0～160.9	<45.0	45.0～52.1	52.2～62.3	62.4～65.6	≥65.7
161.0～161.9	<45.4	45.4～52.5	52.6～62.8	62.9～66.2	≥66.3
162.0～162.9	<45.9	45.9～53.1	53.2～63.4	63.5～66.8	≥66.9
163.0～163.9	<46.4	46.4～53.6	53.7～63.9	64.0～67.3	≥67.4
164.0～164.9	<46.8	46.8～54.2	54.3～64.5	64.6～67.9	≥68.0

续表

身高段(厘米)	营养不良	较低体重	正常体重	超重	肥胖
	50分	60分	100分	60分	50分
165.0～165.9	<47.4	47.4～54.8	54.9～65.0	65.1～68.3	≥68.4
166.0～166.9	<48.0	48.0～55.4	55.5～65.5	65.6～68.9	≥69.0
167.0～167.9	<48.5	48.5～56.0	56.1～66.2	66.3～69.5	≥69.6
168.0～168.9	<49.0	49.0～56.4	56.5～66.7	66.8～70.1	≥70.2
169.0～169.9	<49.4	49.4～56.8	56.9～67.3	67.4～70.7	≥70.8
170.0～170.9	<49.9	49.9～57.3	57.4～67.9	68.0～71.4	≥71.5
171.0～171.9	<50.2	50.2～57.8	57.9～68.5	68.6～72.1	≥72.2
172.0～172.9	<50.7	50.7～58.4	58.5～69.1	69.2～72.7	≥72.8
173.0～173.9	<51.0	51.0～58.8	58.9～69.6	69.7～73.1	≥73.2
174.0～174.9	<51.3	51.3～59.3	59.4～70.2	70.3～73.6	≥73.7
175.0～175.9	<51.9	51.9～59.9	60.0～70.8	70.9～74.4	≥74.5
176.0～176.9	<52.4	52.4～60.4	60.5～71.5	71.6～75.1	≥75.2
177.0～177.9	<52.8	52.8～61.0	61.1～72.1	72.2～75.7	≥75.8
178.0～178.9	<53.2	53.2～61.5	61.6～72.6	72.7～76.2	≥76.3
179.0～179.9	<53.6	53.6～62.0	62.1～73.2	73.3～76.7	≥76.8
180.0～180.9	<54.1	54.1～62.5	62.6～73.7	73.8～77.0	≥77.1
181.0～181.9	<54.5	54.5～63.1	63.2～74.3	74.4～77.8	≥77.9
182.0～182.9	<55.1	55.1～63.8	63.9～75.0	75.1～79.4	≥79.5
183.0～183.9	<55.6	55.6～64.5	64.6～75.7	75.8～80.4	≥80.5
184.0～184.9	<56.1	56.1～65.3	65.4～76.6	76.7～81.2	≥81.3
185.0～185.9	<56.8	56.8～66.1	66.2～77.5	77.6～82.4	≥82.5
186.0～186.9	<57.3	57.3～66.9	67.0～78.6	78.7～83.3	≥83.4

注：身高低于表中所列出的最低身高段的下限值时，身高每低1厘米，实测体重需加上0.5kg，实测身高需加上1厘米，再查表确定分值。身高高于表中所列出的最高身高段时，身高每高1厘米，其实测体重减去0.9kg，实测身高需减去1厘米，再查表确定分值。

表3 大学男生体能测试评分标准

等级	单项得分	肺活量体重指数	1000米跑(分·秒)	台阶试验	50米跑(秒)	立定跳远(米)	掷实心球(米)	握力体重指数	引体向上(次)	坐位体前屈(厘米)	跳绳(次/1分钟)	篮球运球(秒)	足球运球(秒)	排球垫球(次)	单项得分
优秀	100	84	3'27	82	6.0	2.66	15.7	92	26	23.0	198	8.6	6.3	50	100
	98	83	3'28	80	6.1	2.65	15.2	91	25	22.6	193	9.0	6.5	49	98
	96	82	3'31	77	6.2	2.63	14.4	90	24	22.0	186	9.6	6.9	46	96
	94	81	3'33	74	6.3	2.62	13.6	89	23	21.4	178	10.3	7.3	44	94
	92	80	3'35	71	6.4	2.60	12.5	87	22	20.6	168	11.1	7.7	41	92
	90	78	3'39	67	6.5	2.58	11.5	86	21	19.8	158	12.0	8.2	38	90
良好	87	77	3'42	65	6.6	2.56	11.3	84	20	18.9	152	12.4	8.5	37	87
	84	75	3'45	63	6.8	2.52	10.9	81	19	17.5	144	12.9	8.9	34	84
	81	73	3'49	60	7.0	2.48	10.5	79	18	16.2	136	13.5	9.3	32	81
	78	71	3'53	57	7.3	2.43	10.0	75	17	14.3	124	14.3	9.9	29	78
	75	68	3'58	53	7.5	2.38	9.5	72	16	12.5	113	15.0	10.4	26	75
及格	72	66	4'05	52	7.6	2.35	9.3	70	15	11.3	108	15.6	10.7	25	72
	69	64	4'12	51	7.7	2.31	8.9	66	14	9.5	101	16.6	11.2	23	69
	66	61	4'19	50	7.8	2.26	8.5	63	13	7.8	94	17.5	11.7	21	66
	63	58	4'26	48	8.0	2.20	8.0	59	12	5.4	85	18.8	12.3	18	63
	60	55	4'33	46	8.1	2.14	7.5	54	11	3.0	75	20.0	12.9	15	60
不及格	50	54	4'40	45	8.2	2.12	7.3	53	9	2.4	71	20.6	13.3	14	50
	40	52	4'47	44	8.3	2.09	7.0	51	8	1.4	64	21.6	13.8	12	40
	30	51	4'54	43	8.5	2.06	6.7	49	7	0.5	58	22.5	14.3	10	30
	20	49	5'01	42	8.6	2.03	6.2	47	6	−0.8	49	23.8	15.0	8	20
	10	47	5'08	40	8.8	1.99	5.8	44	5	～2.0	40	25.0	15.7	5	10

表4　大学女生体能测试评分标准

等级	单项得分	肺活量体重指数	1000米跑(分·秒)	台阶试验	50米跑(秒)	立定跳远(米)	掷实心球(米)	握力体重指数	引体向上(次)	坐位体前屈(厘米)	跳绳(次/1分钟)	篮球运球(秒)	足球运球(秒)	排球垫球(次)	单项得分
优秀	100	70	3′24	78	7.2	2.07	8.6	74	52	21.1	190	11.2	7.3	46	100
	98	69	3′27	75	7.3	2.06	8.5	73	51	20.8	184	11.5	7.8	44	98
	96	68	3′29	72	7.4	2.05	8.4	72	50	20.3	175	12.0	8.6	41	96
	94	67	3′32	69	7.5	2.03	8.2	71	49	19.8	166	12.6	9.4	38	94
	92	65	3′35	64	7.7	2.01	8.0	69	47	19.2	154	13.3	10.5	34	92
	90	64	3′38	60	7.8	1.99	7.8	67	45	18.6	142	14.0	11.5	30	90
良好	87	63	3′42	59	7.9	1.97	7.7	66	44	17.7	137	14.0	11.9	29	87
	84	61	3′46	57	8.0	1.93	7.6	63	43	16.3	130	15.6	12.5	27	84
	81	59	3′50	55	8.2	1.89	7.5	61	42	15.0	122	16.5	13.2	25	81
	78	57	3′54	52	8.3	1.84	7.4	58	40	13.1	112	17.8	14.0	23	78
	75	54	3′58	49	8.5	1.79	7.2	55	38	11.3	102	19.0	14.9	20	75
及格	72	53	4′03	48	8.6	1.76	7.1	53	37	10.1	98	19.8	15.6	19	72
	69	51	4′08	47	8.7	1.72	7.0	50	35	8.3	92	20.9	16.7	17	69
	66	49	4′13	46	8.8	1.69	6.8	48	33	6.5	86	22.0	17.8	15	66
	63	46	4′18	44	8.9	1.63	6.6	44	31	4.1	78	23.5	19.3	13	63
	60	43	4′23	42	9.0	1.58	6.4	40	28	1.7	70	25.0	20.8	10	60
不及格	50	42	4′30	41	9.1	1.56	6.2	39	27	1.5	66	25.8	21.2	9	50
	40	41	4′37	40	9.3	1.53	6.0	38	26	1.3	59	26.9	21.9	8	40
	30	39	4′44	39	9.5	1.50	5.7	36	25	1.0	53	28.0	22.5	7	30
	20	37	4′51	38	9.8	1.46	5.4	34	23	0.6	44	29.5	23.4	6	20
	10	35	5′00	36	10.0	1.42	5.0	32	21	0.2	35	31.0	24.3	4	10

附录三：免于执行《国家学生体质健康标准》申请表

表5　免予执行《国家学生体质健康标准》申请表

姓　名		性　别		民　族	
学院(系)		班　号		学　号	
出生日期		身份证号		联系电话	
原　因					
学院或体育教师意见			家长签字联系电话		
学校体育部门意见				签章(字)： 年　　月　　日	

注：高等学校的学生，"家长签字栏"由学生本人签字。

主要参考文献

1. 程路明 .健美 .杭州：浙江大学出版社 ,2002

2. 相建华 .初级健美训练教程 .北京：人民体育出版社 ,2003

3. 相建华 .中级健美训练教程 .北京：人民体育出版社 ,2004

4. 卢晓文、程路明 .北京：健美高等教育出版社 ,2004

5. 中国健美协会 .健美健身竞赛规则（试行）.国家体育总局 ,2009

图书在版编目(CIP)数据

健美/程路明,沈亚培主编.—杭州:浙江大学出版社,
2011.11(2018.1重印)
ISBN 978-7-308-09031-5

Ⅰ.①健… Ⅱ.①程… ②沈… Ⅲ.①健美运动—高等
学校—教材 Ⅳ.①G883

中国版本图书馆 CIP 数据核字(2011)第 172546 号

健　美

程路明　沈亚培　主编

丛书策划	葛　娟
责任编辑	葛　娟
封面设计	俞亚彤
出版发行	浙江大学出版社
	(杭州市天目山路 148 号　邮政编码 310007)
	(网址:http://www.zjupress.com)
排　版	杭州大漠照排印刷有限公司
印　刷	浙江新华数码印务有限公司
开　本	787mm×960mm　1/16
印　张	14.5
字　数	292 千
版 印 次	2011 年 11 月第 1 版　2018 年 1 月第 3 次印刷
书　号	ISBN 978-7-308-09031-5
定　价	25.00 元